普通高等教育新文科经济管理与航空复合型创新人才培养数字化精品教材

数字航空服务营销

主　编 ◎ 黄蕾　宋颖　邹龙波

华中科技大学出版社
http://press.hust.edu.cn
中国·武汉

内 容 提 要

本书以大数据、云计算、物联网等数字化新兴技术发展为背景,关注航空服务中的服务营销规律与特征。区别于营销入门教科书的标准4P(营销组合)结构,全书重点关注"服务质量"并以"服务质量差距模型"为框架进行谋篇布局。全书共分为导论、航空服务价值感知、航空服务价值创造、航空服务价值传递与执行四个部分,具体涵盖了航空服务营销的服务设计与品牌建设、定价、过程与展示、员工管理、沟通与促销、服务满意与补救等关键理论与方法,并引用航空服务营销的国内外典型案例佐证相关理论,加深读者对航空服务营销理论的理解与应用。

图书在版编目(CIP)数据

数字航空服务营销/黄蕾,宋颖,邹龙波主编. —武汉:华中科技大学出版社,2023.2
ISBN 978-7-5680-8997-5

Ⅰ.①数… Ⅱ.①黄… ②宋… ③邹… Ⅲ.①数字技术-应用-民用航空-商业服务-市场营销学 Ⅳ.①F560.9-39

中国国家版本馆CIP数据核字(2023)第026777号

数字航空服务营销　　　　　　　　　　　　　　　　黄　蕾　宋　颖　邹龙波　主编
Shuzi Hangkong Fuwu Yingxiao

策划编辑:陈培斌　周晓方　宋　焱
责任编辑:贺翠翠
封面设计:廖亚萍
版式设计:赵慧萍
责任校对:张汇娟
责任监印:周治超
出版发行:华中科技大学出版社(中国·武汉)　　电话:(027)81321913
　　　　　武汉市东湖新技术开发区华工科技园　　邮编:430223
录　　排:华中科技大学出版社美编室
印　　刷:武汉开心印印刷有限公司
开　　本:787mm×1092mm　1/16
印　　张:18
字　　数:438千字
版　　次:2023年2月第1版第1次印刷
定　　价:58.00元

本书若有印装质量问题,请向出版社营销中心调换
全国免费服务热线:400-6679-118　　竭诚为您服务
版权所有　侵权必究

普通高等教育新文科经济管理与航空复合型创新人才培养数字化精品教材

编委会

主　任

郭正华　孙延鹏

副主任

王龙锋　高长银　王国富　宋　斌

委　员　（以姓氏拼音为序）

邓砚谷　胡剑芬　黄　蕾　计宏伟　雷　轶

李文川　刘元洪　陆　音　麦思超　梅晓文

潘建树　邱国斌　舒长江　吴桂平　严　红

于锦荣

主编简介

黄蕾

女,四川名山人。南昌航空大学经济管理学院院长、教授、硕士生导师,管理学博士,兼任江西省知识产权局知识产权特派员、江西省统战部同心智库首批专家、江西省第二届省情研究特约研究员。2009年、2017年、2019年分别受聘于江西省人民政府研究室特约研究员。主持国家级、省部级课题20余项,近5年发表论文30余篇,独著或合著了《创新驱动导向的专利信息分析与行业专利战略研究》《航空服务营销》等多部著作。

宋颖

女,江西南昌人。南昌航空大学经济管理学院讲师,江西财经大学管理科学与工程博士研究生,研究方向为管理决策与分析。

邹龙波

男,江西九江人。南昌航空大学经济管理学院硕士研究生,研究方向为区域创新管理。

总 序   INTRODUCTION

当前,我国高等教育进入了内涵发展、提质创新的新阶段。党的十九届五中全会明确了"建设高质量教育体系"的政策导向和重点要求,并提出到2035年建成教育强国的目标。2019年,教育部、中央政法委、科技部、工业和信息化部等13个部门联合启动"六卓越一拔尖"计划2.0,全面振兴本科教育,大力推动新工科、新医科、新农科、新文科建设。2020年11月,由教育部新文科建设工作组主办的新文科建设工作会议在山东大学威海校区召开,会议发布了《新文科建设宣言》,明确了新文科建设的共识,并对新文科建设作出了全面部署。经济管理类专业作为文科的重要组成部分,其专业点数和在校学生数在新文科中占比最高、覆盖面最广,应主动在新文科建设中承担历史使命,履行时代责任,培养适应经济社会高质量发展需要的"新经管"人才。

航空产业是国家综合国力的集中体现和重要标志,是推动国防建设、科技创新和经济社会发展的战略性领域。加强航空类专业教育,培养一大批具有航空报国精神、创新意识和创新能力的专业人才,特别是经济管理类人才,服务于航空类企业管理创新,是推动我国航空事业高质量发展的重要保障和基础。从20世纪50年代到70年代,我国航空类企业逐步建立和完善了企业管理基础框架;20世纪70年代末到90年代,开始学习借鉴发达国家的先进管理理念和方法,并开展了多种管理创新活动;进入21世纪以来,为应对经济全球化、数字经济等挑战,提升企业竞争力,持续推进了管理创新工作,各种先进的管理理念、方法和工具在企业得到了更深入、更全面的应用,涌现出了各具特色的管理创新活动和实践。整体来看,经过70余年的发展,我国航空类企业的创新意识、创新能力和管理水平不断提升并达到较高水准。与此同时,国内航空类高校及职业院校纷纷创办了经济管理类学院,为我国航空类企业管理创新和航空事业快速发展输送了充裕的经管类人才。为适应"十四五"时期开启全面建设社会主义现代化国家新征程对高等教育、落实新文科建设的教材内容创新等新要求,南昌航空大学等高校立足新阶段、贯彻新理念、服务新格局,围绕新文科背景下经济管理与航空复合型创新人才的培养出版本套教材,旨在打造沟通交流平台,与业内同仁探讨、分享切实提高新文科经管类人才培养质量和水平的教材体系。

本套教材力求体现四个特色：一是立足中国高等教育"质量革命"大背景，紧扣新文科建设要求，以教材为载体，实现课程知识体系的重构；二是把握数字经济发展趋势和规律，在教材内容设计上体现航空类企业数字化转型升级和管理创新对学生知识和能力的新需求；三是将航空元素、思政元素有机融入课程知识体系和课程资源建设中，深入挖掘其中的思想价值和思想内涵，落实立德树人根本任务；四是打破传统纸质教材的局限，建设富媒体内容，加强学生与学习内容、学习资源的互动，提高学习效率和教学质量。

参与本套教材编写的有南昌航空大学、沈阳航空航天大学、郑州航空工业管理学院、桂林航天工业学院、张家界航空工业职业技术学院等院校的教师，他们具有经济管理和航空类企业管理创新领域丰富的教学和科研经验，并深刻理解高等教育内涵发展和新文科建设要求；同时得到所在高校教务处的大力支持，共同确保本套教材高质量地完成编写。

2022 年 8 月

前言

　　随着物质产品基本满足市场需求,社会正在进入服务时代。第一二产业中资本、土地、原材料等传统要素投入对国民经济增长的贡献逐步下降,第三产业尤其是直接面向消费者服务生产价值的活动在国民经济中发挥着越来越重要的作用。同步于我国国民经济结构的调整与转变,服务营销也在加速从市场营销中延伸、丰富直至成为一门完全独立的学科。它从服务业的市场营销活动渗透到实物产品市场营销活动,并不断发展新业态,比如航空服务、科技服务、中介服务、旅游服务等,多种新业态与传统服务业一道成为当今新经济增长极。

　　传统的民航服务升级加速了航空服务业发展。改革开放多年来,我国居民出行方式不断改善,在初期"公路+铁路"主导的"拥挤式出行"时代,民航属于奢侈出行,客运与货运相互隔离;之后,单一的长距离铁路运输逐步优化为长距离航空运输、偏僻地区的支线飞机运输以及中短距离的高铁运输等方便快捷运输模式,航空出行服务逐步成为大众出行工具,航空货运也逐渐纳入航空服务范围,航空服务也由过去的客运主导服务模式拓展至今天的客货运并列发展模式,为航空企业带来了机遇与挑战。

　　航空服务升级催生了航空服务营销的专门化。进入21世纪以来,我国已经成为全球第二大航空运输市场,尤其是党的十八大以来,人民日益增长的美好生活需要加速了我国航空服务业的发展,航空运输方式成为区域经济发展的重要驱动力。航空服务营销的产品设计、价格制定、渠道选择、促销组合、人员管理、服务展示以及服务过程管理相关理论和实践也随之不断丰富,航空服务营销的范围从客运服务拓展至货运服务,将与乘客的联结延伸至与货运客户的联结,以航空器为载体将服务的满足范围不断扩大,同时,疫情等不确定因素的出现也引发了航空服务业务重组的需要,对开发新业务产品以及航空服务营销学的发展提出了挑战。

　　面对数字经济的加速到来、航空服务业的内生发展需要,本教材的编写融通了服务营销与航空服务。本教材主要面向四类受众:一是面向民航管理本科专业的学生,帮助其系统构建航空服务的营销知识体系,从过去单纯的民航客运管理拓展至客运与货运服务管理;二是面向航空类院校其他与航空服务专业有关的本科学生,比如航空维修、安全管理等专业的学生,帮助其获得相关航空服务知识,通过知识交叉以更好地理解本专业的知识输出与能力培养;三是面向部分航空职业技术学院的学生,从其单一的服务礼仪知识拓展至完整的航空服务知识体系,有助于提升专业知识厚度,更好地支撑相关专业学生的职业生涯发展升级;四是面向从事航空产业辅助工作的从业人员,帮助其了解数字化背景下的航空服务特点,有针对性地以航空服务为导向开展工作衔接,比如从事航空类相关工作的管理人员、航空货运快递公司从业人员。

  本教材具有三个特点:一是适应数字化背景;二是紧跟航空服务的两个转变,即出行服务的精英化转向大众化以及货运服务的少量化转向快捷化和普遍化;三是突出航空服务过程中航空公司与机场服务保障的一体化。新冠肺炎疫情的出现,使航空货运达到前所未有的关注度和业务量,航空客运业务和航空货运业务并举成为航空公司维护和增加公司声誉、建立品牌形象的重要战略。为此,教材编写围绕航空客运服务与航空货运服务两条主线展开。此外,教材始终围绕一个人才培养目标:面向有志于航空服务领域的从业人员,帮助其系统构建数字化背景下的航空服务营销知识体系,包括航空服务的产品知识、定价知识、分销知识、促销知识、展示知识、人员管理知识与过程管理知识,最终按照消费者感知的服务质量差距开展航空客运与货运营销管理,并将航空服务营销植入地方区域经济发展,实现航空服务与地方经济发展的有机融合。

  本教材各章执笔分别是黄蕾(第一、二、三、八章),宋颖(第四、五、六、七章),邹龙波(第九、十、十一、十二章)。在编写的过程中,李杨博士提出了宝贵的建议,研究生钟质文、徐盼、丁斗恒、高晗、何隆久做了大量资料搜集整理工作,同时参考了大量国内外有关资料,由于篇幅原因未能一一列出,在此,向学界先行者们致以衷心的感谢!

  本教材的出版得到江西省高等教育教学改革重点课题"课程思政融入的经济管理学院新文科全人培养模式研究"(JXJG-21-8-4)和江西省学位与研究生教育教学改革研究项目一般课题"案例大赛嵌入公共管理专业学位研究生培养的机制与效果研究"(JXYJG-2018-146)的资助。

  由于作者水平有限,难免存在不足之处,敬请批评指正。

编 者
2022 年 12 月

目录 CONTENTS

第一篇 导论

第一章 服务与航空服务 —3
第一节 服务与服务业 —4
第二节 航空服务与航空服务业 —15
第三节 航空服务数字化 —20

第二章 航空服务市场与服务营销 —25
第一节 航空服务市场 —26
第二节 航空服务营销 —30
第三节 航空服务数字化转型 —35

第二篇 航空服务价值感知

第三章 航空服务中的消费者行为 —45
第一节 航空服务消费行为 —47
第二节 航空服务消费决策与过程 —50
第三节 航空服务需求管理 —52
第四节 航空货运市场的购买行为分析 —59
第五节 航空服务消费的数字化特征 —61

第四章 航空服务期望与消费者感知 —66
第一节 认知航空服务期望 —68
第二节 航空服务消费者感知服务质量 —72
第三节 航空服务质量评价及管理 —74
第四节 数字化改善航空服务质量 —81

第五章 航空服务市场定位 —85
第一节 航空服务市场细分与目标市场选择 —86
第二节 航空服务市场定位 —97

第三节　航空货运服务市场细分与定位　　　——103
　　　第四节　数字时代航空服务市场的变革　　　——106

第三篇　航空服务价值创造

第六章　航空服务开发设计与服务标准……………………——115
　　　第一节　服务产品与航空服务产品　　　——117
　　　第二节　航空服务开发管理　　　——123
　　　第三节　航空服务组合策略　　　——129
　　　第四节　航空货运服务过程　　　——133
　　　第五节　适应数字化的航空服务产品创新　　　——140

第七章　航空服务品牌……………………——147
　　　第一节　航空服务品牌概述　　　——148
　　　第二节　航空服务品牌的塑造　　　——151
　　　第三节　航空货运服务品牌建设　　　——156
　　　第四节　数字化的航空服务品牌营销　　　——159

第八章　航空服务价格管理……………………——165
　　　第一节　航空服务定价的依据　　　——166
　　　第二节　航空服务定价的目标和策略　　　——173
　　　第三节　航空服务收益管理　　　——178
　　　第四节　航空货运服务定价　　　——183
　　　第五节　数字化价格管理　　　——185

第四篇　航空服务价值传递与执行

第九章　航空服务有形展示与服务场景……………………——193
　　　第一节　航空服务的有形展示　　　——194
　　　第二节　航空服务的服务场景　　　——199
　　　第三节　航空货运服务展示　　　——203
　　　第四节　数字时代的航空服务场景　　　——205

第十章　航空服务中的员工与消费者 —— 209
　　第一节　航空服务人员管理 —— 210
　　第二节　理解航空服务顾客关系 —— 216
　　第三节　货运服务中的人员管理 —— 222
　　第四节　数字时代的组织与客户 —— 224

第十一章　航空服务营销管理与传播 —— 229
　　第一节　航空服务营销计划 —— 231
　　第二节　协调职能间的冲突 —— 236
　　第三节　整合航空服务营销传播 —— 239
　　第四节　航空货运服务营销管理 —— 242
　　第五节　数字时代的航空服务营销传播 —— 244

第十二章　航空服务消费者满意与消费者忠诚 —— 251
　　第一节　航空服务消费者满意概述 —— 252
　　第二节　航空服务消费者满意和消费者忠诚 —— 258
　　第三节　航空客运服务补救和消费者满意 —— 262
　　第四节　航空货运服务质量和消费者满意 —— 267
　　第五节　数字化提升航空服务消费者满意的路径 —— 271

主要参考文献 —— 275

数字航空服务营销

第一篇　导论

第一章
服务与航空服务

服务是具有无形特征却给人带来某种利益或满足感的一种或一系列活动,是人类更高层次的需求,服务业的发展是现代经济文明的标志。本书所指的航空服务,是航空运输企业所提供的服务,包括地面服务和空中服务,根据服务对象的不同,也可以分为客运服务和货运服务。"十三五"期间,我国服务业增加值占国民经济总量(GDP)的比重不断上升,服务业就业人员比重逐渐接近50%,我国正在进入服务经济时代。信息技术的广泛应用、人工智能的不断普及加速了服务社会的来临,政府、非政府组织、生产性组织等都要面对服务的提供与管理。本章围绕服务经济的背景,从服务的内涵、特征、分类与服务营销学的发展来启发对航空服务与航空服务数字化转型的认识,为后续的内容提供背景知识。

学习目标

1. 了解服务与服务业的内涵、特征与分类。
2. 理解航空服务的内涵、特征与分类。
3. 认识航空服务数字化。

本章引例

生机勃勃的服务业

党的十八大以来,我国服务业迸发出前所未有的生机和活力,新技术、新业态、新商业模式层出不穷。在"互联网+"发展战略的引领下,物联网、大数据、云计算、人工智能等现代信息技术迅猛发展,重塑经济增长格局,深刻改变着生产生活方式,成为中国创新发展的新标志。据统计,我国数字经济规模已经由2005年的2.6万亿增长到2021年的45.4万亿,数字经济占GDP比重也由

2005年的14.2%提升至2021年的39.8%,2021年占比同比提升了15.8%;2022年我国共享经济市场交易规模约3.8万亿元,同比增长约3.9%。2022年,共享经济发展不断呈现出一些新的特点:共享出行、生活服务等领域共享经济市场格局加快重塑,共享平台企业合规化水平提升,共享市场秩序不断规范。新产业助推新经济发展。

服务业领域发展变化令人感触最深之一是我国进入大众旅游、全域旅游新时代。2017年实现了两个突破:一是国内游客突破50亿人次,入境游客达1.4亿人次;二是旅游服务进口额在服务贸易进口总额中占比过半,达到2548亿美元。2019年国内旅游市场和出境旅游市场同步增长,入境旅游市场基础更加牢固,国内旅游人数达到60.06亿人次,出入境总人数3.0亿人次,比上年同期分别增长8.4%、3.1%;旅游业直接就业2825万人,直接和间接就业7987万人,占全国就业总人口的10.31%。2020年受疫情影响,旅游业受到较大冲击,但进入2021年已经呈现复苏态势。

2015年服务业占GDP的比重首次突破50%,成为吸纳就业的重要渠道与国民经济发展的"稳定器"和"助推器";同时,服务业的税收收入对新增税收的贡献超过50%,新登记企业主体中80%为服务企业,成为新增市场主体的主力军。2017年商务部国际贸易经济合作研究院国际服务贸易研究所判断"中国已经跨进了服务经济的门槛,全面的服务经济时代正在来临"。

(资料来源:半月谈,有删减。)

课堂讨论:
1. 你的生活中哪些消费属于服务消费?
2. 你是否体验过航空服务?你能想到的航空服务有哪些?

第一节　服务与服务业

服务本质是通过工作为集体或他人提供利益的活动,服务业则是生产经营各种服务活动的经济部门和经济组织组成的行业。当物质产品的供给得到一定程度的满足后,消费者不再单纯追求物质产品的功能消耗,更加重视其个性化的需求,这也就更加彰显了服务的价值,并推动了产品与服务的融合。

第一章　服务与航空服务

一、服务的概念

要更好地认识服务，既要理解服务的属性，又要对服务的范围有所认知，进而构建识别不同服务类型的知识体系。

（一）服务的内涵

1. 服务的本质含义

（1）"服务"的字面理解是任职某种职务或承担某项任务。《现代汉语词典》将服务界定为"为集体（或别人）的利益或为某种事业而工作"，它涵盖了服务的一切内容，只要不是为己的工作行为都是服务，表明服务的本质是劳动，即为公众做事或替他人劳动。结合劳动的对象是物或人，可将服务理解为与有形产品有不同程度关联的劳动，是一种有偿或无偿活动。比如毛泽东说过的"为人民服务"，马克思说的"科学绝不是一种自私自利的享乐，有幸能够致力于科学研究的人，首先应该拿自己的学识为人类服务"，雷锋说的"人的生命是有限的，可是，为人民服务是无限的，我要把有限的生命，投入到无限的为人民服务之中去"。这些名言中的"服务"都是强调通过承担某项任务或通过自己的劳动来为广大人民创造利益。

（2）服务的劳动本质催生公共领域的服务需求。从服务就是通过为公众做事或替他人劳动的角度，可以将政府部门所从事的工作理解为为特定的人群提供服务，即公共服务，当政府部门因为能力、精力、人力不足以提供所有公共服务时，部分公共服务就需要面向市场购买，比如由具有企业性质的组织提供部分教育、医疗，但当服务的受益群体是公众且他们免费受益，则只能由纳税群体提供，这也正是孙中山所提倡的"服务就是我为人人、人人为我"，进而将国家大机器所承担的纳税工作与通过各种方式为大众服务紧密对应并有机联系。

2. 服务的经济学含义

（1）服务是在交易过程中提供满足消费者效用的经济活动。这是与有形产品对应的含义，是从使用价值角度来理解服务，即服务是通过为他人带来某种利益或提供有满足感的可供有偿转让的一种活动或一系列活动来获取利益，并形成有一定数量的交易。服务的提供主体可以是个人也可以是组织，可以直接或凭借某种工具、设施甚至媒体为消费者工作或开展经济活动，通过这些活动满足购买服务的消费者某种特定需求，这个过程可能与有形产品有关，也可能无关，主要以活动或劳动形式来实现使用价值或效用。

（2）服务的经济价值产生于贸易过程。服务之所以能交换，就是因为其能为消费者提供价值，甚至通过服务提供者的劳动让其他经济单位的个人、商品或服务增加价值，让消费者不用承担额外的成本和风险达到期望的结果。

3. 服务的不同定义

服务并没有形成统一的定义。动词的服务与生产相对应，名词的服务可以从不同角度、不同立场和不同背景予以理解。服务的含义本身是随着经济结构与活动方式变化而变化的，因而纵观其研究过程可以将其定义分为三类。

（1）服务是一种可以出售的活动。美国市场营销学会（AMA，1960）最早给出了服务的定义，即可独立出售或者同产品连在一起进行出售的行为、利益或满足感。雷根（1963）把服务定义为直接提供满足（如交通、租房）或者与有形产品或其他服务（如信用卡）一起提供满足的不可感知活动。莱特南（1983）认为服务是与某个中介人或机器设备相互作用并为消费者提供满足的一种或者一系列活动。

（2）服务是与有形产品对应认知的一种状态。拉斯美尔（1966）认为服务是"一种行为，一种表现，一种努力"。斯坦顿（1974）将服务定义为可被独立识别的不可感知的活动，为消费者或工业用户提供满足感，但并非一定要与某个产品或服务连在一起出售。芬兰服务营销学家格罗鲁斯（1990）在莱特南等人的研究基础上，把服务定义概括为或多或少地具有无形特征的一种或一系列活动，通常但并非一定发生在消费者同服务的提供者及其有形的资源、商品或系统相互作用的过程中，以便解决消费者的有关问题。泽斯曼尔（2012）给出了一个简单又广泛的定义：服务是行动、流程和表现。

（3）服务不会造成所有权的变化。菲利普·科特勒（1983）认为服务是一方能够向另一方提供的基本上是无形的任何活动或利益，服务并不导致任何所有权的产生。它的产生可能与某种有形产品密切联系在一起，也可能毫无联系。艾德里安·佩恩（1993）认为服务是一种涉及某些无形性因素的活动，它不会造成所有权的更换。条件可能发生变化，服务产出可能或不可能与物质产品紧密联系。

不同时期不同学者给出的服务概念都深深烙印了服务营销发展的轨迹。从活动到状态以及是否涉及所有权转移的定义，实质反映了服务的范围不断扩大的过程。由于本教材的研究对象是特定的行业，因而采用叶万春教授给出的定义：服务是具有无形特征却可给消费者带来某种利益或满足感的可供有偿转让的一种或一系列活动。

（二）服务的外延

服务的外延是从服务内涵演绎出来的。它是各个领域具有无形特征的一种或一系列活动，可以给消费者带来一定利益或满足感，且可供有偿转让。服务的外延可以从类别上加以认识。

1. 按照服务与商品的结合程度分类

服务和商品由交融在一起到彼此分离呈现四种状态（见表1-1）。

（1）纯有形商品形态。如香皂、牙膏、盐等，商品本身没有附带服务。

（2）附有服务的有形商品状态。如计算机、家电产品等，附有服务以提高对消费者的吸引力。

（3）附有少部分商品的服务状态。如航空旅行的头等舱，除提供服务外，还附食品、报纸、杂志等。

（4）纯服务状态。如心理咨询、家政服务等，服务者直接为消费者提供相关的服务。

表 1-1　按照服务与商品的结合程度分类

服务含量	类别	例子
低 ↓ 高	纯有形商品	牙膏、厨具、酱油这类没有附带服务的商品
	附有服务的有形商品	联想电脑提出"让中国人用得更好",用优质的全程服务来提高其产品的吸引力
	附有少部分商品的服务	汽车修理、航空飞行服务
	纯服务	理发、家政服务等

服务是无形的,但研究服务时往往对服务所依托的综合要素进行研究,并以"服务产品"的特定概念予以表达。服务产品是服务劳动者的劳动以活劳动的形式所提供的服务形成的,它是结合服务场所、服务设施、服务方式、服务手段、服务环境等属于劳动资料、劳动对象的范畴要素综合构成的。显然,服务产品既有物的要素,也有非物的要素;既有有形要素,也有无形要素。在服务产品的交换中,因只有部分要素改变其所有权,而另一部分要素只出售使用权,因此,同一服务产品可以不间断地多次出售。

2. 按照其他因素参与服务的程度分类

(1) 按消费者参与服务的程度分类

根据消费者对服务推广的参与程度,可以将服务分为三大类。一是高接触服务,消费者在服务推广过程中参与其中全部或大部分活动,如医疗、卫生、学校、体育、电影院、娱乐场所等所提供的服务。二是中接触服务,消费者只是部分或局部时间内参与其中的活动,如银行、律师、房地产经纪人、快递公司等所提供的服务。三是低接触服务,消费者与服务的提供者接触甚少,需要通过仪器设备来协助进行的服务,比如电子银行、有线电视等所提供的服务。

(2) 根据服务的直接接受者和行为方式的不同分类

美国服务营销学家克里斯托弗·H. 洛夫洛克依据服务的本质(这种行为是有形的或无形的)和服务的直接接受者的不同,将服务分为四类(见表 1-2)。

表 1-2　根据服务的直接接受者和行为方式分类

有形行为 针对人的身体	有形行为 针对物体
无形行为 针对人的大脑	无形行为 针对无形资产

针对人的身体的服务:如医疗保健、住宿、美容院、理发、殡葬服务等有形行为。

针对人的大脑的服务:如广告、艺术和娱乐、心理治疗、信息服务、教育等无形行为。

针对物体的有形服务:如维修、保养、仓储、运输、加油、零售分销、搬家、疏通等服务。

针对无形资产的服务:如银行、保险、证券、会计、编程、法律服务等。

(3) 按客户关系模式的不同分类

依据消费者与服务组织的联系状态，可将服务分为四类：一是连续性会员关系服务，有些服务组织如有线电视台、电信局、保险公司通过与消费者建立"会员制"关系来提供服务，"会员制"关系包括服务组织拥有现在消费者的一定信息，并且消费者了解自己能从该组织获得哪些服务；二是连续性非正式关系的服务，比如广播电台、警察保护等；三是间断的会员关系服务，如公园月票、年票等；四是间断的非正式关系的服务，如邮购、街头收费电话等。

(4) 综合因素分类

参照菲利普·科特勒通过综合因素对服务进行不同侧面的分类。一是根据服务过程使用工具的不同分类。以机器设备为基础的服务，如自动售货机、自动化汽车清洗设备等；以人为基础的服务，如律师、会计师和旅游服务等包括技术性、非技术性和专业性的服务。二是依据消费者在服务现场出现的必要性程度分类：必须要求消费者亲临现场的服务和不需要消费者亲临现场的服务。三是依据需要主体的类别不同分类：专门面向个人需要的专一化服务，面向个人需要和企业需要的混合型服务。四是依据服务组织的目的分类：以营利为目的的服务和非营利服务。五是依据服务组织的所有制分类：私人组织提供的服务和公共服务等。

3. 按照服务的特征分类

(1) 根据服务的定制化程度分类

服务的定制化程度包括在一次服务传递中消费者需要确定服务特征的程度和服务提供者的劳动力密集程度。有一些服务的提供是相当程式化的，如电影院放映电影，服务人员需要做出的判断很少，消费者也只能在一定范围内选择，需要确定服务特征的程度很低。但这只是一部分情况，更全面的可以参考洛夫洛克的分类。

消费者定制程度高、劳动力密集程度高的服务。如建筑设计、律师服务、家教等。

消费者定制程度高、劳动力密集程度低的服务。如高级餐馆、酒店服务、机动车修理等。

消费者定制程度低、劳动力密集程度高的服务。如本科生教育、零售、批发服务等。

消费者定制程度低、劳动力密集程度低的服务。如电影放映、快餐店、运输、旅馆服务等。

(2) 按需求波动和供应能力的不同分类

服务具有不可储存的特点，生产与消费往往同时进行，这使得服务的供应能力存在不足或过剩的可能性。洛夫洛克根据不同时间内需求波动大小和供应能力能否满足相对需求将服务分为四类（见图1-1）。

(3) 按服务效果的耐用性分类

如同实体产品根据使用时间长短和价值大小而具有耐用性，服务根据其效果的持续性也有耐用性。洛夫洛克认为，一次服务的效果能延续的时间受该服务效果的感知期和半衰期影响。例如，一次胆结石手术会给手术者带来一生的效用，理论上说它的成效是可以持续终生的，但是，多数情况下，人们在痊愈之后就会渐渐淡忘，这就是感知期的影响。另外，随着知识更新速度加快，许多服务（如MBA学位）的半衰期也越来越短，使人们需要不断地给自己"充电"。

	需求波动幅度	
	大	小
供应能力 大 满足相对 需求的程度	电力 电话 消防服务	银行 保险 洗衣服务
小	影院 快餐连锁店 消费者运输	生产能力不充足、 无法适应需求的服务

图 1-1　根据需求波动和供应能力的不同分类

根据耐用性区分的四种典型服务如下。

服务效果持续到服务结束时：如酒吧、影院等娱乐服务，航空飞行服务等。

服务效果持续较短时间：如理发、汽车清洗、擦皮鞋等服务。

服务效果持续较长时间：如家庭装修、汽车保养等。

服务效果永久持续：如教育。

（4）按服务传递的持续时间长短分类

服务传递的时间长短不一，较短的如一笔证券交易（几分钟或一个电话就可以完成）、一次电话号码查询、一次理发服务等，较长的如九年制义务教育、一个长期的治疗计划、一项五年的调研开发等。

关于服务的
9个经典界定

（三）服务的基本特性

消费者已经不满足于用技术手段解决需求问题，他们需要企业提供更多的形象价值、人员价值、超值服务，尽量减少其时间成本、精神成本、体力成本，而这只有通过服务才能做到。技术的发展，尤其是信息技术领先发展的条件下，企业的创新服务变得更加便捷，使企业的服务高性能化、智能化。现代企业的竞争实质上是服务的竞争。事实上，服务与有形产品之间的区别只在于有形性程度的不同，从高度无形到高度有形之间存在一个连续谱。服务产品的流通方式不是产品向消费者的运动，而是消费者向产品的运动。用好服务手段首先要了解服务的特性。

1. 无形性

服务的无形性也称不可感知性。服务是无形的，这是服务最基本的特征。与有形产品相比较，服务的特质及组成服务的元素，许多情况下都是无形无质的，让人不能触摸或凭视觉感觉其存在；同时，消费者消费服务后所获得的利益，或很难被察觉，或要经过一段时间后才能感觉出来。比如想要"整容"的人在购买之前是看不到整容结果的，在医院进行精神病治疗的人，不可能先知道医疗结果。

服务的无形性让消费者购买服务前不能以对待实物的方式去触摸、品尝、嗅闻、聆听服务的品质，只能以搜寻信息的办法，参考多方意见及自身的历史体验来做出判断。为此，消费者如何信任服务的提供者成为一个营销问题，服务提供者通过服务人员、服务过程、服务的有形展示以及综合运用服务设施、服务环境、服务方式和手段来增强服务消费者的信心。

服务的不可感知性只是用于与有形产品进行区别,提供了一个分清服务与实物商品的视角,要求服务提供者重视服务载体的使用或提供服务的介绍和做出承诺:一是可以在服务过程中增加服务的有形性;二是服务提供者可以强调服务带来的好处;三是服务提供者可以为其服务制定品牌名称,以增加消费者的信任感;四是服务提供者可以利用名人来为服务创造信任感,以吸引消费者购买。

2. 生产与消费同步性

大多数商品遵循生产、销售和消费的顺序,但服务一般是先销售,然后生产和消费同时进行。服务人员面向消费者提供服务时,也是消费者消费、享用服务的过程,生产与消费服务在时间上不可分离。由于消费是一个过程或一系列的活动,故而服务的生产者和消费者一般都要发生联系,甚至要求消费者以积极合作的态度参与服务生产过程,否则就不能享受服务。

服务的这一特征使得服务营销管理有别于有形产品的营销管理。一是服务营销管理要将消费者的参与纳入生产过程,不只局限于对员工的管理。通过提高消费者参与服务的生产过程,加强沟通,促使消费者在服务生产过程中扮演好自身角色,保证消费的生产过程高质量完成。二是服务员工或有形产品是服务提供的基础,不论其来源是否呈现都会影响服务消费者的感受。例如去参加一次摇滚乐音乐会,得到的娱乐价值和演奏者是分不开的。

3. 异质性

由于目前大多数服务是由人提供的,因而没有两种服务会完全一致。服务的主体和对象都是人,人是服务的中心,而人是个性不同且有情绪的个体,同样的服务由不同的人提供,或者同一个服务提供者在不同的时间、不同的地点提供的服务都会出现差异。服务人员的素质、个性与消费者自身的个性与情绪共同影响服务的差异性。

如何解决
服务异质性

服务的差异性加大了消费者对服务质量评价的风险。比如克里斯琴·巴纳德医生心脏移植手术的质量可能比新医生的要好,但在每次心脏移植手术中手术质量也会随着他的精力和思想状况的变化而变化。

4. 不可储存性

不可储存性是指服务产品不能保留、转售及退换的特性。服务是不能储存的,这是由服务的不可感知性和服务生产与消费的不可分离性决定的。服务提供者很难提前储备服务产品,消费者也几乎不能将服务产品带回家储存。许多医生为什么会指责病人误了约定时间呢?这是因为服务的价值恰恰在病人没到场的那段时间内存在,错过约定的时间医生需要照看其他病人或者下班休息。

不可储存性的特征要求服务提供者必须解决缺乏库存导致的服务供求不平衡问题。当需求处于稳定状态时,服务时间不是一个问题,因为在服务之前就能容易地配备好服务人员。当需求上下波动时,服务提供者就碰到了难题,往往采用预定系统、自助服务或引导需求的时间结构等方式来填补需求的波动。

5. 所有权的不可转让性

服务的所有权的不可转让性是指服务的生产和消费过程中几乎不涉及任何物品的所有权的转移。服务在交易完成后便消失了，消费者所拥有的对服务消费的权利并未因服务交易的结束而产生像有形产品交换那样获得实际的东西，服务具有易逝性。如银行存款，并未发生货币所有权的转移；空中飞行服务只是解决乘客由甲地到乙地的位置移动，也未形成任何所有权的转移。

所有权的不可转让性是服务风险的根源。由于缺乏所有权的转移，消费者在购买服务时并未获得对某种东西的所有权，感受到的风险性比较大，甚至造成消费心理障碍。为此，服务业在管理中必须高度重视企业与顾客关系的维系，比如采用会员制度促使消费者从心理上产生拥有企业所提供服务的感觉。

经典案例1-1

汇通达互联网企业的农业服务发展之路

汇通达网络股份有限公司（以下简称汇通达），是致力于服务中国零售行业企业客户的交易及服务平台，并致力于为中国的下沉市场提供优质商品及服务。截至2021年9月30日，汇通达已覆盖中国21个省市，超过20000个乡镇，连接超过160000家会员零售门店、10000家供应商及20000家渠道合作客户，服务超过3亿农民消费者。

一、发展历程

汇通达于2010年成立，迄今已有10余年的发展历史。在10余年的发展过程中，汇通达的业务品类扩张和重要商业模式创新交叠前进。

2012年，汇通达开始建立供应链能力，将商品的服务范围扩展至农村地区。

2015年，汇通达开创了零售行业会员制业务模式，以中国乡镇的当地夫妻零售门店作为会员零售门店，并为其提供稳定的一站式供应链。

2016年，会员零售门店网络扩张至10000多个乡镇，收入超过100亿元。

2017年开始推出门店SaaS＋业务。SaaS产品涵盖了数字零售管理、线上门店管理及销售数据分析等多功能模块；还提供线下定制化服务，例如主题营销及品牌推广活动。

2021年，建立覆盖全国21个省市、超过2万个乡镇的零售生态系统，品类拓展到六大行业，覆盖了下沉市场家庭支出增速较快的商品品类，且通常是对服务和体验要求较高的高单价商品。

 数字航空服务营销

二、商业模式

汇通达以交易业务为主线,服务零售行业产业链参与者,通过数字化赋能零售行业全产业链,构建多品类、全链路、全闭环的交易和服务场景,助力行业降本增效。目前汇通达服务下沉市场的六大核心品类为家用电器、消费电子、农业生产资料、交通出行、家居建材及酒水饮料。

1. 借助数字化手段创新服务双向市场

整个汇通达聚焦的下沉市场,呈现出明显的双向市场特征。在化肥链上,汇通达提供采购服务及高价肥的渠道服务,围绕县级经销商开展成品肥"联采联销"。在饲料部分,汇通达探索出一条"肥粮一体化"的大农资闭环模式。将饲料、化肥等采购和分销都涉及后,汇通达就有能力通过产业链的闭环来发掘更大的价值。农民采购化肥生产出的饲料或者其他原材料,通过提前锁定采购原材料的工厂,保证整个商流、物流、信息流、资金流实现"四流合一"闭环。由于汇通达参与了整个链条的交易,利用整个产业链的布局,就可以挖掘出不同品种价格周期不一的红利。这种双向供应链为整个农村市场的上行下行场景打开了更广阔的空间。

2. 围绕下沉市场探索新行业

为了更好地实现行业专业化运营,2019年汇通达设立了四大产业事业部。通过市场调查发现,耐用品和农业生产资料在下沉市场的家庭支出中有显著增长潜力,并且消费者对具有高价值商品的客户体验抱有更高期望,于是确定了高价值、高物流、高服务为切入下沉市场时进入品类的判断依据。以"新兴产业事业部"为例,选择了酒水饮料、家居建材和交通出行三个细分赛道,其合作也都以直达上游品牌工厂的战略合作为主,共建下沉渠道,一方面帮助上游企业的货进入下沉市场,另一方面通过品牌、活动和营销的赋能运营下沉市场。

3. 产品叠加增值服务,会员店加渠道合作客户保证飞轮高速运转

上游和下游的数据层面的打通为汇通达推出定制化产品、实现C2M产品供应链提供了可能。以消费电子行业为例,汇通达的规模帮助汇通达较好地还原了地区客户画像,并最终推出了面向下沉市场的渠道定制产品,以满足下沉市场消费者的需求和偏好。汇通达通过零售会员店体系和渠道合作客户做到下沉市场的全通路覆盖,而其供应链、数字化和本地服务团队的能力则作为基础设施得到复用。

(资料来源:第八次中国产业互联网发展报告(2021):标杆企业案例分析——汇通达,见 https://www.sohu.com/a/515890636_121124371。)

二、服务业

服务产业属于第三产业,简称服务业。它是国民经济中除了第一产业(农业、林业、牧业、渔业)、第二产业(采掘业、建筑业、制造业、自来水、电力蒸汽、热水和煤气)之外的其他产业。

联合国、经济与合作发展组织和世界银行对三大产业进行了服务业范围的划分。我国国务院于1985年批准的《国家统计局关于建立第三产业统计的报告》也认可该划分标准,并把服务业分为两大部门、四个层次(见表1-3)。

表1-3 服务业的分类简表

流通部门	第一层次	流动类	交通运输业、邮电通讯业、商业饮食业、物资供销与仓储业
服务部门	第二层次	为生产、生活服务类	金融业、保险业、地质普查业、房地产业、公用事业、居民服务业、旅游业、咨询信息服务业、各类技术服务业
	第三层次	为提高科学文化水平和居民素质服务类	教育、文化、广播、电视、科研、卫生、体育、社会福利事业
	第四层次	为社会公共需要服务类	国家机关、政党机关、社会团体、军队、警察

这个分类有利于国民经济产业管理和协调,但是在学术研究中更多的还是从服务营销的角度来进行分类。在人们的经济交往活动中,常依据服务业的经济性质,把服务业划分为五类。

营销角度的服务分类

1. 生产性服务业

生产性服务业是指直接和生产过程有关的服务活动行业,包括:厂房、车间、机器等劳动场所和设备的修缮和维护,作业线的装备,零部件的转换,机器的擦拭、喷漆、涂油和保养等;经营管理活动,如生产的组织,工时的运筹,劳动力的调整,以及计划、进度、报表的编制等。

2. 生活性服务业

生活性服务业是指直接满足人们生活需要的服务活动行业,包括:加工性质服务,具有提供一定物质载体的特点,如饮食、缝纫、家用器具的修理等;活动性服务,即不提供物质载体,而只提供活动的服务,如旅店、理发、浴池等;文化性服务,如戏剧、电影、音乐和舞蹈等文化娱乐活动。

3. 流通服务业

流通服务业是指商品交换和金融业领域内的服务行业，包括：生产过程的继续，如保管、搬运、包装等；交换性服务业，如商业的销售、结算等商业活动服务；金融服务业，如银行、保险、证券和期货等行业。

4. 知识服务业

知识服务业是指为人类的生产和生活提供较高层次的精神文化需求的服务业，包括：专业性服务业，如技术咨询、信息处理等；发展性服务业，如新闻出版、报纸杂志、广播电视、科学研究和文化教育等。

5. 社会综合服务业

社会综合服务业指不限于某个领域的交叉性服务活动行业，包括：公共交通业，即运输业、航运业等；社会公益事业，即公共医疗、消防、环境保护和市政建设等；城市基础服务，即供电、供水、供气、供暖和园林绿化等。

在服务营销管理活动中，基于人们对复杂服务业的管理的需要，通常将其分类予以简化，形成简便、通行的服务业分类法，具体的分类见表1-4。

表1-4 服务业分类一览表

1. 公用事业	煤气、电力、供水
2. 运输与通信	铁路、乘客陆运、货品陆运、海运、空运、邮政、电信
3. 分销业	批发、零售、经销商和代理
4. 保险、银行和金融	保险业、银行业、金融业、产权服务业
5. 工商服务	专业性、科学化服务：广告、消费者咨询、营销研究、会计、法务、医药和牙医、教育服务、研究服务
6. 娱乐与休闲业	电影和剧院、运动和娱乐、旅馆（汽车旅馆）和餐馆、咖啡厅、公共场地和俱乐部、伙食包办业
7. 杂项服务	修理服务、整发、私人家政、洗熨业、干洗店

随着设备和技术的进步，服务业发展呈现快速迅猛态势，尤其是微信等社交媒体的普遍使用加大了服务提供者与服务消费者的联系，使得服务的互动性增强，进而缓解了服务的易逝性、不可储存性等特征，能更好地满足消费者的服务需求，并催生了部分现代服务业。一方面，传统的服务业比如科学研究和技术服务业，金融、教育、卫生、文化、体育和娱乐业，交通运输业等，不断融入新的技术，在效率和内容上发生变化；另一方面，一些现代服务业相继出现，如软件和信息技术服务、信息传输、仓储和邮政业，租赁业，水利、环境和公共设施管理业，公共管理，居民服务、修理和其他服务业等。

第一章　服务与航空服务

第二节　航空服务与航空服务业

　　从服务的概念中可以看到航空服务是一种典型的附有少部分物品的服务，本书讨论的航空服务是指航空公司所开展的服务活动，一般包括地面工作服务（包括票/货务服务和候机室服务）和空中工作服务。航空公司依靠航空器与乘客或组织产生联系，实现乘客或货物的空间位移，通过票务、短途地接服务、机场服务实现快捷、便利甚至舒适的出行目标，这个过程中相关组织与所从事的环节共同形成了航空服务业。

一、航空服务的概念

（一）航空服务的内涵

　　广义的航空是指飞机等飞行器在空中飞行实现位置移动。一般的理解是指具有承载能力并作为交通工具的飞机在3600～15000米的空中飞行。航空服务就是围绕空中飞行的飞机所提供的相关服务，既包括进入飞机之前的信息沟通服务，也包括在飞机飞行过程中提供的服务以及飞机降落后的离开机场等服务。本教材不讨论为航空服务飞行器提供的相关服务，比如飞机售后服务、维修服务等环节，但这些关联服务水平会影响航空服务的效果。搭乘飞机的主体可以是人也可以是物，航空服务按照服务对象可以分为客运服务和货运服务两个领域，按照服务对象的性质可以分为个体服务与组织服务。

　　航空服务既可以满足普通消费者的空间迅速移动需求，还可以满足政府等公共组织的空中工作需求，比如森林警察、农药喷洒等适合空中大面积作业的服务以及军队服务。因此，其根据使用主体可以分为民用、军用、满足特殊用途的组织服务三类。军用和特殊用途的飞行服务由国家机构决策，主要保障公共安全或大范围的公益性或社会性服务活动；民用航空飞行则是满足商业需要以交换为基础的无形商品活动。随着低空领域的开放，通用航空服务是一个趋势，私人拥有飞机的数量也不断增长，但在"十四五"期间，通航公共服务还只是处于起步阶段，所以本教材的航空服务就锁定在满足空中交通出行的客运和货运商业用途的民航服务。

（二）航空服务的范围

　　本教材所讨论的航空服务，分别是客运服务和货运服务。客运服务是指各类民航企业主体，一般是拥有一定飞机数量以及航线飞行权的航空公司，为以飞机为主要出行工具的乘客提供的各种相关服务，包括乘客搭乘飞机前的信息提供、票务，搭乘飞机时进入机场的交通、候机的环境、登机手续的办理流程，飞行过程中空中的照顾，飞机降落后行李的提取、离开机场的交通等环节所提供的服务总和。从乘客的角度看，航空服务是乘客在消费过程中所感受到的一系列行为和反应，可以是一种经验的感受，也可以是航空公司及服务人员的表现给他们留下的印象和体验，这些行为和反应构成了航空公司的服务链；从航空公司的角度看，民航服务的本质是通过员工的卓越工作表现为乘客带来愉悦的体验感，是航空公司提供给乘客的无形产品，具有消费和生产同时发生的特性，具有不可储存性，民航公司员工提供的服务产权也无法转移给乘客。

货运服务主要是以飞机提供足够的空间实现一定的货品快速转移。随着人们对美好生活的向往不断增加，人们在物质需求方面不再局限于步行或开车购物，对于全国各地乃至全球的物品需求都希望通过快递业务完成，这也随之催生了制造业的短周期生产，进一步满足小批量、定制化产品销售模式，在个别或少量零配件的采购方面要求快捷的短时供应，进而对航空货运的需求不断扩大，逐渐形成了航空物流服务。货运

我国航空货运业发展现状

服务也由多个环节组成，包括货运信息搜集，货物运输过程的发货、运输时间选择，货物抵达目的地后的取货、送达目的地等过程。

航空服务是由一个系统来完成的。无论是客运服务还是货运服务的提供都不是一个环节，包括了信息搜集、服务执行以及服务后客户关系维系等过程，航空服务既包括有形部分也包括无形部分，其提供是由一个系统来完成的。无形航空服务是通过航空服务系统实现人或货物的空间转移，包括时效性、安全性、便利性、经济性等要素；有形航空服务包括接触人或物的工作人员以及承担空间转移的飞机载体，接触人的核心人员是空乘人员、非核心人员是机场服务人员等，接触物的核心人员是货物订单处理人员、非核心人员是负责货运的机场工作人员等。相关人员的情绪、态度、技能、体魄等都成为影响航空服务的主要人员因素，也是航空服务质量的一个组成部分；飞机的大小、内部设施、安全性能等属性共同构成影响航空运输可感知质量的物质环境。

系统研究航空服务需要同时研究客运服务和货运服务。客运服务和货运服务的主体和对象不一，在内涵上存在差异。本教材以乘客为研究对象时，主要指客运服务；以货物为研究对象时，主要指货运服务；但由于目前的客运和货运使用的交通工具可能是相同的飞机，或同一个航空公司既提供客运服务也提供货运服务，在没有明确说明时，提到的航空服务既包括客运服务也包括货运服务。

居高不下的航空公司和机场被投诉

二、航空服务的特征

航空服务是典型的依赖员工与设备共同作用，由服务供给系统共同提供的系统性服务供给模式。作为一种特殊的产品，航空服务需要发挥关键环节的员工服务作用，也需要票务、机场等协同提供服务的其他主体员工作用。航空服务除了具备无形性、异质性、生产与消费同步性和不可转让性等服务的基本特性以外，还具有其独特性。

1. 以消费者需求为中心

航空服务是满足消费者对客体空间转移需要而提供的一种服务。客体既包括形形色色的人，也包括个体或组织转移的货物。不管何种转移对象，都存在人与人的接触，客运服务属于高接触性服务。而人的思想、喜好、需要、动机、价值观、情绪等方面存在很大差

异，在接触过程中服务提供者要让消费者满意，就要围绕消费者的不同需求展开工作，还要有极强的现场主导和控制力，要求在服务提供过程中不断发挥主动性，适应不同消费者的现场需要。

2. 一次性

各类消费者对航空服务的需要都具有一次性特点。由于时间的选择以及出行间隔相对较长，多数消费者都不会连续选择航空服务。如果消费者对航空服务过程感到不满意或不愉快，就不像工业产品那样可以重新修补甚至换货，不满意的经历带来不满的评价，服务提供者在短时间内难以消除，甚至没有改正机会。

3. 即时性

消费者的即时性需要是对航空服务能力的考验。当航空服务能满足消费者的即时出行需求，服务才会发生；反之，则服务将无法发生。常见的影响航空服务能力无法匹配即使性需要的制约有三点。第一，飞行员的培养周期长，无法短时间持续扩大产能；第二，飞机的订购周期长，难以在需求激增时及时获得；第三，机场容量的限制，尤其是一些枢纽机场在设计时容量有限，在出行旺季时难以有效满足消费者需求。

4. 灵活多变性

不同的消费者有不同的服务需要，同一个消费者的需要也是不断变化的。由于提供航空服务的主要交通工具飞机飞行的环境特殊性与复杂性，甚至受气候不确定性等影响，航空公司难以做到百分之百的精确预测。出行的乘客来自不同民族、不同国家（地区），处于不同层次、不同文化背景，消费者选择航空货运的货物种类也非常繁多，提供航空货运服务的工作人员必须具备丰富的货品知识，对于不同货品的包装要求、适合飞行的特殊处理等都要有相关知识，才可以满足不同货主的需要。

5. 系统性

航空服务不仅涉及航空公司各个部门、各个环节，还涉及机场、票务分销等航空公司的协作组织，是多个主体参与的服务过程、服务程序和服务质量的综合体现，具有系统性特点。每个环节、每个部门都要做好，才可以提供令消费者整体满意的航空服务。

6. 主体价值性

航空服务无论是客运还是货运，因其追求快速、便捷，其单次价格相对偏高。航空服务的对象是运输需求中的特定消费群体，最大限度地满足消费者的需要，使消费者得到与其付出一致的服务就成为航空服务的主体价值体现。

 三、航空服务的分类

以公共服务为主要内容的航空服务可以按照其产生的价值、服务的层次、服务的时间等进行分类。

（一）根据航空服务的商品价值是否转移分类

航空服务是一种混合服务。它既包括有价值转移的服务，也包括无价值转移的服务。有

价值转移的航空服务涉及航空商品性服务,比如客运服务中消费者的机票供给或货主的货物,对应的服务如购票订座、物流托运;而航空劳务性服务主要涉及无形服务,比如问询、机舱服务等。随着机舱服务的等级性设置,无形服务中也加入了商品或其他服务提供,比如南方航空公司针对经济舱、商务舱、头等舱所提供的物品与附加服务是不一样的;同样等级的机舱,国内航班和国际航班,中短途航班和超过6小时的航班所提供的服务也不一样。

(二)根据航空服务的层次分类

航空服务表现出层次性,可以区分为航空功能性服务和航空理性服务。航空功能性服务是从航空公司的飞行基本功能出发,所提供的和航空飞行相关的客运或货运服务,实现乘客或货物的空间转移。随着一些物流公司加入航空货运行列,客户对货运的类型与联运效率提出了更高的要求,不仅是购买航空公司的空中运输这个过程,还需要将航空出行与其他出行联合购买,或者在航空出行过程中需要其他增值服务,这些让航空客户满意的航空服务就是理性服务。

(三)根据航空服务的时间顺序分类

航空服务的阶段性特征明显。由于航空服务有明显的时效性,但购买票务后并不一定马上消费航空服务,因而可以根据乘客或货主接受航空服务的时间顺序来对航空服务进行分类。以飞行发生前、飞行过程以及飞行结束作为时间节点,可以将航空服务分为事前服务、事中服务以及事后服务。客运事前服务包括购票订座、行李托运、安检等起飞前的服务,货运事前服务包括预订货仓、发货、验货、生成订单、托运、安检等环节。事中服务一般只有飞行过程中的客舱乘客服务,货运则涉及甚少。而飞机到达目的地后,客运服务包括后续的离机、行李服务、中转服务等,货运服务则包括货物送至机场仓库、取货、短途运输等服务。

通过航空服务的分类可以看到,无论是客运还是货运,涉及的服务既有无形的也有有形的,但不同的航空公司根据自己的定位对所提供的服务进行取舍,因而提供航空出行服务的航空公司一般有两种极端的情形,包括提供所有服务的航空公司和完全不提供服务的航空公司。前者叫全服务型航空公司,比如我国的南方航空、国航、东方航空三大航空公司;后者一般是廉价航空公司,比如春秋航空。全服务型航空公司一般都要提供20千克免费行李托运、餐饮,廉价航空公司除商务经济舱外基本不提供免费托运行李和餐饮,甚至不提供支付宝、微信服务。现在还出现了介于两者之间的航空公司,不提供免费托运行李,但提供免费餐饮,打破了现有航空服务分类的航空公司类别。

经典案例1-2

春秋航空的数字化转型探索

一、背景

2019年2月18日,春秋航空与空中客车公司(简称空客)签署协议,宣布将应用空客开发的云端航空大数据平台"智慧天空(Skywise)",春秋航空成为中国大陆首家应用该大数据平台的航空公司。

民航专家林智杰认为在航空业大数据有很大商机。首先,航空公司运营有大量的数据积累,每架飞机在飞行过程中每秒都产生并存储大量的运行数据;其次,航空公司也有数据运营的需求,几百架飞机每天怎么排、几千个航班每天票价怎么放,如何才能实现最优,都将显著影响航空公司的盈利水平。目前我国航空公司受到技术手段以及体制机制约束,没有真正发挥大数据作用。实现以运行驱动或者说资源驱动向数据驱动转型是迫在眉睫的选择。

二、数字化转型助航企"越飞越聪明"

空客"智慧天空"是一个推动航空价值链数字化合作的企业级大数据平台,为整个航空产业链各个领域的相关方提供做出更好决策所需的数据和能力,以此加速航空产业的数字化。"智慧天空"起初是2015年空客为改善其A350客机产能而研发的大数据平台,通过数据分析,A350的生产效率提升了约33%。2017年,空客进一步推出了面向航空公司版本的"智慧天空"。通过整合航空公司上传的各种数据,再根据不同的业务需求生成报告,航空公司可以分析飞机油耗、飞机状态等信息,提升数据分析效率,优化内部运营流程,大大提升在工程和维护方面的工作效率。

春秋航空在中国运营全空客A320系列飞机机队,机队规模达81架。通过使用"智慧天空"数据平台,春秋航空可以将运行、维修和飞机数据集成至云端,并能够在无需额外基础设备投资的情况下存储、获取、管理和分析选定的空客数据及其自身数据和全球基准数据。由此带来的价值将会为春秋航空提供飞机、机队、公司和全球层面的新思路,同时使得航空公司可以通过获取原始设备制造商(OEM)的专业知识和全球机队情况来加强自身运营。

在维修管理方面可以精准识别故障,进而提升维修效率。针对同一条故障信息,可以从历史上统计不同的处置方式,有利于精准排故,让飞行更为安全可靠,也有利于做预防性故障监控和故障分析。

通过"智慧天空"还可以进行节油开发应用。对飞行数据进行分析,有利于提升节油分析工作的效率和效果,实现与春秋航空开发的节油系统目标一致,且能够互补。

三、数字化赋能民航业

公开资料显示,一架单通道双发客机在12小时飞行中,能产生高达844TB的数据量,相当于近2.7万台32GB的iPhone手机存储量,航空业所积累的海量数据无疑是一座蕴藏丰富商机的"富矿"。

企业数字化转型大概分为三个阶段:第一阶段是流程电子化;第二阶段从信息化建设方面,实现流程优化;第三阶段则是通过大数据驱动,去发现问题和解决问题。航空公司在安全、准点、节油、航网、收益等方面均需要利用数字的力量,来使飞行更加安全、智慧,因此数字化运营是未来的关键。

春秋航空自身已在两年前开发 FOQA 系统,该系统能够使用飞行传感器数据进行多种数据分析,通过监控航班超限事件、跟踪飞行员操纵习惯、分析飞行航路对节油效果的影响、监控发动机性能和飞机系统异常状况,提早对运行安全状况、飞行技能水平、运行控制、航空器维护等方面进行风险管控。

(资料来源:春秋航空率先应用空客"智慧天空"平台 航企加速飞向"数字化",每日经济新闻,2019-02-18。)

第三节 航空服务数字化

数字化是指将新一代数字技术,如大数据分析、云计算、人工智能、物联网等,运用于企业业务流程和运营管理等环节的过程。数字化极大地加快了信息的传播、交流与应用,对各个行业尤其是服务业提出了挑战。对于航空公司而言,其数字化的最终目标应当是运用数字技术,使企业在知识经济与全球化的背景之下,更好地为消费者创造价值、传递价值。

 一、认识数字化

数字也是信息。计算机的普及加速了信息对整个社会的影响,因此国际上以计算机的普及来衡量信息时代的起点,明确西方国家在 1969 年开始进入信息时代,中国等发展中国家则是从 1984 年开始进入信息时代。信息时代的特点是信息量、信息传播速度以及信息处理和应用的程度以几何级数的方式增长,信息技术对社会学习知识、掌握知识和运用知识的能力提出挑战,尤其是计算机技术和网络技术的应用,极大地提高了社会的学习速度,将信息处理从数字化过渡到微机时代、网络时代。信息的数字化为各个产业及时、快捷地传递信息、处理信息和利用信息提供了极大的便利。

(一)数字化

数字化就是将复杂多变的信息转变为可以度量的数字和数据,再以这些数字和数据构建适当的数字化模型,将它们转变为一系列二进制代码引入计算机内部,由计算机统一处理并转变为可以使用的信息的过程。

数字化的理论基础是采样定理。早在 20 世纪 40 年代香农就证明了在一定条件下用离散的序列可以代表一个连续函数。正是依据采样定理,在信息化的基础上,计算机可以将各种各样的信息转变为数字数据,为进一步处理和利用信息提供了基础,也为各个行业采用相关信息、转化为相应可以采用的信息提供了基础。

数字化的技术条件就是信息转变为数字信号的过程。相比模拟信号，数字信号具有更好的稳定性和可靠性，适用于易失真的图形及远距离传送。数字信号需要使用集成电路和大规模集成电路，处理电路简单，适合计算机处理，还适用于数字特技和图像处理，数字信息可以压缩，对于传输的容量与距离都有较大的提高。正是数字化的技术基础支撑了信息时代各类信息的高级化处理与传播，为数字产业化以及产业数字化提供了可能。

（二）信息化与数字化

数字化是信息化和智能化的结合。信息化的过程就是将现实事物映像到虚拟世界的过程，这个过程的特点是人操作机器。随着人工智能、机器学习等技术的不断成熟，机器有了思考能力，机器可以做决策，这就为机器直接面对现实事物并做决策提供了可能，即技术发展的结果是实现了信息化到智能化的数字化过程。

认清数字化与信息化的关系是正确开展数字化的前提。我国在20世纪80年代末已经开始推广信息化，通过信息化提升管理效率，使得人们对信息化尤其是企业的信息化并不陌生，那么数字化是否是对前期的企业信息化系统的代替？事实上，企业选择数字化与信息化不仅在管理的手段与方法上有区别，甚至在战略层面也有明显差异（见表1-5）。

表1-5 企业采用信息化与数字化的区别

比较内容	企业信息化	企业数字化
应用范围	单个部门或业务，局部优化	全域系统或流程，整体优化
联结效果	缺少部门间的信息联结和打通，效率低、响应慢	全域联结和跨部门联通，效率高、响应快
数据关系	数据信息相对孤立分散，没有发挥数据的决策价值	数据呈现整合效果且可以集中使用，便于挖掘数据的资产价值
管理思维	企业导向	价值共创导向
采用战略	竞争战略	共赢战略

资料来源：根据知乎账号"企企通"的信息整理。

企业的信息化对企业的流程融合与效率提升有阻碍。

企业的信息化是把日常业务搬入IT系统中。企业的人力资源管理、财务信息管理、物品的采购与内部流动管理等过程都可以通过管理信息系统的方式搬入IT中，相关部门的人员可以将企业人、财、物以及流程的信息通过信息录入的方式录入部门系统，避免管理过程中的信息丢失，方便数据查找，而且方便信息的汇集和调阅，同时可以降低企业管理成本和减少纸质文档的存储保管等工作。这个过程可以节约员工数量并有效地促进重要信息的使用，但因为信息系统的建立是以部门为边界，企业数字化则是用数据来表达企业的经营状况。企业的信息化是将与其业务相关的信息以及管理过程的信息录入系统，但很少能够对相关信息进行分析。企业数字化就是要对历史留

企业数字化案例

存的数据信息进行深入分析，方便企业从已有信息中挖掘合作伙伴或客户的画像，以及内部管理的瓶颈和难点，为企业的科学决策提供更加精准的数据支撑。

二、航空服务数字化内涵与阶段性

航空服务数字化是指航空公司将新一代数字技术，如大数据分析、云计算、人工智能、物联网等，运用于企业业务流程和运营管理等环节的过程，目的在于更好地向消费者传递价值。在数字化时代，航空服务的竞争变得越来越激烈，受到高铁等快速中短距离出行工具的冲击，消费者对于公共运输服务即时性、快捷性和灵活性的需求越来越高。如何更好地发挥航空服务的优势，提升运输效率和降低运营成本成为各大航空公司面临的一大挑战。

（一）数字化航空

作为已经拥有上百年历史的一种公共交通运输方式，在20世纪，航空公司在传统的商业模式下仍然一片欣欣向荣。进入21世纪，数字时代的到来使得这些航空公司以往成功运行的商业模式正在被数字革命所摧毁。

航空公司为什么要实现数字化转型？

因此，航空公司必须打破传统的认知，重构产业链和商业模式。数字化转型，则是将传统的航空公司从纯粹的运输企业向平台化、生态化转型，打造对消费者航空出行全程的智能服务能力。

关于数字化航空（digital airlines）的定义，即以数字技术为核心驱动力的，根据消费者个性化需求为消费者提供高度个性化、智能化出行服务的一种航空运输方式。数字时代下，航空公司既是航空运输企业，也是信息科技企业。通过数字信息在生产经营中的应用，改进并提升消费者的出行体验，是数字化航空的价值主张。对于航空公司来说，提升消费者体验（customer experience）作为数字化转型的主要驱动力，其需要围绕以客户为中心来建立核心竞争能力，在顶层进行数字化战略设计，同时变革传统业务模式、创新设计服务产品并制定生产运营方案。

（二）数字化航空服务的应用发展

1964年，商用电脑正式投入航空运输业之中，全球首个航班控制系统正式启用，实现了机票预订流程的自动化，数字技术在航空服务中的应用就此拉开序幕。根据全球首家信息技术研究和分析公司高德纳（Gartner）咨询公司的相关定义，本教材对航空公司的数字化历程大致归纳为以下三个阶段。

1. 信息数字化阶段

根据高德纳的定义，信息数字化是模拟形式变成数字形式的过程。航空公司通过构建计算机信息系统，将业务中的流程和数据通过信息系统来进行处理，通过将信息技术应用于个别资源或流程来提高效率，其核心特征是信息的数字化，比如航空公司内部管控系统、航班运行控制系统、消费者服务系统等的运用就是一个信息化的过程。

2. 业务数字化阶段

业务数字化是指利用数字技术改变商业模式，并提供创造收入和价值的新机会，它是转向数字业务的过程。航空公司的数字化，是通过信息化过程中构建的技术能力，让业务和技术真正发生互动，对构成业务运营的流程和角色进行数字化，并以此创建新的业务模式。比如航空公司收益管理系统的应用就是一个数字化过程，其实现了将数据变化成业务，从而产生价值。

3. 数字化转型阶段

数字化转型阶段，需要航空公司开发数字化技术及支持能力以新建一个富有活力的数字化商业模式。航空公司数字化转型不仅需要实施信息技术，实现企业全面数字化，营造满足消费者和企业客户个性化需求和期望的体验，还将牵涉公司的组织变革，包括人员与财务、投入产出、知识与能力、企业文化等是否能接受或适应转型，既是对业务及其战略进行数字化改造，更是一种思维方式的转型甚至颠覆。

本章小结

服务是工业革命后期企业实现产品价值和获得更好增值发展的活动。基于知识经济的崛起，依附于信息化革命的服务具有创造新价值的天然功能，以其无形性、不可分性、即时性、不可储存性使得服务的营销具有与实体产品营销不同的紧迫性，尤其是不同的服务主体导致服务品牌的差异性、不可转让性等特征，增加了服务营销的挑战性。随着人民追求美好生活的需要，航空运输成为满足消费者快速出行、便捷运货的首选方式。在大众航空的时代，如何更好地满足客户的需求，需要精准刻画消费者画像，定制式地提供航空服务产品，这就需要航空服务提供者乃至航空产业都要及时开展客户数据分析以及飞行过程的监测，确保飞行的准时性与安全性，数字化转型成为航空公司迫在眉睫的选择与时不待我的行动。

综合实训

你遇到过航空公司哪些数字化服务？请同学们分组角色扮演航空公司的营销人员和消费者，并向消费者介绍航空公司的数字化服务或产品。

复习思考题

1. 分析服务的特征及其相互关系。
2. 简述航空服务所具有的不同于实体产品的基本特性,并解释为什么航空服务需要数字化转型?
3. 简述什么是数字化航空?其价值主张和主要驱动力是什么?

复习思考题答案

【航空报国　理想信念篇1】
管理者张丰:
同事眼中"蛮拼"的人

第二章
航空服务市场与服务营销

服务营销学是伴随服务经济和服务业发展而兴起的一门新兴专业学科。其中，企业对服务价值的认知、创造、传递与执行是服务营销中的重要内容。航空公司作为主要从事服务类型工作的主体，其主要服务市场是航空客运服务市场和航空货运服务市场。在数字化时代，数字化技术成为服务的载体，服务也可以成为一种营销手段，新技术给服务企业带来了全新的机遇和挑战。本章将围绕航空服务市场的内涵与特点，介绍航空客运服务与航空货运服务的发展及其数字化营销应用。

学习目标

1. 理解航空服务市场的构成、特征以及发展历程。
2. 在了解服务营销理论框架的基础上进一步掌握航空服务营销的特点。
3. 认识数字时代下航空服务营销的挑战与应用。

本章引例

南方航空公司的 SoLoMo

2011 年 2 月，美国 KPCB（成立于 1972 年，美国最大的风险基金）著名 IT 风险投资人约翰·杜尔首次提出 SoLoMo 的概念，它由 Social（社交）、Local（本地化）和 Mobile（移动）整合而来，被认为是互联网的发展趋势。

中国南方航空公司（以下简称"南航"）是国内最先受益于移动终端的航空公司，为企业更加及时有效地接近用户提供了一个便捷的通道。南航运用移动终端（Mobile）及时将南航促销信息精准推送给用户，让用户可以第一时间了解南航的促销信息。用户可以运用南航新开发的微信订购票功能在网上订票，它还可

以提供航班查询、购票后信息提醒等订票服务，Mobile 为社会化媒体营销搭建了新的依托平台，为企业更加及时有效地接近消费者提供了先进便捷的通道。

Local 是拉近人与人之间在现实世界的真实关联性。南航运用定位服务（locationbased services，LBS）功能给消费者带来更好的用户体验，包括提供位置信息、导航服务和结合相关信息的定位服务。消费者可以在机场查询到周围的微信、微博好友或者愿意接收信息的陌生消费者，并与其进行交流，结合商家的一些促销活动进行 LBS 实践。例如，告诉消费者附近有一家星巴克咖啡店，并为其提供一张优惠券。此外，利用地理位置服务的另一个重要方式是进行忠诚度计划整合，例如，会员在指定机场签到，即有机会获赠航空公司的小礼品等。

Social 解决了"我们是谁"和"我们把信息传递给谁"的问题，保证了 Local 的人流和 Mobile 的流量。社交平台作为一个连接桌面互联网和移动互联网的有效接点，将在线辅助服务的功能转移到手机设备上，作为出行向导、提供机型信息和目的地信息等，可以帮助消费者获取所需信息、购买所需商品。社交媒体不仅是一个宣传工具，还是社交平台和服务平台。南航运用微博平台分享旅行体验，使高互动性的旅游消费者与企业加强联系。此外，南航为愿意接收信息的消费者提供彼此的微博，方便其选择相邻座位来打发旅行时间；在同一趟飞机上或相同时间段的航班上找个人拼车去机场或回市区等。通过与用户持续进行一对一精准沟通，可以拉近品牌与用户之间的距离，带动官网流量，提高美誉度。

（资料来源：梁新弘"一起微信吧：当南航遇上 SoLoMo"，中国管理案例共享中心案例库，有删减。）

课堂讨论：
1. 什么是 SoLoMo？
2. 南方航空利用 SoLoMo 产生了哪些效果？

第一节 航空服务市场

航空服务市场是服务市场中的重要组成组分，也是服务市场当中最具发展潜力的市场之一。航空服务业的发展周期与国民经济的发展周期呈现出较强的相关性。我国航空服务业克服了起步初期的重重困难，也经历了蓬勃发展欣欣向荣的黄金时期，目前已经形成相对稳定的出行市场。

一、航空服务市场的构成和特点

服务市场是指提供劳务和服务场所及设施，不涉及或甚少涉及有形产品交换的市场形式。航空服务市场就是围绕空中飞行的飞机，提供空间位置转移，且不涉及或甚少涉及航空服务所有权转移的市场形式。

（一）航空服务市场的构成

构成航空服务市场的要素主要包括需求者、供给者和中介者。

1. 需求者

需求者是指具有现实和潜在需求的单位、组织或个人。需求者的总体数量以及单个需求者的需求状况决定了航空服务市场的总体需求规模。由于航空服务市场上的需求方构成比较复杂，如航空客运市场的需求方包括来自不同国家、地方、单位的个体需求者，其需求规模、价格承受能力、文化背景、旅行目的等都存在较大的差异，因此，客观上形成了不同层次和类型的航空运输需求。

2. 供给者

供给者是指提供各种客货运输服务，满足需求者对空间位移等运输服务需求的各类运输者。航空服务供给者向航空服务需求者提供不同类型的航空产品和服务，每个航空服务供给者所提供的航空产品和服务数量、质量和价格水平，不仅取决于他们所拥有的资源数量和质量，同时也取决于市场上其他服务供给者所拥有的资源数量、质量、价格和服务水平等因素。

3. 中介者

中介者是指为客货服务需求者和供给者提供中介服务的各种客货运输代理业务的企业或经纪人。一般来说，由于航空服务市场上存在各种类型的供给者，其相关产品、价格和服务也都存在一定的差别，航空服务需求者在选择航空运输承运人时，通常都希望能够较快地获得所需要的各种相关信息。而对于航空服务供给者来讲，他们也希望能够通过各种途径将自己的产品和服务信息传递给需求者并促成其购买，为了节约供需双方的交易成本，在航空运输市场上便出现了为航空公司和消费者构建信息联结的专业航空运输服务代理机构。

除了以上航空服务市场的主要构成要素外，还有其他方面的因素会对航空服务市场交易活动产生间接影响，其中政府对航空服务市场的发展和影响作用不可忽视。为了维护市场秩序，防止市场上出现过度垄断和竞争而损害消费者的利益，同时也是为了维护公平的市场环境，政府会通过一定的行政手段和经济手段对市场进行调控。因此，代表政府来管理民航运输企业的民航局等机构会制定有关市场法规、政策和规章来约束市场上各方的行为。

（二）航空服务市场的特点

航空服务市场呈现以下几个特点。

1. 购买的盲目性和即时性

消费品市场的购买带有盲目性是由于消费者的非专家购买所致，一般服务市场购买的盲目性则是由于商品的无形，购买前无法向消费者展示所致，航空服务购买却受到盲目性和即时性的双重影响，对于航空公司、机型等的选择因素其次，受时间约束大，计划性和突发性并存。航空服务产品的不可触摸性使得消费者在接受航空服务之前很难判断航空服务产品的质量。因此，航空服务市场的购买盲目性比消费品市场表现得更为突出，盲目性与即时性的协调也成为棘手的问题。因此，加强对航空服务市场的营销宣传、对消费者的消费行为进行适当的引导显得非常重要，而且营销宣传的重点应放在航空服务品牌、服务质量、服务声誉、服务特色及服务人员的独特技巧上。

2. 购买的被动性

消费者对航空服务的购买受到航班安排约束、飞行时间固定等因素影响，航空服务的消费者选择难以实现个性化，更多地表现为随机性。就算是在享受航空服务过程中不满意，消费者有购买转移的倾向，在实施过程中还是存在困难，因为信息不对称，以及航空服务受到空中管制的制约，航空公司难以自由提供航班，航空服务购买呈现明显的被动性特征。

3. 生产与消费的同步性

在生活资料市场，生产者与消费者之间无论联系多么紧密，在空间上与时间上都存在一定的距离。商品从生产者转移到消费者手中，需要经过实物运输或中间商等中间环节。而在航空服务市场，服务提供与消费是同步进行的，即消费者在航空公司提供服务商品时才开始消费，飞行结束，航空服务基本结束。无论是货运服务还是客运服务，买卖双方的行为对彼此影响较大。购买方行为的细微变化会影响服务方的情绪及服务质量；服务方的言行也会影响购买方对服务质量的正确感受，相对有形产品市场，航空服务市场的满意度更难提高。

4. 需求的不均衡性

受消费者个人生活习惯、时间安排、兴趣爱好等因素的影响，在不同时间、地区，消费者对航空服务的需求呈现出明显的不均衡性。由于航空服务市场中用于生产服务的飞机和服务人员等只代表一种生产能力而非服务产品本身，如果消费者需求小于服务供给，就意味着生产能力的浪费；反之，当服务需求超过供给能力，又会因服务产品无存货（因为航空服务产品无法储存）而使消费者需求无法满足，导致消费者的流失。因此，如何协调不均衡的需求与航空服务，成为航空服务市场营销的一个难题。

二、我国航空服务市场的阶段性

航空服务市场与我国民航事业的发展历程一脉相承，航空市场的发展经历了从稀缺供给到充分竞争的阶段，也见证了我国居民不断方便的快速出行体系的完善过程。根据航空服务市场供求关系的转变以及政府管制逐渐放开的过程，可以将我国航空服务市场的发展划分为四个阶段。

(一) 供不应求阶段 (1949—1978 年)

中华人民共和国的成立,同时拉开了民航事业发展的序幕。1949 年 11 月 2 日,中共中央召开政治局会议决定,在人民革命军事委员会下设民用航空局,受空军指导,我国的航空事业正式起飞。1958 年,中国民用航空局划归交通部领导,并于 1960 年改名为"交通部民用航空总局",运输航空和专业航空正式成为我国大交通的重要组成,1962 年改名为"中国民用航空总局",并改为国务院直属局,业务、党政等工作均归空军负责管理。归属空军的管理模式,确保了航空服务的有序发展,但缺乏市场。直至 1978 年,航空消费者运输量不足 300 万人,运输总周转量约 3 亿吨公里。这一发展阶段,由于生产力的不足和物质资源的匮乏,航空市场供不应求,表现为卖方控制的市场。民航领导体制的变革始终保持了航空运输作为国家单独管理的事务,在服务的内容与形式上更多体现高层管理意志,无法形成大规模出行市场。航空公司组成单一、飞行器型号单一,飞机出行的政治身份特征成为这个阶段市场的共有特征。

(二) 有限竞争阶段 (1978—1987 年)

随着改革开放拉开序幕,邓小平同志指示"民航要用经济观点管理,民航一定要企业化"。1980 年 3 月 5 日,民航脱离军队建制,民航局从隶属于空军改为国务院直属机构,实行企业化管理。民航局下设北京、上海、广州、成都、兰州(后迁至西安)、沈阳六个地区管理局,运输飞机达到 140 架。1987 年,中国民航全年消费者运输量达到 1310 万人次,货邮周转量 6.52 亿吨公里,位居世界民航前列。这一阶段,随着改革开放初期生产力和国民经济水平的提高,航空服务市场的供求关系开始发生变化,少数航空公司开始从扩大生产向关注服务质量、重视消费者体验转变,但总体上航空公司之间竞争不大。

(三) 供求平衡阶段 (1987—2002 年)

1987 年,中国民航开始施行政企分离,民航业开始进行以航空公司和机场分设为特征的体制改革。主要改革内容是将原民航北京、上海、广州、西安、成都、沈阳六个地区管理局的航空运输和通用航空相关业务、资产和人员分离出来,并在此基础上组建了民航华北、华东、中南、西南、西北和东北六个地区管理局以及中国国际航空公司、中国东方航空公司、中国南方航空公司、中国西南航空公司、中国西北航空公司、中国北方航空公司六家国家骨干航空公司,实行自主经营、自负盈亏、平等竞争。随着基础设施与飞机机型的不断完善、航空公司设立、飞机引进、航权审批以及机票价格管制逐步放宽,航空客运市场需求与座位供给都获得了快速增长,航空服务市场发展迅速,我国民航运输总周转量、消费者运输量和货物运输量年均增长高出世界平均水平两倍以上,成为令人瞩目的民航大国。这一阶段,随着国家改革开放的深化,生产力得到大幅度提高,国民经济获得飞速发展,航空服务市场供求关系发生质的变化,供求关系趋于平衡。航空公司已经开始从追求产品数量向追求产品质量转换,从忽视消费者向关注消费者转换。例如,民航开始广泛开展"民航消费者话民航""服务质量大检查"等一系列的活动来提高自身的服务质量。航空公司不再只从自身角度来审视市场,而是从消费者角度开始看待市场。

(四)供大于求阶段(2002—至今)

2002年民航业再次重组六大民航集团公司,分别是中国航空集团公司、东方航空集团公司、南方航空集团公司、中国民航信息集团公司、中国航空油料集团公司、中国航空器材进出口集团公司。成立后的集团公司与民航总局脱钩,交由中央管理。同时实施监管机构改革,民航总局下设七个地区管理局和26个省级安全监督管理办公室,实现了省级民航事务本地监管。机场实行属地化管理,按照政企分开、属地管理的原则,对90个机场进行了属地化管理改革。这一阶段,我国在加入WTO后改革开放的步伐进一步加快,航空服务市场得以迅速发展。无论是与国际航空市场之间的接轨,还是自身航空公司的培育上,都以前所未有的速度发展。尤为突出的是,航空市场走出了供求关系平衡的阶段,供大于求成为航空市场的主要特征。在这种情况下,航空公司为了各自的利益展开竞争,市场成为企业运作的中心,企业的一切活动几乎都是围绕着如何打开市场、如何扩大市场份额、如何推销自己的产品等来进行的。航空公司对消费者的重视达到了前所未有的程度,同时,随着信息化、数字化的到来,航空公司之间的竞争开始变得越来越白热化。

简卡尔森的"营销"——斯堪的纳斯亚航空公司

第二节 航空服务营销

航空服务营销即航空公司所开展的一系列服务营销活动。近年来,在航空公司营销中服务营销发挥的作用逐渐增加。由于我国服务营销发展较晚,相比国外,我国航空业无论是经营管理还是服务水平均存在较大差距,因此,提高服务营销水平,打造企业核心竞争力,成为航空公司创造消费者、留住消费者、建立品牌的法宝。

 一、服务营销

20世纪60年代,西方市场营销学界有关有形产品与服务产品的争论使服务营销学逐步开始兴起。美国市场营销学专家约翰·拉斯摩于1966年首次对无形服务和有形产品进行区分,提出要以非传统方法研究服务的市场营销问题。1974年,约翰·拉斯摩撰写的第一本服务营销专著在美国出版,标志着服务营销学的诞生。

目前,对服务营销问题的研究可以分为两个学派:一是北美学派,以瓦拉瑞尔·泽丝曼尔、洛夫洛克等为代表,注重营销理论的体系,较多基于传统市场营销学的4P框架构建服务营销学的基本理论逻辑,在4P基础上提出了7P范式,将服务营销视为传统市场营销的延伸;二是北欧学派,以格罗鲁斯等为代表,强调从服务的视角研究服务营销问题,

根据营销活动中服务产出、传递等过程的特点,提出了一系列有别于传统市场营销模式的新概念和工具。服务营销学与市场营销学仍存在四个方面的差异。

(一) 关注的焦点不同

市场营销学是以一般企业的营销规律为对象,以企业整体营销战略如目标市场战略、市场竞争战略以及营销组合策略(产品、价格、渠道和促销)为核心内容,强调对一般市场营销活动的管理。服务营销学则是以服务的营销规律为对象,聚焦于服务型企业的市场营销活动,以及制造型企业的服务环节,在营销主体和营销行为方面存在特殊性。

(二) 对质量的理解不同

市场营销学的产品质量观是静态的观点,即企业产品只要符合特定的标准或指标就意味着产品质量水平达标。在服务营销活动中,虽然服务型企业尽可能地通过标准化、流程化的方式对服务过程进行控制,但由于服务本质上是无形的,服务提供过程是动态的,服务品质依赖消费者参与和消费者互动,因而对服务质量的评价仍然缺乏客观标准,更多地依赖消费者对效用、体验等形成的主观感受。

(三) 服务营销强调人员价值

服务过程是服务生产和消费统一的过程,是服务提供者和消费者互动的过程,因此服务营销强调人员在服务营销活动中的独特价值。一方面,服务生产过程和质量结果高度依赖服务提供者的专业素质、综合能力和心理状态;另一方面,服务活动需要消费者的积极参与和高水平互动,因而消费者情绪、消费者知识以及顾客关系质量等因素对服务过程和品质影响重大。因为服务提供者在服务营销活动中扮演着重要角色,服务型企业的人员管理、顾客关系管理、内部营销及关系营销等活动,成为服务营销学关注的焦点。

(四) 服务营销强调有形展示

与有形产品不同,服务的无形性要求服务营销更强调服务的有形展示,因此服务有形展示的方法、路径和技巧成为服务营销学探讨的重要内容。

二、航空服务营销

航空服务营销是指航空公司在充分认识消费者需求的前提下,为充分满足消费者需求而在营销过程中所采取的一系列活动。通常根据航空出行主体的不同,可以分为航空客运服务营销和航空货运服务营销。

(一) 航空客运服务营销

航空客运服务是航空公司的主营业务,是其核心竞争力的主要体现。航空客运服务的范围包括两个方面:纵向范围是指从购票到到达目的地实现空间位移的全部过程中所提供的各项服务;横向范围分为核心服务、附加服务和延伸服务。随着人们生活水平的提高，旅游、交通等领域的服务性消费需求快速增长，并伴随由单纯追求数量消费向量质并举、以质为主的趋势发展，越来越多的人选择飞机作为自己外出远门的交通工具。在不断增长的航空出行市场中，各航空公司如何通过超出机票价格提供更多的价值是一个新挑战。

新形势下为满足人民群众对美好生活的需要，提升消费者航空出行体验、提高服务质量、满足消费者多样化的需求，可以从四个方面制定营销策略。

1. 多维度营销

从消费者、产品、渠道三个维度出发，针对不同的消费者，设计出不同的产品，投放到不同的细分渠道，将渠道细化、产品种类和客户分层统一起来。在细分渠道的同时，获取消费者购票信息，对消费者消费习惯和行为进行新的分层，了解客户的消费能力，并将产品及时、精准地投放给不同需求的群体，满足消费者个性化需求，开发具有竞争力和吸引力的产品，并强化消费者的消费黏性。

2. 会员营销

会员营销是一种针对会员个体的营销方式，通过分析会员消费行为和习惯，了解其消费能力并提高其忠诚度，形成客户口碑传播效应，实现客户价值最大化。航空公司根据已掌握的庞大用户数据，按照用户需求定制服务和产品，以满足用户的个性化需求，提高终端消费群体的满意度。这种精准化大数据营销不仅可以强化消费者的消费黏性，而且能够提升消费者的消费体验。

3. 精准营销

精准营销就是要抓住消费者的触点，利用航空公司与消费者接触的机会，设计适合的服务方式，完善服务体系和流程，增强客户黏性。需要做好市场调研，善于运用技术手段，加强大数据的运用和分析，根据不同层级消费者的差异化需求和特点，提供不同的服务和产品，培养长期消费者，提高互动率和忠诚度。

4. 用户体验

航空出行服务尤其要注重用户体验，实现服务升级显得尤为重要。航空公司机票销售只是营销的开始，服务才是让用户产生好的体验并重复消费的关键。航空服务与营销要融为一体，服务的过程就是营销的过程，营销的过程也是服务的过程。

（1）物有所值。机票所联结的航空产品，也是一种服务体验。机票本身是有时效性的，它始于消费者计划行程登录相关网站购票，终止于消费者旅行结束，但机票必须附加于服务上才能形成有灵魂的航空产品。对航空公司而言，客户至上的理念已深入人心，在航空产品高度同质化的今天，为了在竞争中处于优势地位，就是要将服务做得超出消费者预期，让消费者觉得物有所值。

利用信息提供
让旅客感觉
物有所值

（2）抓住消费者的触点。利用与消费者接触的机会，完善服务体系和流程，增强客户黏性。从消费者的行程来讲，包括"行程前＋行程中＋行程后"，对航空公司来说，往往将更多的精力放在售票这一环节，也就是"行程前"，并通过一系列举措完善售票环节，往往忽略了最核心且特有的环节——"行程中"。

消费者只要坐上飞机,就是航空公司与消费者亲密接触的时间,这段时间专属于航空公司,不能仅有简单的机上推销,要通过活动设计提升机上体验,抓住消费者触点。

(3) 服务差异化。当前机票价格除了购票天数、退改签规则、积分累积规则不一致外,并无其他差异。随着乘机人数的增加和主流消费群体的变化,当乘机已经成为习惯,消费者接受多等级舱位享有不同权利时,服务也要实现差异化。从购票开始,到地面保障和机上服务,都将形成差异化的服务。

抓住旅客触点的做法

经典案例2-1

低成本航空服务提升进行时

低成本航空(LCCs),顾名思义就是指提供航空运输基本服务,并能保持较低运营成本的航空公司。低成本航空,又称廉价航空,指的是能提供廉价机票的航空出行。不过"廉价"一词,会让消费者联想到服务质量低下,甚至飞行安全等问题。因此,一向以"低成本+高效率"为宗旨的低成本航空公司更喜欢自称为"低成本航空"。

低成本航空公司不断完善品牌运价产品体系。对于全服务航空推出全新的品牌运价体系,低成本航空自然不甘落后,也相继推出了自家的新品牌运价产品体系。以祥鹏航空为例,新体系下的经济舱产品被细分为四档:全价经济舱、智选经济舱、超值经济舱、折扣经济舱。公务舱产品被分为三档:全价公务舱、折扣公务舱、特惠公务舱。新的品牌运价体系能够更好地满足两舱消费者的出行需求。

低成本航空公司注重细节服务。"细节决定成败"这句话非常适合当下正寻求服务质量提升的低成本航空。通过关注工作中的细节,发现消费者的不满之处,花最小的成本改善不足,从而满足消费者的需求,提高公司的满意度。注重细节服务,正是低成本航空当下提升服务质量的捷径。2019年2月,上海正经历着一场场春雨的洗礼,但却愁坏了走登机梯的消费者。为了使从摆渡车到客梯车的20米不被风吹雨淋,春秋航空在上海虹桥机场拿出了移动"神器"——移动式廊道,顶上带有雨棚,一端连接摆渡车的一道门,另一端连接客梯车。"神器"虽简陋但实用,大大提升了消费者对春秋航空的满意度。

随着民航大众化的发展,低成本航空在世界民航市场所占比重越来越大,所占市场份额也将近一半。美国的西南航空、精神航空,欧洲的瑞安航空、易捷航空,都能与当地老牌全服务航空相竞争而不落下风。但是在中国民航市场,本土的低成本航空发展却尤为艰辛。除去政策等因素,低成本航空服务质量才是制约低成本航空进一步发展的直接原因。另外,随着千禧一代的长大,年轻人逐渐成

为航空旅行的主力军，对于航空服务质量的要求只会更高。因此，探索出一条真正适合中国消费者的低成本航空服务模式才是本土低成本航空公司的当下之急，但从主观上摆脱"低成本航空服务质量差"的传统思想的道路还很长。

（资料来源：改编自春秋航空股份有限公司宣传部《春秋航空移动"神器"应对上海雨季》。）

（二）航空货运服务营销

航空货运是现代物流中的重要组成部分，其安全、快捷、方便和优质的服务正好符合现代物流服务的基本要求，而传统意义下的机场货运功能已不再适应现代物流的要求。拥有高效率和能提供综合性物流服务的机场在降低商品生产和经营成本、提高产品质量、保护生态环境、加速商品周转等方面将发挥重要作用。

1. 航空货运服务的优势与不足

相比于其他货物运输，航空货运服务的优势十分明显。

（1）运送速度快。从航空业诞生之日起，航空运输就以快速而著称。到目前为止，飞机仍然是最快捷的交通工具，常见的喷气式飞机的经济巡航速度大都在每小时850～900千米左右。快捷的交通工具大大缩短了货物在途时间，非常适合那些易腐烂、变质的鲜活商品，时效性、季节性强的报刊、节令性商品，以及抢险、救急品的运输等。

（2）运输范围可以深入内陆地区。航空运输利用天空这一自然通道，不受地理条件的限制。对于地面条件恶劣、交通不便的内陆地区非常合适，有利于当地资源的出口，促进当地经济的发展。航空运输使本地与世界相连，对外辐射面广，而且相比较公路运输与铁路运输，航空运输占用土地少，对于寸土寸金、地域狭小的地区发展对外交通无疑更有优势。

（3）更安全、更准确。与其他运输方式比航空运输的安全性较高，据统计，航空货运的风险率约为三百万分之一。航空公司的运输管理制度也比较完善，货物的破损率较低。如果采用空运集装箱的方式运送货物，安全性更高。

（4）节约包装、保险、利息等费用。由于采用航空运输方式，货物在途时间短，周转速度快，企业存货可以相应减少，可以节约资金成本、降低仓储费用。而航空货物运输安全、准确，货损、货差少，保险费用较低，与其他运输方式相比，航空运输的包装简单，包装成本减少，这些特征对降低企业隐性成本、增加收益极为有利。

当然，航空运输也有自己的局限性，主要表现在：① 航空货运的运输费用较其他运输方式更高，不适合低价值货物；② 航空运载工具——飞机的舱容有限，对大件货物或大批量货物的运输有一定的限制；③ 飞机飞行安全容易受恶劣气候影响，从而影响运输的准确性与正常性；④ 航空运输难以实现客货"门到门"运输，必须借助其他运输转运等。

随着新兴技术得到更为广泛的应用，实体产品更趋向薄、轻、短、小、高价值，经营者更重视运输的及时性、可靠性，航空货运也将会有更大的发展前景。

2. 航空货运服务营销的特点

航空货运在全球的发展非常迅速，2007年以前一直以两位数的比例增长。2020年以来受到疫情的影响，全球客运市场受到巨大冲击，与此同时，防疫物资、电商件等运输需求大幅增加，供需矛盾下，航空货运业务量及运价一路走高，不断对航空货运服务营销提出了更高要求。航空公司面对的消费者就是直销货主和货运代理人，如何做好营销需要因对象而异。

直销货主包括有运输需求的各类制造企业和流通企业，几乎所有企事业单位、组织的快件运输，还有少量个体消费者的私人物品运输。他们要求承运商提供物流问题的解决方案，除了要实现最终解决问题的结果，也看重消费过程中自我的感受、信息流的处理和反馈以及安全、可靠和承诺的实现，容易在互动的过程中形成长期的合作关系。

奥运营销的"带头大哥"——中国国际航空公司

航空货运代理人是航空公司授权的可以承接本公司货运业务的专业代理公司，他们对于航空公司服务的要求，重点集中在航班时刻、机型（运载能力）、运价、舱位方面，但是在航空公司运力年年增加、选择余地日益增大的情况下，代理人在关注运输结果的同时也开始逐渐关注航空公司服务过程的质量和满意度，甚至在竞争激烈的航线上，其他条件相近的情况下，服务的满意度往往成为代理人选择航空公司的重要原因。和直销货主不同的是，代理人的专业化程度相当高，对于代理人的营销难度也是相当大的。

第三节　航空服务数字化转型

技术的指数级增长给企业带来了两大新挑战：一是如何持续响应显著提升的消费者期望；二是如何利用数字技术重构业务，以及取得竞争优势。数字化转型就是要应对这些挑战——以同样的方式更快地完成工作，或者以更低的价格销售同样的产品。这不仅仅是一次技术革新，还是一次业务转型，应该使整个组织转变思考、协作和工作的方式。数字化转型不仅仅要实现现有流程自动化或将数字技术嵌入现有产品中，应该更多地思考可以为客户提供哪些价值，以及如何利用数字技术提供这些价值。

一、数字化转型

服务的提供者所面临的世界正在发生快速改变。数字化是基于智能化的信息化，数字化转型正在影响当今的商业模式。人工智能技术能让企业与消费者更好地互动并创新技术解决方案以迅速地改变组织的运营方式。技术正在从传统的IT数据中心转移到组织的战略核心，使得严格依赖业务功能的管理模型无法提供组织所需要的敏捷性，创新技术的快速发展使得服务可以从任何地方提供，并提供到任何地方，有更多机会帮助组织提升竞争力、促进企业成长和发展。

一般来讲，企业数字化转型就是企业内部生产、人力资源、财务、信息、营销各个环节，从市场、产品、服务到新的商业模式等各个领域都应用数字化实现相关变革的过程。数字化转型是企业在面临信息化到数字化过程中的一个新挑战。

不同学者企业数字化的理解

企业数字化转型受到内部和外部需求的同时驱动。组织内部时常面临如何运营并交付服务的快速变化，探索创新技术和数字化能力是更快地交付服务、建立消费者的忠诚度并降低成本的手段。组织外部需求则是要解决如何服务市场这个急迫的问题，在社交媒体的力量快速变化的情形下更好地让消费者接受它的服务，需要重新定义组织的工作并加强与消费者的互动。只有使用科技去接触新市场，创造新的收入来源并优化它们的运营，才能让企业组织有更好的弹性，并对消费者的需求更加敏感。这一切都构成了企业数字化转型的驱动力。

二、航空服务的数字化转型

数字化革命所带来的第四次工业革命，给所有的产业带来了挑战也同样带来了机遇。自从数字化转型概念被提出以来，航空业一直在寻找打开数字化转型的正确方式。在大量的专业机构调研和评估中，无论是传统航空公司、低成本航空公司，还是初创航空企业都无一例外地把数字化提升到企业战略层面，能在竞争越来越激烈的市场环境中抓住效益和提升效率，将会给企业带来更大的价值。

数字化转型加速无纸化进程。早在 2011 年美联航、阿拉斯加航空以及达美航空等航空公司就开始实施数字化，推广飞行员使用苹果 iPad 替代纸质的飞行图表和地图。随后的两年之内，电子飞行包加快了飞行驾驶舱的无纸化进程。2013 年，微软和达美航空曾联合宣布，为旗下 19000 名空服人员部署基于 Microsoft Dynamics 零售解决方案，用于处理乘客的支付行为、更新登机口信息、乘客声明书等，极大地提升了服务速度。

加速空管数字化转型。2015 年，欧洲单一天空空管研究计划联合执行体（SESAR）在制定欧洲空管总体规划（ATM Master Plan）中，就突出强调了数字化转型。随后在 2018 年版本的制定中，SESAR 明确提出：通过 SESAR 2020 的后续计划，共同投资未来空管研究和开发项目，并共同实现一个单一、安全的数字化欧洲天空，从而使欧洲在未来的数字化中依旧处于全球领先地位。2018 年 1 月，新加坡航空推出数字创新发展蓝图，旨在成为全球领先的数字化航空公司。这些数字化转型都涉及航空和航天生态系统的数字化发展，以改变和提升行业的能力、效率和弹性。通过数字化体验和活动可以驱动以旅游为中心的便利性。

三、航空服务数字化转型的挑战

（一）如何持续响应消费者变化

数字化是信息化的特征，进入数字化时代，客观事物都可以被解构为数据，航空服务面临消费者特征的变化,要求航空公司根据消费者的特征提供航空服务。

一是选择航空运输的消费者个性化需求更加明确。早期的航空出行是商务出行,随着一部分中产者的崛起,商务出行与有经济实力的个体出行并行,现在航空运输成为一种普遍的运输方式,将个体出行与货运作为主要航空运输服务的业务,面向每个客户建立需求标签,可以实现精确制导、量身定制航空服务。

二是选择航空运输的竞争不再是争夺某个消费者而是争夺消费者的某个标签数据。比如腾讯和今日头条是在竞争娱乐时间标签下的消费者时间数据分配,航空公司可能相互争夺具有航空货运需求的某个客户的不同货运航线的发货订单,比如春秋航空负责上海到呼和浩特的 8 点时段货运,东航负责上海到呼和浩特 10 点时段货运,两家航空公司可能共同面对一个客户,也可能通过其发货方案优化将其组合为一个时段或者与其他客户一道形成专门的货运客户。

三是选择航空运输的消费者被数字化解构后驱使行业竞争更加激烈。由于航空运输的消费者需求被解构为数据,数据之间的整合方便、快捷,在形成规模化的运输方式上更加容易,催生了更多的货运企业进入航空货运领域。随着航空管制的进一步改革,包机服务的消费者数量增加,可能加剧客运航空的竞争,甚至部分互联网企业进入航空运输都有可能。比如携程或去哪儿网,能够精准搜集乘客的外出信息,整合后可以决策是否由自己提供空中运输服务,对于未实施数字化转型的航空公司形成降维打击。

(二)数字化重构业务的障碍

随着航空服务消费的个性化发展以及环境变化的调整,数字化是航空产业获得新价值增长点的机会。业务数字化可以提升服务效率,改善服务效果并增加品牌的服务价值。但航空业实现数字化转型还面临诸多障碍。

一是航空服务的各个系统割裂严重。航空服务链从消费者出发,经过票务提供者获得出行票证,经过机场的安检、等候、登机等一系列规定流程方可进入飞机客舱,购买的航空公司机票可能更换为其他航空公司提供服务,导致乘客无法形成对航空公司的一以贯之的服务认知,尤其是面临突发情况时,"熔断"式的取消航班,会使得诸多消费者增加对航空出行的负面认知。因此,改变乘客印象必须打造一体化的服务质量。

二是信息孤岛客舱数字化面临技术困难。飞机飞行的特殊性决定其在飞行过程中不能及时联系地面信息,只能由客舱提供网络,客舱数字化是解决该困境的一条路径,但目前客舱数字化通信链路方案很多,每个方案的带宽、覆盖和收费都各有不同,方案的不确定性也还不清晰,因而解决飞机客舱数字化的技术方案还有待完善。

三是数字化客舱建设成本高。数字化客舱建设面临高昂的停场成本、硬件成本和时间成本,这对部分航空公司而言是比较大的挑战。航空公司必须创新融资方式,创新合作方式,引入内容生产企业共同打造数字客舱,实现多主体参与的系统利益共建和成本分摊模式。

四是数字化过程面临运营模式的滞后困境。航空业是高度垄断和高投入的行业,面临与诸多行业资源的生态整合、业务协同等挑战,尤其是固有的业务流程复杂、认知与技术更新都缓慢导致旧的运营惯性严重;同时决策机制复杂,难以快速引入新的运营模式。必

须自上而下协同构建认知—协调—数字化系统—提升客户服务质量—创造航空公司新价值的价值增值链，方可统一思想，达成目标。

四、航空服务营销中的数字化应用

航空公司拥有庞大的数据"金矿"。据不完全统计，每一次飞机的航班飞行就会产生高达 1TB 的数据，我国民航每年约完成 1000 万个起降架次，海量的数据可以在运行效率提升、市场产品开发和消费者服务改进等方面创造更大的价值。这正是航空公司数字化转型的动机所在。

（一）基于消费者需求的大数据分析

多年来，航空公司留存了海量的消费者运输数据（如机票订票、机票改签、常顾客会员、服务点评、消费者投诉等），如何更深入地挖掘和发现这些海量数据的价值，使其对自身产品和业务进行优化，是航空公司数字化转型中比较关键的一环，主要应用包括以下三个阶段。

首先，建立大数据分析，对消费者进行画像。建立消费者画像是航空大数据应用的基础之一，是指在大数据环境下，采用消费者信息标签化的方法，对航空市场消费者进行细分，探索消费者行为特征以了解核心客户。航空公司拥有自己独立的数据仓库，其中包含了生产、运营、销售、客户等数据。这些数据覆盖了航空公司生产经营的全过程，航空公司将这些数据处理归类后给各个部门使用，并保持这些数据的相互独立。借助信息技术手段对海量的数据进行分析处理，航空公司可针对消费者行为特点建立消费者画像，识别并了解消费者群体的习惯和偏好特征，是航空公司进行数字化转型的重要环节。

其次，分析消费者需求，调整销售策略。通过数据分析，能够更好地解读和挖掘消费者的信息，分析消费者的地理分布、流量流向趋势、产品喜好、购买习惯和渠道等。通过分析消费者的购买行为，航空公司可将数据分析结果转化为可操作执行的客户管理策略。根据所分析到的数据信息，航空公司针对不同年龄结构消费者的需求特点，来制定相应的销售策略。在数字化的营销中，服务体验的便捷、精准、迅速成为消费者的新需求，消费者期望以最快、最方便的搜索方式得到他们想要的信息，消费者订票系统逐渐趋于设备多样化和平台多样化。航空公司运用大数据解决方案，对整个航空业相关业务进行精准营销，能大幅提升消费者的忠诚度。

最后，根据消费者需求，调整产品结构。消费者画像能帮助航空公司更好地发现消费者需求，聚焦产品服务，进而实现数据价值的有效释放。通过消费者画像，航空公司可对不同年龄用户群的人群特征、消费能力、行程偏好进行深入探索，然后有针对性地为消费者设计个性化的产品和服务，最后通过差异化服务和精准化营销来提高市场占有率。

（二）基于云计算的服务能力

云计算是通过网络"云"将巨大的数据计算处理程序分解成无数个小程序，然后通过多部服务器组成的系统进行处理和分析，得到结果并返回给用户。云计算在航空服务中的应用场景十分丰富。例如，当一位消费者查询机票信息的时候，航空公司的数据库已经为其建立档案；当消费者通过线上或者线下销售代理、直营店等购买机票时，航空公司的大数据能够对该用户的购票信息进行收集和反馈；在消费者通过手机办理值机，或者到达机场在机场值机柜台打印登机牌的时候，航空公司能够根据消费者历史的飞机座位选择习惯提供值机选座，并实时向消费者推送航班、天气和机场候机相关信息；在消费者进行航班旅途的过程中，航空公司的机上服务能够根据消费者的餐食偏好提供餐食，投放消费者喜欢的机上娱乐项目等其他增值服务产品；在消费者到达目的地机场后，航空公司及时向消费者发送托运行李抵达信息，以及机场的地面交通状况、目的地的酒店和餐馆推荐。

数字化赋予航空公司"以消费者为中心的服务能力"。借助融合云计算、大数据、移动互联网、物联网、人工智能等新技术，航空公司通过精准描述消费者画像，针对性地开发满足消费者需求的产品与服务，能有效地从被动接受消费者出行数据向主动获取流量转变。航空公司通过建立"以消费者为中心"的大数据分析能力，可极大地方便各个机构和部门提取和共享消费者数据，分析和了解消费者出行需求，更好地为消费者提供出行服务，从而推动航空公司资源效率的提升，并通过个性化推荐与精准营销动态改进消费者服务体验，建立起与消费者沟通联系的纽带。

（三）构建数字化转型的战略蓝图

由于民航服务的系统性，数字化转型需要触及生产、经营的各个环节。航空服务前端的购票服务、客户体验的商业模式构建，航空飞行过程中的运营管理模式，包括机队管理、安全飞行、运行管控、司乘人员管理，以及飞行结束后的行李分拣、货物再转运等航空服务的各个环节都需要纳入战略蓝图之中。只有充分整合人力资本、信息资本以及资金资本，结合民航在新时代的使命，打通航空公司、机场管理、协作公司、票务公司等多方主体的沟通壁垒，从战略高度统筹相关事务，才能真正实现成功的数字化转型。

一是打通票务系统，试点数字身份。积极对接国际民航组织正在开展的数字旅游凭证研究，试点国内的自主身份形式，赋予消费者对自主数据分享和使用方式的更大自主权。

二是精准刻画消费者画像。利用内容优势和技术优势可以提高航空服务的内容多元化与精准化，满足消费者的个性化需求。

三是构建简单、便捷又具私人特征的安检系统。例如头戴式体温扫描装置改变了接触式的体温测量，也是未来无接触式安检系统的典范。开发先进的自助服务系统与生物识别系统为机场消费者提供一路到底的登机前无接触式安检顺畅体验，节省排队时间。

四是创建机场作业与软件定义网络。通过航空客流管理系统实时监控消费者，针对消费者在机场内的移动路线提供分析，协助机场管理人员控制人群密度并进行更长期的设施规划，开展更具弹性的机场灵活作业，为机场在后疫情时代更好地应对乘客的旅行需求变化提供决策依据。

（四）基于人工智能的管理决策应用

拥有了海量的消费者数据，并不意味着航空公司就进入了大数据时代。正如我们之前提到的,航空公司要充分地利用数据做到精确的预测和规划,完全地适应数字化时代并不是一蹴而就的事。参考传统行业中的众多企业,大部分企业在数字化转型中均会碰到对原有组织和业务流程进行重构的重大课题,而这种重构往往会对企业的稳定性和持续发展造成巨大冲击。为此,著名的咨询机构埃森哲咨询公司和麦肯锡公司等均提出了相关实施路径和方法。

1. 建立航空公司商业智能

商业智能(Business Intelligence,BI),又称商业智慧或商务智能,指用现代数据仓库技术、线上分析处理技术、数据挖掘和数据展现技术进行数据分析以实现商业价值。航空公司商业智能是对航空运输业信息的搜集、管理和分析过程,目的是使航空公司的各级决策者获得更加完善的信息或洞察力,促使他们做出对企业更有利的决策。航空市场的迅速增长,消费者海量出行数据的积累,以及人工智能技术的发展,使得航空公司能够以全新的视角去对业务进行优化,对产品和服务进行提升,并对绩效进行改进。基于市场竞争的环境,航空公司需要进行准确的市场预测,并构建新一代基于人工智能的决策支持体系。

什么是商业智能?

数字化时代瞬息万变,消费者需求变化是驱动航空公司变革的根本,数字化和智能化正在重塑消费者体验。对于航空公司来说,将企业现有的数据转化为知识,需要使用商业智能工具,以帮助企业做出明智的业务经营决策。

2. 华为的行业数字化转型方法

华为在大量的行业数字化转型实践中,摸索积累了一套应用数字化技术实现业务成功的战略框架与战术工具集,对业务可持续创新发展的最佳实践做了总结,提炼了其中具有通用性、普适性的关键点与要素,形成了一份简单、可操作的方法。

华为的行业数字化转型思路

本章小结

航空服务市场是围绕空中飞行的飞机,提供空间位置转移,且不涉及或甚少涉及所有权转移的市场形式,其构成要素主要包括需求者、供给者和中介者。航空服务市场一般呈现出购买的盲目性和即时性、购买的被动性、生产与消费的同步性和需求的不均衡性的特点。依据航空服务市场的供求关系以及政府管制的逐渐放开的过程,我国航空服务市场经历了供不应求阶段、有限竞争阶段、供求平衡阶段、供大于求阶段四个阶段。

服务营销区别于传统的市场营销,它关注的焦点与对质量的理解不同,并且更强调人员的价值和有形展示。航空服务营销是指航空公司在充分认识消费者需求的前提下,为充分满足消费者需求而在营销过程中所采取的一系列活动。通常根据搭乘飞机主体的不同,可以分为航空客运服务营销和航空货运服务营销。

航空服务数字化转型是持续响应消费者显著提升的期望,并利用数字技术重构业务取得竞争优势的必然选择,可以为企业运行效率提升、市场产品开发和消费者服务改进等方面创造更大的价值。

综合实训

请同学们比较有形产品与无形服务、传统营销与服务营销的特点与差异,并举例说明。

复习思考题

1. 什么是航空服务市场?简述航空服务市场的构成。
2. 航空服务市场的特点有哪些?
3. 我国航空服务市场经历了哪些阶段?其主要划分依据是什么?
4. 服务营销与市场营销的主要差异有哪些?什么是航空服务营销?
5. 客运服务营销策略可以从哪些方面制定?航空货运服务相比其他运输方式有哪些优缺点?
6. 什么是航空公司的数字化转型?为什么要进行数字化转型?

复习思考题答案

【航空报国　理想信念篇2】
机长彭川:
翱翔在蓝天的守护者

数字航空服务营销

第二篇　航空服务价值感知

第三章
航空服务中的消费者行为

消费者行为是消费心理的外在表现,相比于传统营销,服务营销更加关注消费者的行为表现。要做好消费者的航空服务工作,首要任务是要把握航空服务中的消费者行为特点,消费者的行为规律是开展航空服务的依据,因为只有根据航空服务消费者的心理特点实施的航空服务工作才会是卓有成效的。具体来看,航空公司需要理解消费者以下行为:消费者在购买航空服务过程中的心理特点;消费者在购买及消费航空服务时如何决策;消费者对于航空服务有哪些需求以及如何进行需求管理;航空货运服务中的货主有哪些购买行为;数字时代如何识别消费行为的新特征以及其中的数字化应用等。因此,本章就以上问题展开讨论。

学习目标

1. 掌握航空服务消费行为的内涵、特征及影响因素。
2. 掌握航空服务购买决策的不同阶段。
3. 掌握航空服务需求及其基本类型。
4. 了解货运市场中的消费行为。
5. 认识数字化时代的消费行为。

本章引例

东航为首次乘机旅客送温暖

"坐上东航的飞机去进甘蔗可真是舒坦!"2020年11月12日,前往云南西双版纳的乘客邓先生坐在MU5792航班上感叹着。这是在西安做水果批发生意的邓先生和妻子首次坐飞机去西双版纳采购甘蔗。

因为是第一次乘坐飞机,再加上疫情,邓先生说他们特意多留了些办手续的时间,背着大包袱,拉着大皮箱,可还是不知道在哪里才能上飞机。正当他俩发愁的时候,看到了东航值机区域引导岗位的爱心志愿者小杨,巧的是刚好她就是首乘服务专员。小杨在了解了情况后把他们带到了东航值机柜台,并为他们发放了首次乘机爱心卡,细心询问邓先生有没有托运行李,托运结束后耐心为他们讲解托运行李票和下机后如何提取托运行李。

东航西北分公司专门为"首乘旅客"在西安、榆林、延安、安康四地始发所有东航航线提供"首乘特惠"折上折优惠机票。东航网站、App、小程序均推出带有"首乘特惠"标志的特价票,凡符合首乘旅客身份的旅客购票成功后,东航会同步发送购票信息和首乘旅客服务信息短信。在客票记录中标注"SC"标志,便于机场工作人员识别首乘旅客身份,跟进提供延伸服务。市场部门专门在西安咸阳机场开展为期7天的"美好出行,我们来助力"营销服务活动,加大"首乘特惠"宣传力度。

始发服务方面,东航西北分公司专门设置首乘旅客专属服务区,设立首次乘机旅客服务柜台。定做专属服务"笑脸"识别标识,并在候机楼隔离厅内增设首乘旅客问询柜台,值机人员在办理值机手续时,为首乘旅客发放"首次乘机旅客小贴士"服务卡片、专属胸贴和手环,并协助旅客填报《健康申报表》,完成登机防疫程序。行李托运时为首乘旅客进行常识讲解,并为行李拴挂"首乘行李"标签和行李优先标识,确保行李优先提取。在售票、值机区域设置"红绶带"服务岗位,由专属服务人员为首乘旅客提供全流程引导服务,同时向旅客普及乘机小常识,解答旅客疑问等。

到达服务方面,在行李查询处开通"首乘旅客服务岗"等一系列专属制定,全流程护航首乘旅客。针对首乘旅客行李迟交付、破损等情况,安排专人快速处理。中转旅客到达后有专人主动指引,确保服务"首乘"无"死角"。旅客中转时,接机人员引领首乘中转旅客办理中转手续,利用登机口区域内东航综合服务柜台为首乘旅客提供不出隔离区办理客票、旅客问询、登机口指引等相关服务。在行李提取处,"红绶带"巡视人员引导首乘旅客到相应转盘提取行李,现场帮助旅客验收行李,并引导至到达厅出口;向首乘旅客介绍可转乘的地面交通工具,介绍机场附近住宿区域。

为了提供"有温度"的空中专属服务,东航西北分公司空中乘务人员从各方面主动热情服务,提高首乘旅客乘机体验。乘务人员主动引导、讲解,帮助旅客存放行李,为首乘旅客讲解机上安全须知、呼唤铃、阅读灯、安全出口等客舱功能组件,提醒首乘旅客颠簸时系好安全带,及时关注首乘旅客,为其进行洗手间

指引。同时，乘务组会合理利用机上资源，为首乘旅客赠送"心意卡"、特调饮品等首乘纪念品，增加首乘旅客的获得感和幸福感。

（资料来源：https：//mp.weixin.qq.com/s/c5EAx-GRQTNu5-gHm2pX4Q，有删减。）

课堂讨论：
1. 东航为什么要开发"首乘旅客"服务？
2. 东航的"首乘旅客"服务包括哪些内容？

第一节　航空服务消费行为

消费行为（consumption behavior）是消费者的需求心理、购买动机、消费意愿等方面心理与现实表现的总和。对于航空公司来说，了解消费者在购买和使用服务时的行为及其特征，以及影响其消费行为的主要影响因素，才能有效地识别消费者的服务需求，为服务价值的创造、传递和维护提供必要基础。

 一、航空服务消费行为的内涵和特征

（一）航空服务消费行为的内涵

航空服务消费行为（air service consumption behavior）是指消费者在购买航空服务时，为满足自身对于航空服务的某种需要而发生的一切行为活动，是消费者心理的外在表现。具体包括航空服务需求确认、航空公司信息搜集与决策、航空服务产品的消费、航空服务服务效用的评价与反馈等环节。

（二）航空服务消费行为的主要特征

与有形产品消费者行为的特征相比，航空服务市场的消费者行为主要有三个特征。

（1）消费者搜寻信息更多依赖口碑传播。消费者在制定购买决策的过程中很重要的一个步骤就是要搜集各种信息，信息搜寻可以从内部、外部或内外部同时进行。内部信息搜寻是对记忆中原有的信息进行回忆的过程，如果内部搜寻没有产生足够的信息，消费者就会通过外部的搜寻来获得另外的信息。消费者外部信息来源包括个人来源（家庭、朋友、同事等）、商业来源（广告推销商、展览等）、公共来源（大众媒体、消费者评比机构等）

以及经验来源（产品的操作、检查与使用等）。航空服务市场消费者主要通过人际交流来获取所要购买的服务信息，而广告等媒体沟通手段相对不被服务消费者所重视。

（2）消费者对服务的风险知觉更大。消费者在购买任何商品时，都可能感知到或大或小的风险。由于服务的生产与消费同时进行，消费者在购买航空服务产品时感知到的风险可能更大，航空服务的无形性和易变性造成购买价格风险和功能风险，特别是在专业性的服务中更容易出现这种情况。比如，如果航空公司的服务不像消费者想象的那样优秀，甚至服务人员的态度不那么令人愉快，但航空公司仍希望消费者为其消费付费，就会导致消费者的消费风险。当然，消费者对航空服务的功能风险的知觉也和消费者本人的期望有关，当消费者期望得到的利益与服务提供者真正提供的服务之间有距离的时候，消费者就会感知到风险。

（3）消费者的品牌忠诚度更高。由于购买服务具有更大的风险，因而消费者对品牌有更高的忠诚度，消费者更换航空公司的可能性相对较小。服务业吸引新的消费者比较典型的做法是服务提供者把注意力集中在与竞争对手有明显区别的问题上。比如，国航推出了"知音卡"、南航推出了"明珠卡"，即规定时间内连续飞行多少千米或飞行多少次航班，就可以拥有该企业对应等级的会员卡，那么以后每次购买时都会因会员身份而有一定的优惠。

 ## 二、影响航空服务消费行为的因素

在消费者购买过程中，影响其行为的因素主要有内部因素、外部因素、情境因素和航空公司因素。

（一）内部因素

内部因素就是消费者的心理因素，即消费者基于其自身感官对产品的认识和理解，包括消费者的购买动机、个性需求、服务理念、生活方式、过去的体验等。内部因素是消费者购买的原动力，航空公司在其服务产品的设计、开发和应用过程中很难制定能够满足所有个体消费者需求的标准，只能在基于规范化、流程化和标准化的基础上实施有效的服务质量体系。同时，面向大客户的服务产品应该执行定制化和差异化的服务策略。

针对内部因素的作用，航空公司在服务营销产品设计上应该关注以下三点：一是应着力打造差异化品牌或者优势化品牌，并规划和实施有效的整合品牌沟通；二是应倡导一种与人文文化相关的服务理念并在内部和外部共同推广；三是在服务产品的设计上对大客户实行客户定制化，并且提升服务产品的质量，增加服务产品的种类。

（二）外部因素

影响消费者购买行为的外部因素主要有竞争因素、媒介口碑、社会文化背景、群体偏好等。外部因素在一定条件下影响消费者消费行为的改变。由于竞争因素的存在，同质性产品或服务一般会在价格因素上做文章。航空公司也会采用价格策略，或者通过媒介的宣传、航空公司的口碑以及所在群体的偏好选择影响消费行为。

针对外部因素的影响，航空公司在服务营销产品设计上应该关注以下五点：一是强化和提升服务品质；二是在产品的设计上应更多地突出服务品质和服务保障的鲜明特色，在保持价格品质的基础上提供高价值的服务套餐；三是以公益宣传为媒介，加强航空公司的品牌宣传和推广；四是构建完善的组织文化体系，做好内外部的组织文化沟通和推广；五是采取多种方式定期进行消费者咨询和消费者调查，适时调整产品结构。

（三）情境因素

影响消费者购买行为的情境因素主要有消费者面对任务的紧急程度、时限性、天气、购买环境等。情境因素一般也会改变消费者最初的消费意愿，对航空公司的服务产品需求产生偏离和放弃，进而将消费焦点转向其他竞争对手。在诸如消费者有紧急事情和事件的时限性等情境因素的制约下，消费者往往以满足其及时的乘机需求为主要选择目标，而忽视其偏好的航空公司甚至忽视其他服务项目和内容。天气因素对航空公司的影响具有普遍性和广泛性，如果航空公司处理不当，消费者在消费过程中将会对航空公司的品牌和服务产生强烈不满并质疑，甚至会中途放弃对偏好航空公司的选择。航空公司在处理天气原因造成航班延误的情形下，应当采取应急程序。

任何应急程序或者服务项目的实施都是由人来完成的，因此，在出现一些情境因素影响的环境下，航空公司绝对不能忽视对值班人员的有效安排。针对情境因素的影响，航空公司在服务营销产品设计上应该关注以下两点：一是设立消费者服务支援中心，以有效的资源配置尽量满足消费者的需求；二是在应急处置程序过程中，应突出航空公司服务实施主体的主动性和能动性，完善航空公司与消费者和媒体的有效沟通，化解矛盾和误解。

（四）航空公司因素

影响消费者购买行为的航空公司因素有产品特色、销售渠道、促销方式和销售人员的服务态度和方式等。航空公司的产品规划和设计在一定程度上也取决于其航线网络规模、机队规划和配置、营销战略规划和实施等因素，这些因素的综合作用就决定了航空公司产品的种类和数量。但无论如何，航空公司的产品规划和设计应贴近市场需求，满足消费者对服务的期望。随着信息技术的开发和提升，航空公司的销售渠道得到了很大的拓宽，实现了消费者利用手机随时随地完成信息查询、订票、账单确认、密码提示、座位选择等系列行为，因此航空公司在消费者营销信息系统的开发中也将突破传统服务模式，在订票和乘机系列活动中完全实现销售体系的个人化和智能化。

针对航空公司因素的影响，航空公司在服务营销产品设计上应该关注以下三点：一是强化和提高员工服务意识和服务效能，尤其是提升员工处理突发事件时的沟通技巧和水平；二是提升和完善消费者营销信息系统，实现消费者营销信息系统的个性化和智能化；三是应加强员工关爱工程，感动员工有助于员工感动消费者。

巫家坝国际机场的"爱心通道"

第二节 航空服务消费决策与过程

任何形态的产品和服务都牵涉购买和使用,那么了解消费者如何进行服务购买决策,消费者的服务消费体验如何,以及消费后如何进行经验评估,对于企业营销相当重要。航空服务消费决策与过程可以分为三个主要阶段:购前阶段、接触阶段、购后阶段。①

一、航空服务购前阶段

购前阶段是一个比较复杂的决策过程,整体可以归纳为确认服务需求、搜集服务信息、评估服务风险,最终决定是否购买该项服务。

1. 确认服务需求

当消费者对远距离或快捷出行有需求时,会在多种交通工具之间进行选择。消费者一般综合考虑时间、价格、舒适度等因素,确定最合适的出行方式。消费者一旦确认应该选择航空出行时,就产生了航空服务需求。

2. 搜集服务信息

当消费者确认服务需求之后,接下来便是搜集相关服务的信息。消费者的信息搜集渠道通常有以下几种:一是与身边亲戚、朋友或同事的人际交流;二是网络平台上的消费者评价;三是航空公司发布的各种类型的商业广告;四是大众媒体对相关新闻的报道。其中,人际交流和网络评价在消费者搜集信息的过程中起到了关键作用。

3. 评估服务风险

产品或服务的信息较少或信息搜集起来比较困难的时候,在购买前并不容易进行风险评估。对于航空服务来说,消费者购前主要受到"经验属性"的影响,例如,消费者只有体验一次航班,才知道空乘的服务是否令人满意。消费者评估这类服务也无法一直依赖他人的推荐,因为不同人对于相同的刺激可能有不同的诠释与回应。对于不熟悉的服务在做第一次的选择使用时,可能会非常担心出现负面结果,结果愈负面且愈可能发生,则知觉风险也愈大。消费者常面临的知觉风险可分为五类。

(1) 功能风险。消费者对于产品主要特性或接受服务感受的绩效不满意。

(2) 财务风险。消费时可能产生的货币损失或增加额外的非预期成本。

(3) 时间风险。消费前与消费中时间浪费或有一连串的延迟导致时间不确定。

(4) 实体风险。消费者在接受服务或使用产品的过程中,因使用实体设施造成个人受伤或所有物的损失。

(5) 心理风险。消费者在接受服务时视觉或情绪受到外在的影响。

---

① 参考微信公众号"龙国富":服务消费的购前、中、后解读,2021-07-03。

航空服务提供者可以通过一些技巧降低消费者的知觉风险，特别是针对昂贵、影响长远的服务项目。可能的方式如下：提供服务保证；退费（或重复服务）保证；通过文宣、网站或影片让潜在消费者事先了解服务；制定明确的安全规章；训练服务人员在接待消费者时尊重消费者且具有同理心；提供24小时免费客服专线或受理网站；通过电话或短信告知当前情况（例如目的地天气情况）；让消费者可以线上查询订单或程序处理的进度。

二、航空服务接触阶段

由于服务的不可分离属性，服务的生产和消费是同时进行的，即消费者的消费过程就是航空公司提供服务的过程。因此，航空服务的接触阶段较为短暂，通常包括初步接触阶段与深度接触阶段。

1. 初步接触阶段

当消费者形成初步消费意向时，便会通过各种渠道与企业进行初步联系。对于航空服务消费者来说，通常会通过电话或者网络工具与航空公司的客服人员进行初步沟通。因此，航空公司需要注重购票环节的沟通，抓住机会向消费者展示服务质量，进一步激发消费者的消费需求。

2. 深度接触阶段

完成消费决策之后，消费者进入服务的核心阶段，即与航空公司的深度接触阶段。这个阶段是消费者接受航空公司提供和传递服务的过程，也是航空服务人员提供服务的阶段。

抓住消费者的心：东方航空的漏洞营销

消费者的服务消费体验，既由服务本身的品质和质量决定，又受服务人员和消费者两方面因素的影响。一方面，不同的服务人员，由于素质、能力、态度等方面的差异，提供的服务是不同质的；即使是同一个服务人员，由于自身因素（如心理状态）的影响，也不能够以始终如一的标准和水平提供服务。另一方面，消费者的知识水平、兴趣特征和个人倾向，会影响服务消费体验的水平。例如，不同的消费者会因素质和性格的不同，而对同一航班感受到不同的服务水平。

三、航空服务购后阶段

服务接触结束后，消费者仍会继续对先前所接受到的服务品质进行评价，服务经验令人满意与否取决于个人期望是否获得满足。而满意与否也会影响后续的消费意愿，包括对该服务提供者的忠诚度、是否为他人做出正面的推荐。

中国民航旅客消费特征与消费模式变化趋势

消费者在购后阶段会评价服务表现，并与事先的期望做比对，其事先期望受事先沟通、公司形象、口碑以及消费者需求的影响，而满意度即是一种评价指标。满意度是消费者对购买行为的评估，以及消费者与产品之间互动的评判。是否与事先期望"一致"是满意度的根本决定因素，消费者在购买之前心中就已经持有服务的标准，将其与所观察到的服务表现相比便会形成满意度的评判。某种程度上讲，消费者评价反映了企业是否善于管理消费者、员工以及企业内部环境之间的关系。

第三节　航空服务需求管理

服务的不可存储性决定了服务无法像有形产品一样通过库存解决供需矛盾，因此对于航空公司而言，需求管理变得十分重要。"需求管理"这一术语的思想源于凯恩斯，他认为在资本主义经济中，商品和劳务的总需求可能会小于总供给，从而造成失业。需求管理作为一个扩张工具，具有增强竞争能力的作用，对航空公司的运营影响很大。

一、航空服务需求

对于需求，经济学上的定义是人们在某一特定时期内在各种可能的价格下愿意并且能够购买某个具体商品的数量。心理学家马斯洛把人类的需求分为五种，即生理需求、安全需求、社交需求、尊重需求和自我实现需求。需求是一种有购买力的需要形式。一般来说，城市化水平越高，服务水平的要求越高；反之，则越低。

航空服务需求是指具有一定支付能力的社会组织和个人在一定时期内，愿意按照一定价格购买航空服务的水平。随着航空客运市场竞争变得越来越激烈，绝大多数航空公司已经认识到不能只在价格上竞争，而要在非价格领域对消费者高度关注，实施产品和服务多样化、差异化的营销战略，特别是要对消费者进行需求管理，通过提供消费者感知强、满足消费者动态需求的服务来提升消费者满意度，培养消费者忠诚度，以有效地提高航空公司的竞争力。

影响航空服务市场消费需求的因素，从航空公司角度来分析，可分为主观因素和客观因素。航空公司在航空服务核心产品（包括数量、质量、品种等）、产品定价、市场推销手段和服务的转移方式等方面有一定的主动权，这四个方面对消费者的需求有直接的影响，也是航空公司在一定范围内可以发挥主观能动的因素，是航空公司影响消费需求的主观因素或可控因素，而经济、社会、文化及科学技术是航空公司影响消费需求的客观因素。

根据马斯洛的需求层次理论，人的需求是分层次的，从低级向高级发展。当低级需求得到满足以后它就不再成为动力的源泉，而高一级的需求则激发人们去产生相应的消费动力。了解并科学管理消费者的需求满足状态，有利于航空公司创造独特的竞争优势。消费者对航空公司的服务需求也可分为安全、正点、方便、快捷、舒适等几个层次，安全作为最基本的需求一旦被满足后，其他的需求层次便会逐次地被强化。如果航空公司仅仅着眼于安全层次上，那么消费者定会选择除安全外更为正点和方便的航空公司。今天的技术革命给消费者带来了更多的方便和实惠，如飞机上可以办公、发传真、打电话，因而许多航空公司在方便消费者和提高旅途舒适度方面大做文章，如消费者可以直接在手机上办理手续，有行李者可以提前登机，无票乘机也变为可能，消费者选择航班的余地越来越大，而登机手续却越来越简单。电子商务在民航业的应用，使消费者得到更大的实惠，消费者在订座后，还可享受到酒店安排、出游等一系列延伸服务。

经典案例3-1

无陪伴儿童服务　培育潜在航空消费者群体

随着我国民航市场的发展和国人消费水平的提高，儿童出行越来越呈现低龄化、国际化的趋势。寒暑假，各航企和机场保障的无成人陪伴儿童的数量将明显增多。

对于航空公司来说，做好无陪伴儿童服务，不仅体现了航企的真情服务水平，更是培育潜在航空消费者群体的有效途径。一名无陪伴儿童背后不仅关联着众多的成人消费者，而且无陪伴儿童自身将来也会成长为自主的航空消费者。做好无陪伴儿童服务，首先要了解儿童和家长的需求，针对需求精准发力。儿童从地面到空中整个过程的安全、陪伴、餐食等都是家长最关心的问题，也是他们选择无陪伴儿童服务的考虑因素。

近年来，不同的航空公司推出过很多针对无陪伴儿童的特色服务。比如南航的"木棉童飞"、厦航的"E鹭童行"、山航的"鲁雁宝贝"等，儿童在旅行过程中，可以获得读物、玩具、饮料等贴心小礼品。除了机上娱乐系统和一些"物质"层面的特色服务外，处于成长期的儿童在旅途中更需要心灵陪伴和情感慰藉。很多机上乘务员在保障儿童安全的前提下，还会提供一些精神、文化层面的娱乐活动，比如讲故事或者带领儿童参加一些简单活动，让儿童度过一段有意义的飞行旅程。

技术手段的引入可以辅助改善无陪伴儿童安全、快乐的出行效果。比如南航推出的"木棉童飞"延伸产品——可视化服务，工作人员会将孩子整个出行过程的照片上传到指定位置存储，由系统向无陪伴儿童的家长进行推送。深航也专门利用新兴直播平台全程直播无陪伴儿童行程，让家长随时了解孩子的动态。

总之，在无陪伴儿童服务方面不断完善，让消费者感受到出行的安全、舒适、温馨，有助于培育潜在航空消费者群体，让孩子们从小爱上航空旅行。

（资料来源：https://mp.weixin.qq.com/s/dw2W5fYJQVxCBP9wIsv RGQ。）

二、基于卡诺模型的航空公司客户需求层次划分

（一）卡诺模型

卡诺（KANO）模型是日本品质管理大师狩野纪昭于1984年发明的质量管控经典工具。它受双因素理论的启发，从客户感知质量角度出发，可以帮助企业了解不同层次的客户需求，并通过BETTER-WORSE系数识别使客户满意的至关重要的因素。KANO模型如图3-1所示，它将客户需求分为五个层次：基本需求（M）、期望需求（O）、惊喜需求（A）、中立需求（N）和相反需求（R）。

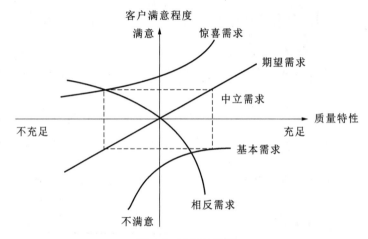

图3-1　KANO模型

基本需求（M）：基本需求指客户对企业提供的产品或服务的基本要求。此类需求的特点是当产品或服务特性不充足（不满足客户需求）时，客户将会极度不满并可能导致放弃该产品或服务；当其特性充足（满足客户需求）时，客户最多也只是满意。例如，当消费者乘坐飞机时，消费者不会因为飞机准点起飞而感到满意，但一旦飞机晚点，消费者便不满意。

惊喜需求（A）：又称魅力需求。此类需求的特点是当产品或服务特性不充足（不满足客户需求）时，消费者不会不满意；但是如果提供了这类服务，客户就会非常满意，从而提高对该产品或服务的感知价值。

期望需求（O）：又称意愿需求。当此类需求得到满足时，客户就会满意；反之，当此类需求得不到满足时，客户就会不满意。

除了上述三类需求外，运用卡诺模型还能识别出客户的中立需求（N）和相反需求（R）。当中立需求被满足时，客户不会觉得满意，当其没被满足时客户也不会不满意。当相反需求被满足时，客户会觉得不满意，当其没被满足时客户却满意。

经大量实践检验，KANO模型对客户需求层次的识别方法比较合理可行，它对需求层次的识别采用问卷调查的方法，问卷由正反成对的问题构成，通过问题得知某项服务具备或缺失时受访者的反应。

（二）卡诺模型在航空公司客户需求层次划分中的应用

通过引入 KANO 模型，首先在"客户细分"和"需求层次"两个维度来研究航空公司不同等级客户的需求层次，如图 3-2 所示。

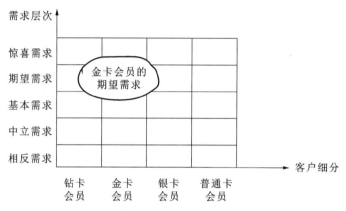

图 3-2 航空公司客户需求层次划分

需求层次划分的具体步骤如下。

第一步，设计各等级会员的调查问卷，在问卷中对需要被识别的服务内容设置"提供服务客户喜欢程度"和"不提供服务客户喜欢程度"正反两个方面的问题。如下所示。

(a) 如果您出行时晚点到达机场，我们能为您预留登机牌。您会感觉：喜欢；应该是那样；无所谓；我可以忍受；不喜欢。

(b) 如果我们不提供此项服务，您会感觉：喜欢；应该是那样；无所谓；我可以忍受；不喜欢。

第二步，将每个会员对同一服务的两个问题的答案汇总，根据需求层次分类表，如表 3-1 所示，得到每项服务对应的需求层次类别。

表 3-1 需求层次分类表

		不提供此服务				
		喜欢	应该是那样	无所谓	我可以忍受	不喜欢
提供此服务	喜欢	?	A	A	A	O
	应该是那样	R	N	N	N	M
	无所谓	R	N	N	N	M
	我可以忍受	R	N	N	N	M
	不喜欢	R	R	R	R	?

注：表中各字母的含义，A—惊喜需求，O—期望需求，M—基本需求，N—中立需求，R—相反需求；? 表示无效。

第三步，将每类会员对同一服务识别出的需求层次类别按数量汇总到服务需求识别汇总表中，如表 3-2 所示。

表 3-2　服务需求识别汇总表

	A	O	N	M	R	总数	类别
服务 1							
服务 2							
服务 3							
……							

注：表中各字母的含义，A—惊喜需求，O—期望需求，M—基本需求，N—中立需求，R—相反需求。

第四步，从服务需求识别汇总表中根据客户选择的数量大小来确定类别，即选择每项服务内容有最多客户选择的为对应服务内容最终的需求层次类别，当某一服务有两种需求层次类别的选择频次同时最大时，判断客户最终需求层次类别的优先准则是 M＞O＞A＞N。例如，对于某一服务，某类客户选择基本需求（M）和期望需求（O）的频次相同时，就将此项服务最终判断为该类客户的基本需求。

第五步，计算各项服务的 BETTER-WORSE 系数。根据这 BETTER 系数和 WORSE 系数就可得出服务欠缺或具备时，对客户满意度造成影响的大小。影响程度大者，其服务质量应该优先改进。

表 3-3 所示是一个航空公司金卡会员服务价值链中需求层次的例子。对于基本需求，如"提供贵宾休息室"，金卡客户认为这是必须提供的服务。航空公司对这类服务应该给出明确承诺及服务范围，规范服务提供流程，使广大客户了解服务相关信息，从而使客户期望合理化。

表 3-3　金卡会员需求层次举例

	需求层次	服务特性	服务举例
金卡会员	基本需求	客户假定这是航空公司必须提供的服务	提供贵宾休息室；免费送票
	期望需求	客户期望得到的服务	出行晚点预留登机牌；优先处理托运行李；优先登机
	惊喜需求	超越客户期望的服务	专人引导入贵宾休息室；开设贵宾热线
	中立需求	客户暂时不关心的服务	节假日短信问候；专人登门走访

对于期望服务，如表 3-3 所示的"出行晚点预留登机牌"是金卡会员希望得到的服务。由于不同类别的客户期望需求差别很大，因此需要根据客户给企业带来贡献的不同分优先顺序考虑他们的期望需求，首先满足预期投入产出情况较好的客户需求。

惊喜需求，如"专人引导入贵宾休息室"，可以将其表述为创造魅力质量。惊喜需求是不确定性最强、也最难以掌握的需求类型，因此对此类需求不做规范性要求，采取非周期性、非常规性提供原则，防止客户产生预期心理而产生需求层次"掉落"。航空公司应根据客户群体对公司价值的贡献程度和客户经理能够掌握到的惊喜需求信息来综合考虑是否实施此项服务。客户的惊喜需求对客户满意度有着重要影响，可以通过奖励考核手段激励一线的客户经理积极挖掘此类信息，提高服务主动性，通过灵活提供惊喜需求促进企业整体服务的有效性。此类服务承诺水准应最低，或不予承诺，尽量防止产生客户预期，以达到惊喜效果，提升客户满意度。

应用需求层次模型还可识别出各级会员的中立服务，如金卡会员认为"专人登门走访"对他们来说是无所谓的，航空公司就应该暂时取消这项服务，以节约服务成本。如果服务是金卡会员厌烦的相反需求，它指明了航空公司服务的"禁区"，应该避免提供此类服务。

最后 BETTER-WORSE 系数进一步表示了某项服务可以提高客户满意度与降低客户不满意度的多少，BETTER-WORSE 系数用量化的方式表示了某项服务的提供与否对客户满意度的影响程度大小。客户需求层次之间虽然有着本质的区别，但同时也是在逐步地动态变化的。比如，"开设贵宾热线"刚推出时，对于金卡会员来说，是一个惊喜需求，但是随着时间的推移，这项服务可能会慢慢地转变成期望需求，最终变为基本需求。客户的某些中立需求转化为惊喜需求也是可能的。时刻把握当前客户的需求层次，适当地主动引导客户需求层次的变化是航空公司未来应该着重关注的。

三、科特勒的八种需求状态

科特勒将需求分为八种状态：潜在需求、饱和需求、消极需求、不利需求、过量需求、不定需求、下降需求和无需求。

（一）潜在需求（latent demand）

潜在需求是指对于某种服务存在潜在的需求，能以可接受价格满足某种需求的服务将会出现。比如，在目前航空客运市场，以西部城市为中心的航线并不多，随着西部地区的日益发展，以商贸和旅游为目的的旅行需要一定会使越来越多的国内外交流成为可能，这就使开辟连接西部城市的新航线成为一种潜在需求。

（二）饱和需求（full demand）

饱和需求是指服务正好能满足当期消费者的需求，比如，企业所提供的服务没有在物质上扩张的余地。对于饱和需求，航空公司无论付出多大的努力，都很难再创造更多的需求。比如，在某条航线上，经济舱的需求已经满足，航空公司就要考虑是否可以通过提供公务舱或头等舱的服务来满足这部分市场需求，即改变目标市场，寻找高消费的细分市场。

（三）消极需求（negative demand）

消极需求是消费者持消极态度的一种需求。比如航空客运服务中消费者非自愿改变航程的情况，由于如飞机故障等航空公司技术原因或受大雾、雷电等气象条件的影响，航班无法按计划起降，造成消费者不得不改变原来的旅行路线或航班时刻。这些改变不是按照消费者的意志进行的，所以消费者一般对这种需求持消极甚至否定的态度。航空公司就要明确消极态度产生的原因，并用积极的态度方法去缓解、消除消极情绪。比如，如果需要消费者等待一段时间，可以专门为消费者安排轻松舒适的候机环境，提供阅读刊物。在可能的情况下，为消费者提供一些附加服务，如升舱服务也可以作为对消费者非自愿做出改变的一种补偿。

（四）不利需求（unwholesome demand）

不利需求是指企业面临的一些不愿提供服务的需求，可能是法律的原因，也可能是基于对消费者提供的一种长期服务的承诺。比如，常消费者计划，是一种巩固和扩大航空服务市场份额的竞争手段，航空公司会采用客票点累积的办法，让消费者在达到航空公司规定的标准后，得到免费乘机的机会。如果这类常消费者在航运高峰时要求免费乘机，对航空公司而言，就会因为无法高价销售客票给一般消费者，而不能得到高价客票带来的收益。

（五）过量需求（overfull demand）

过量需求是指企业以现有能力无法满足的消费者需求。消费者的某种需求过度膨胀，超出了航空服务的能力，以至于造成供不应求的局面。这种情况最突出反映在春运或节假日等高峰时期。

（六）不定需求（irregular demand）

不定需求表现为消费者的需求并非稳定不变，而是随时间变化，需求量呈现调整态势。比如航空出行"黄金周"和平时的需求不同，周末和工作日的需求也有不同，甚至一天中不同时间上的需求也有不同。航空客运的不确定性和不可储存性，是航空运输服务的供需管理难题。

航空服务
不确定需求及
其应对策略

（七）下降需求（declining demand）

下降需求是由于特定的原因造成的营运额下降，甚至可能是持续性的下降。比如，亚洲金融危机曾使航空运输，特别是东南亚的航空业一度受挫；"9·11"事件使得美国航空业受到严重影响。一旦出现下降需求的情况，营销管理者应首先明确造成需求下降的原因，以采取相应策略。比如，面对疫情，消费者不愿乘机，这是安全和健康方面的疑虑导致的需求下降，此时的营销策略就是要尽一切努力确保消费者的安全和健康。要制定应急方案，构筑预防疫病传播的有效措施。航空公司只有通过得力的监控措施，大量、细致的安全工作，才能在一定程度上消除消费者对于服务供给的疑虑。为实现下降需求情况下的供求平衡，需根据消费者的实际需求进行调整。

（八）无需求（zero demand）

无需求是指消费者对产品或服务毫无兴趣或者漠不关心。此时，航空公司应该设法将服务的好处与人的自然需求和兴趣结合起来，创造出需求，并通过卓越的航空服务超出消费者预期而实现消费者满意。

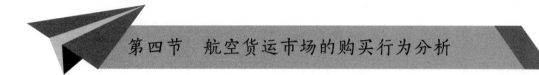

第四节 航空货运市场的购买行为分析

在航空货运市场，航空货运企业的关注焦点是比竞争者能够更好地满足消费者需求，从而赢得竞争优势，获取更高的利润。因此，航空货运企业必须从了解市场需求以及消费者行为出发，才能为企业的营销决策提供更加坚实的基础。

 ## 一、航空货运服务中货主需求的类型

航空货运服务中货主之所以选择航空货运而不选择汽车或火车，是因为航空货运货主具有特别的需求，航空货运中货主有以下六个方面的心理需求。

（一）及时性需求

航空货运能在较短的时间内把货物运达目的地，而这种快速到达的需求是一般的汽车和火车实现不了的。鲜活、易腐烂的货物，活体动物，时装、杂志等时间性极强的商品，特别供需的货物，药物、疫苗等应急货物，这些货物的货主在选择航空货运的时候，主要看重的就是航空货运可以及时把货物运送到目的地。

（二）安全性需求

有些货物的独特性决定了只有选择航空货运这种运输方式，才能保障货物的安全性，如活虾、鲜花等。因为航空货运能保证在短时间内运达目的地，减少破损概率，比如贵重的古董等货物，空运方式在路途上的时间较短，这在一定程度上更能保障其安全性。

（三）追求经济性的需求

与其他交通运输方式相比，航空货运在赢得时间、减少中转环节、避免货物损坏等方面占有优势，这些环节就可以降低货主的成本。出于经济利润上的考虑，货主会选择航空运输。

（四）追求尊重的需求

航空货运虽然强调货物的运输，但是货主都需要在货物安全、及时到达的同时，自身也得到应有的服务。货主也需要在交运货物的同时,得到航空货运服务人员的尊重和关心。

(五) 对承运人处理特殊问题能力的需求

所谓处理特殊问题能力,是指因航班不正常导致货物不能按时到达时,承运人对货物进行自行处理的能力,可以为货主减少或避免经济上的损失。早期,航空公司主要与作为中介的货代公司接触,随着货运需求的多样化,航空公司必须主动联系货运人,并管理好货运人。

二、航空货运服务购买行为的特点

基于以上的分析,航空货运服务的购买行为呈现出五个特点。

(一) 对服务内容要求的针对性高

航空货运货主对货运服务的要求是比较多的,货主需要了解大量的航空货运相关信息,这就需要航空货运企业与货主当面沟通,先了解货主的需求,然后再按照航空货运相关规则和航空货运主的要求采取有针对性的服务。

(二) 商业关系的相对持久性明显

由于航空运输多采用美国波音系列和欧洲空中客车系列这样的世界一流飞机,航空货运客户(货主)能否成为忠实的客户则主要取决于运输服务的好坏,消费者满意度成为决定因素。交通运输需求是衍生需求,航空货运客户(货主)的产生和消失都是非独立的。加上航空货物运输的运价普遍高于其他运输方式,则航空货运客户经济实力的强弱也成为其是否能成为忠实客户的决定条件。货主由于在选择承运人时要考虑利润、诚信等问题,相对比较理性。同时,航空货运不像客运那样在两地之间双向往返,它具有单向性的特点。因此,货主所运货物目的地的固定性决定了货主与航空货运企业关系的持久性。

(三) 决策的非个人特征

虽然直接与航空货运部门接触的是企业组织的某些代表,但真正做出决策的往往是部门的管理者或者企业组织的高层领导者。这也决定了货主内部不同部门所重视的服务内容不同:财务部门可能重视的是价格;销售部门可能重视的是时间;生产部门可能重视的是产品是否完整。因此航空货运服务的对象具有非个人特征,具有一定的复杂性。

(四) 运价心理需求的动态性

据波音公司调查发现,运价是货主排在第三位的需求。虽然货运的价格可以参照国内和国际的相关规定进行衡量,但随着航空货运竞争的日益激烈,航空公司也会给货主以适当的折扣来吸引货主。如果把航空货运货物分为紧急、易腐烂和可争取三类,货主对这三类货物的运价态度是不同的。对于紧急的货物来讲,货主非常重视时间,因此对价格就不重视；对于易腐烂的货物，货主虽然也重视货物的时间性，但也会在意价格；可争取货物的货主虽然事先也有计划，但他们更重视运输成本的高低。

（五）购买决策过程比较复杂

一次满意的航空货运购买决策过程是比较复杂的。航空货运中服务的购买过程需要对航班、运价、航时等做出决策，进行方案设计或者列出备选的航空公司，最后比较各个航空公司提供的服务，择优选取。若没有选取最满意的方案，则将继续重复前几个环节。在购买货运服务后会根据实际情况形成购后评价。这就要求航空公司与货运客户保持良好的沟通关系，减少决策的时间。

第五节　航空服务消费的数字化特征[①]

消费者行为并不是一成不变的，数字时代下，无论是消费者的特征还是其行为都发生了巨大的改变。对于航空公司而言，如何快速识别这些变化并利用数字化技术来应对，成为一个值得关注的问题。

一、数字时代的消费者行为

（一）数字时代消费市场的变化

数字化使消费者行为出现阶段性变化，包括三个阶段：数字化觉醒阶段、数字化成形阶段以及数字化成熟阶段。随着市场的数字化发展日渐成熟，消费者行为也发生了相应的变化，处于数字化成熟阶段的中国消费者，最倾向于利用互联网协助购买商品。新的消费市场在数字化发展过程中，展现出六大关键变化。

一是社交媒体的重要性越来越大。社交媒体是迄今为止消费者获取信息的主要渠道。

二是便利性和多样性成为重要影响因素。尽管折扣对于吸引新兴市场消费者网购产生了重要作用，网上商城推出的折扣活动通常会大大地刺激新兴市场消费者的购买冲动，但便利性和多样性也是推动新兴市场网购发展的两个重要因素。

三是消费者更加重视购物体验。在处于数字化觉醒阶段和成形阶段的市场中，消费者在选择网购平台时只关注商品的价格和种类，而进入数字化成熟阶段市场的消费者则更加注重寻求更好的购物体验。

---

① 参考环球旅讯：https://www.traveldaily.cn/article/132183。

四是网上商城日益成熟,吸引了越来越多的消费者。新兴市场的消费者更加偏好网上商城这一购物渠道。

五是支付方式数字化。电商交易往往是利用数字支付方式完成的,而不是通过现金。

六是网购后续活动增加。在处于数字化成熟阶段的市场中,很多消费者会在卖家网页或评论网站等公共平台发表评论。

(二)数字时代全新的消费者类型

传统的统计方法是根据人们在公共和私人生活当中的表现,来预测人们的消费行为,从而进行有针对性的互动。进入数字时代,几乎所有人都拥有移动设备、社交网络以及穿戴设备。传统的分类方式已经无法适用于如今的消费者,美国 Mobiquity 技术公司根据消费者的数字化能力和数字化信任度两个维度,将数字时代的消费者分为六类,如图 3-3 所示。

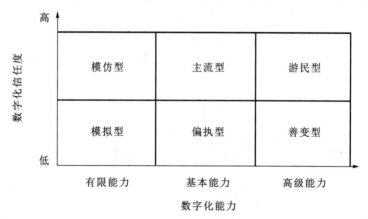

图 3-3 数字消费者细分矩阵

资料来源:无线创新委员会/Mobiquity 研究。

其中,数字化能力指的是消费者使用所有最新技术、功能和服务,来提升生活整体效果和质量的能力。数字信任度指的是消费者为了获得某种可见的利益,而愿意分享个人数据,在某些情况下,甚至放弃个人隐私的程度。

模拟型数字消费者:他们不愿意或不会使用数字技术。他们可能原来是数字用户,但出于隐私或生活平衡方面的考虑,"拔掉"了网线。

模仿型数字消费者:这群人很渴望学习移动和社交工具的基本知识,从而跟上潮流。他们会向身边的同事、朋友学习这些数字化知识。例如,一些老年人通过微信来和孙子孙女们聊天。

主流型数字消费者:这些人乐于选择使用大多数的数字解决方案,而且有很大的可能性在不久的将来获得利益。主流消费者是这个市场的中坚力量,只要向他们展示每一次数字互动的价值,他们很快就成为忠实的数码用户。

偏执型数字消费者:这类消费者非常谨慎,非常注意保护他们的数据,并且你需要说服他们,分享数据能够给他们带来价值。如果这些人的隐私不被尊重,他们就会造成公众的监督和抨击。

善变型数字消费者：这类消费者非常精明，会根据各种情况和个人利益，来改变他们的数字行为和数据共享。善变型消费者会认真学习各种品牌产品的隐私条例，只分享他们需要分享的个人数据。必须要有强有力的价值主张和明确的隐私保护措施，才能吸引他们进行高程度的个性化互动。

游民型数字消费者：这类消费者走到哪里，就把其数字足迹留到哪里。只要承诺给他们或更多人带来利益，他们就愿意分享数据。他们期望，企业收集他们的数据，而且会用这些数据来为他们或其他类似用户创造更好的用户体验及收益。做到这一点，你就能得到这类消费者的拥戴。

因此，针对不同细分领域的消费者，企业需要更新确定数字化目标消费者的方式，才能够在每一个细分领域实现价值最大化。

首先，保证消费者数据使用的透明度。消费者和员工都愿意用数据来换取价值。要想建立终端消费者的信任，就必须清晰简明地告诉消费者，数据是如何被使用的，并为消费者提供一个进行各种级别数据分享和退出的机制。

其次，建立强大的以消费者为中心的设计能力。无论是通过加强内部设计能力还是通过第三方设计单位，企业都必须针对每个类型的数字消费者的具体需要，量身定制应用程序的消费者体验以及网站的交互界面。

最后，利用大数据和预测分析，以推动更多的人性化交互。大数据和分析能力，能对消费者行为进行预测，将充分利用来自全新范围数据触点的丰富的数据，并把它们转换成高强度的互动。例如，沃尔玛正基于用户的情况和历史，开始进行个性化的移动购物体验。

航空公司只有根据数字消费者类型和行为，重新调整营销和产品开发策略，才能够从移动、社交和可穿戴设备的高速增长中获益。航空公司必须进行积极的业务调整，以适应不同类型的消费者群，这样才能确保做出正确的消费者互动。

二、数字化在识别航空消费者需求中的应用

高品质服务是民航高质量发展的重要内涵，精准与人性化服务是高品质服务的体现。以往的服务过程中，服务人员通过察言观色来猜测消费者的需要，然后采取针对性的服务，这种方式难免会发生误差。在信息化、数据化的今天，各种信息对消费者的心理需求产生巨大的推动作用，消费者出行不再是简单的位移，而是呈现出需求的多样性，对服务要求越来越高。如何满足消费者这些需求的变化，唯有数据化才能实现。

第一，运用数据化精准识别消费者需求。航空公司应当充分利用数据化精准识别各种类型消费者的需求，包括地区差异、消费者个性差异，乃至生活习性与爱好等。精准识别消费者需求最大的得益是服务能够有的放矢，使高品质服务得到保障。它不仅可以在消费者有需求的时候提供最及时的服务，而且为个性化提供依据，使个性化服务更加人性化。

第二，运用数据化保障服务链的高品质服务。服务链是以信息技术、物流技术、系统

工程等现代科学技术为基础，以满足消费者需求最大化为目标，把服务有关的各个环节按照一定的方式有机组织起来，形成完整的消费服务网络。航空服务链对实现航空高质量服务至关重要。应该运用数据链连接各个服务环节，实施信息数据共享无缝连接，只有这样才能确保构建高质量的服务链。以客运为例，从出发开始的信息提供、自助值机、自助行李托运、自助安检、自助通关、自助登机、客舱服务，以及到达目的地的廊桥与摆渡车、行李到达与监控、中转、到达地点地面交通等，运用数据化实施每一个服务环节消费者信息数据共享无缝连接，制定每一个服务环节的服务预案，实施精准服务满足消费者在各个不同环节的需求，让消费者充分感受出行高品质的一体化服务。

第三，运用数据化实施人性化服务。人性化服务是服务的最高境界，做到人性化服务，一定是体现在消费者未到，就事先根据消费者的需求安排好服务，当消费者到来时能够及时地提供恰到好处的精心、精准的服务，让消费者体验服务的温馨与人性化。通过数据化精准识别到他们各自的需求差异，定制因人而异的服务方式，让消费者感到一系列的服务就是为自己定制的。这种高品质的服务不仅能够让消费者"惊喜"，而且能让其感受服务的人情关怀，真正体会人性化的服务。

本章小结

航空服务消费行为是指消费者在购买航空服务时，为满足自身对于航空服务的某种需要而发生的一切行为活动，是消费者心理的外在表现。消费者行为受到内部因素、外部因素、情境因素和航空公司因素影响。航空服务消费决策与过程包含了购前阶段、接触阶段以及购后阶段。

航空服务需求是指具有一定支付能力的社会组织和个人在一定时期内，愿意按照一定价格购买航空服务的水平。航空公司通过利用卡诺模型以及科特勒的八种需求状态对消费者的需求进行细分和相应的管理，从而制定不同的发展战略。

数字时代下，无论是消费者的特征还是其行为都发生了巨大的改变。对于航空公司而言，需要学会利用数字技术快速识别消费者需求、建立消费者画像，才能为消费者提供更有价值的服务。

综合实训

假如你是航空公司的销售员，你将如何帮助和促使消费者认知需求？

复习思考题

1. 简述航空服务消费行为的概念和其主要影响因素。
2. 航空服务消费过程主要由哪几个阶段构成？分别有什么特点？
3. 简单描述卡诺模型，并画出其简图。
4. 与航空客运服务相比，航空货运服务购买行为有哪些特点？
5. 数字时代的消费市场有哪些主要变化？根据数字化能力和数字化信任两个维度，可以将消费者分为哪些类型？

复习思考题答案

【航空报国　理想信念篇3】
机务张嘉杰：
青春因奋斗而精彩

第四章
航空服务期望与消费者感知

消费者在评价其所接受的服务时往往会有自己的想法,这便形成了消费者的服务期望。在航空公司为消费者提供服务全过程中,消费者会有自己的主观感受和价值判断,并将其与期望进行比较从而得出对服务是否满意的评价。航空服务质量是航空服务营销的核心所在,与一般行业的服务质量一样,航空服务质量是期望服务质量与感知服务质量的比较。期望服务质量和感知服务质量成为评价航空服务改善满意度的重要因素。本章围绕服务期望与消费者感知,从其内涵、特征、构成出发,讨论如何寻找两者之间的差距以提升航空公司的竞争力。

学习目标

1. 理解消费者服务期望的内涵和类型。
2. 理解感知服务质量的内涵。
3. 掌握航空服务质量的构成要素及服务质量的维度。
4. 掌握航空服务质量差距模型。
5. 理解产生航空服务质量差距的原因。
6. 认识数字化服务质量管理的困境以及改善策略。

本章引例

航班延误服务离消费者的期望值有多大差距?

2018年8月至10月,浙江省消保委联合第三方调查机构,采取消费调查和暗访式消费体验两种工作方式,随机选取37趟航班开展消费体验,并在线上线下同步开展消费调查,共收回有效样本904个。调查发现了消费体验服务的七大"痛点"。

（1）航班出港延误及取消后的旅客服务内容未按规定公示并告知旅客。体验中发现，有的航空公司公示内容分散、难以查找。同时，所有航空公司均未在购票环节以显著方式提示消费者航班出港延误及取消后的旅客服务内容。

（2）航班出港延误的通知方式不够完善。调查显示，八成以上的受访者是在航班起飞前两小时才得知航班延误或取消的信息，且得知延误或取消的信息大多数是通过机场大屏或广播。暗访体验中，4个出港延误的航班中，中国国际航空、厦门航空提前发送短信告知航班延误信息，南方航空、河北航空未发送短信告知航班变动情况，仅采用机场广播、登机口工作人员提醒等方式告知。

（3）航空公司未合理设置退票的阶梯收费标准。省消保委通过购票和拨打客服电话两种方式，对航空公司合理设置阶梯票价情况进行体验。体验发现，上海航空和东方航空设置了"起飞7天前""起飞前2～7天""起飞前4～48小时""起飞前4小时之后"多个不同时间节点，多阶梯设定退票收费标准。其余16家航空公司，只简单设置一个时间节点来区分退票阶梯，如中国国际航空只分"起飞前"和"起飞后"两个阶段，收取不同退票费用；吉祥航空只分"起飞前两小时前"和"起飞前两小时后"两个阶段。

（4）体验中还发现，航空公司客服人员对中国民用航空局发布的退改签阶梯票价概念模糊，甚至有个别航空公司的客服人员对阶梯退改签规则并不知情。个别航空公司客服人员一直不正面回答阶梯退改签规则，只是强调退票前先联系他们，需要看机票。

（5）个别航空公司售票系统存在漏洞。山东航空公司出现同姓名同飞机同舱位多次扣款情况，官方网页订票多次显示错误，网页客服无法联系，同时电话客服拨通时间过长，电话客服解释不清楚多次扣款是什么原因造成的，最终航空公司对重复购买的票进行全额退款处理。

（6）评价航空公司服务时渠道不畅通。体验人员对航班服务进行评价时发现，部分航空公司或第三方购票平台评价渠道不畅通，需要填写姓名、身份证号码、生日、邮箱、性别或者家庭住址等个人信息。

（7）消费者退票不够便捷。暗访体验中，发现对于在航空公司官网上购买的机票，如果出现航班延误，则可以通过电话退票；如果没出现航班延误，除深圳航空、南方航空外，其他航空公司均表示网络购票只能在网上退票，不能电话退票。

（资料来源：杭州网，2018-10-26，有删减。）

课堂讨论：

1. 乘客对航班延误服务的期望是如何形成的？
2. 感知此项服务的关键影响因素有哪些？

第一节 认知航空服务期望

在竞争激烈的航空服务市场，准确理解目标消费者的服务期望成为航空公司获取竞争优势的重要前提。判断消费者的服务需求是否得到满足、消费者对服务体验是否满意，最为重要的两个方面就是消费者的服务期望和感知。在服务消费过程中及消费后消费者会将服务期望与感知质量进行比较，并将其作为服务评价的核心依据。航空公司正确理解消费者的期望是构建竞争优势的基础。

一、服务期望的内涵

服务期望是服务传递的信念，是评估服务过程和效用的基础标准和参考。当消费者对服务质量和品质进行评价时，会将对服务过程和效用的感知与这些标准和参照进行比较，从而实现对服务的评价。

服务期望（service expectations）是指消费者心中服务应达到和可以达到的水平，它是消费者基于以往的消费经历、企业的服务承诺，以及与其他消费者的消费比较等综合因素形成的主观意识。航空服务期望即消费者在接受航空相关服务之前对于航空服务的一种主观预期，涉及服务全过程及服务结果。服务期望会影响消费者的服务购买行为。一般情况下，消费者在做出消费决策前会形成针对服务的预评价，在预评价基础上产生消费行为并在接受服务后对其再评价，同时形成下一次消费前的预评价。预评价过程就是消费者的服务期望形成过程。

消费者一般通过多种渠道，如以往消费经验、企业宣传、口碑等方式，获得有关航空服务的信息后，对航空公司及其服务形成一种预设的内在标准，进而形成消费者的服务期望。对航空公司而言，消费者的服务期望具有双重性质：一方面高水平的服务期望能够成为吸引消费者服务消费的驱动力；另一方面服务期望为消费者评估企业提供的服务建立了关键标准。事实上，消费者针对特定的服务，可能形成对服务期望的

服务期望的意义

一个连续集。服务期望不同，消费者对航空公司提供的服务过程及品质的评估也会不同。例如，旅客选择飞机作为出行工具，可能会对航空公司形成消费者期望的连续集，消费者服务期望的高低会影响其对飞行服务的评价（见图4-1）。

二、航空服务期望的主要类型

由于消费者的服务期望具备不同的水平，服务期望形成不同的层次。消费者期望水平的连续集使消费者期望的层次呈现阶梯状，航空服务中的消费者服务期望也呈现出相同的

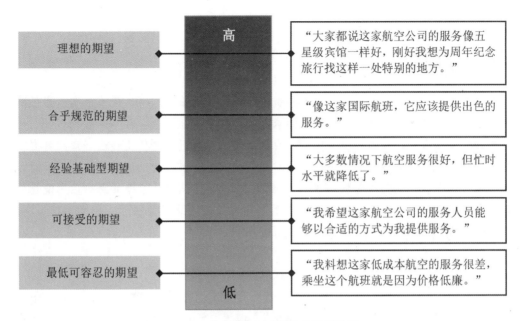

图 4-1　航空服务中消费者的不同期望

特点。根据美国服务营销学教授瓦拉瑞尔·泽丝曼尔等的观点，按照消费者服务期望的水平，服务期望可以分为理想服务、适当服务和容忍服务三类。理想服务与适当服务分别是消费者服务期望的上限和下限，而容忍服务则介于两者之间（见图 4-2）。

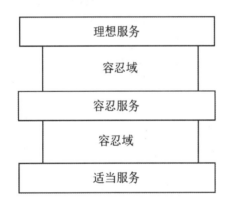

图 4-2　服务期望的层次

（一）理想服务

理想服务（desired service）是指消费者心中向往和渴望追求的较高水平服务，即消费者最想获得的服务水平。理想服务是消费者认为"可能是"与"应该是"的结合物，反映消费者进行服务消费的最高愿望。

航空服务中消费者心中的理想服务是一种心理期望，反映消费者希望服务能够达到的最佳水平，如舒适的候机厅、更快速便捷的登机服务、机上特色餐饮以及抵达目的地的延伸服务等。由于不同消费者对航空服务应达到最佳水平的理解存在差异，最佳水平也没有实际的上限，因此航空理想服务并不仅仅代表一种服务期望类型，而是航空服务水平的理想区间，即航空服务的理想区域。若消费者感受到的航空服务质量水平处于理想区域，就会感到满意；若感受到的服务质量水平处于理想区域上方，则会感到惊喜。

（二）适当服务

适当服务（adequate service）是指消费者可以接受的服务水平，代表消费者最低的可接受服务期望。作为消费者期望的最低要求，适当服务实际上也存在一个波动区间，可以称为服务的适当区域。在航空服务中，考虑到某些情况下机票的价格较低，消费者要接受飞机的乘坐区域狭窄或夜间乘坐飞机，这时他们仍然抱有很高的期望和理想，但同时也认识到很难达成期望。适当服务代表了"最低的可接受的期望"，即对于消费者来说是可接受航空服务绩效的最低水平。消费者对航空公司提供的不同服务所形成的期望是不同的，针对相同服务也可能形成完全不同的适当服务期望。

（三）容忍服务

容忍服务（tolerant service）是指消费者心中介于理想服务和适当服务之间的服务水平，其波动范围可以理解为"服务的容忍域"。理想服务水平和适当服务水平之间的容忍域对特定的消费者可以扩大也可以缩小。如果一位乘客迟到并担心自己的航程，其容忍域将缩小，登机前的哪怕一分钟的延误都好像很长，并且其适当服务期望提高了。相反，当一位乘客到达机场较早，其容忍域就扩大，他此时对排队等待的在意程度远低于时间紧迫时。因此，航空服务员要理解容忍域的大小和界限，要知道对于特定的消费者，它是如何发生变化的。

三、影响航空服务期望的关键因素

消费者服务期望是评判航空服务质量的重要因素，航空公司把握好消费者对服务的期望才能有效地提供高质量的服务。而服务期望的形成受到许多因素的影响，营销者需要研究和把握这些影响因素，以便充分利用其中的可控因素来管理消费者期望，优化消费者对航空服务质量的评价。

（一）影响理想服务期望的因素

对理想服务期望影响较大的因素是个人需要、个人服务理念和派生期望。

（1）个人需要。个人需要是指那些对消费者的生理或心理健康十分必要的状态或条件，它是形成理想服务的关键因素。消费者的个人需要有很明显的差异性，因而对理想服务的期望也各不相同。个人需要按照重要性进行分类，包括生理的、社会的、心理的和功能性的。一个急于赶飞机来不及吃饭又渴又饿的乘客，会很希望航空公司提供符合其口味的餐饮；而对于迫于速度而不得不选择飞机的乘客来说，安全快速抵达目的地则是最主要的需要。

（2）个人服务理念。个人服务理念是指消费者对航空服务的意义和航空公司恰当行为的一般态度。有强烈服务理念的消费者往往对航空公司期望很高。消费者服务经历和是否从事过服务工作等因素都会影响到个人服务理念。

(3) 派生期望。派生期望也是影响理想服务期望的因素之一。当消费者的期望受另一群人驱动时，派生期望就产生了。例如，安排全家度假活动的父亲，对所采取的交通方式的挑选在很大程度上会受到其他家庭成员的驱使。

(二) 影响适当服务期望的因素

(1) 服务需求的性质。消费者的服务需求有的是价值导向，有的是价格导向；有的是急迫型，有的是舒缓型；有的是过程导向，有的是结果导向；等等。这些不同的服务需求使消费者适当服务期望各不相同。

(2) 服务选择的自由度。服务选择的自由度是指消费者为满足同种服务需求而进行服务挑选的可能范围和水平。可能范围和水平可以理解为可感知的服务替代，也就是指其他的服务商。居住在小城市的乘客能选择的航空公司很少，这样的消费者由于选择的自由度小而对航空公司的服务绩效会有较大的容忍度，他们比大城市里有众多航空公司可供选择的消费者更容易接受有限的航班飞行时间计划和低水平的服务。

(3) 自我感知的服务角色。自我感知的服务角色是指消费者对所接受的航空服务水平施加影响的感知程度，即消费者对适当服务的期望部分地通过他们认为自己在航空服务接触中对服务角色表现得好坏而形成。当消费者由于自己的疏忽，将禁止携带的物品带入候机厅时，则消费者可能会将由此产生的开箱检查、处理物品的责任归咎于自己。消费者没有履行自己的角色，他的适当服务期望就会降低，容忍域会扩大。

(4) 环境因素。环境因素对于企业而言是难以控制的。如果企业在提供服务的过程中遇到了不可控制的因素，消费者对适当服务的期望会降低，同时容忍域会扩大。例如，乘客一般不会因恶劣的天气原因等带来的航班延误而埋怨航空公司，因为航空公司无法控制天气状况，乘客对适当服务的要求会降低。

(5) 预测服务。预测服务是指消费者相信自己在即将进行的交易中有可能得到的服务水平。预测服务是消费者对一次单独交易中即将接受的服务的估计，而不像理想服务与适当服务那样是对多次服务交易的总体估计，它是消费者对下一次消费的服务的估计。预测服务表明了消费者对航空服务活动出现可能变动的客观考虑或对预期的服务水平的客观估计。如果消费者对航空服务效果的预期较高，则他对适当服务的期望也会较高。

(三) 影响容忍服务期望的因素

(1) 消费者的特征。不同人口统计学特征，如年龄、性别和职业等，以及心理和行为特征，使其在接受服务过程中具备不同的容忍域，进而体现出不同水平的容忍服务。

(2) 服务的价格。对航空服务和消费者而言，机票的价格在一定的程度上反映服务的质量。价格可被视为评判航空服务质量水平的关键线索之一。

(3) 服务的维度。每类航空服务涵盖不同的服务维度，消费者的容忍域及容忍服务也会因服务的维度差异而不同。对消费者而言，服务的维度越重要，容忍域就越小。

此外，还有一些因素对三类服务期望具有重要的影响作用。

（1）航空公司的公开承诺。航空公司通过广告、公共关系、人员推销等市场沟通方式向消费者公开做出的服务承诺，直接影响消费者心中理想或适当服务期望的形成。

（2）航空公司的暗示承诺。航空公司可以通过服务定价、服务场景设计、服务人员素质等手段向消费者暗示航空服务质量的承诺。

（3）航空公司的口碑。口碑被消费者视为是没有偏见的，是向消费者传递真实航空服务质量信息的重要来源。在消费者购买和体验前难以做出评价的情况下，口碑非常重要。

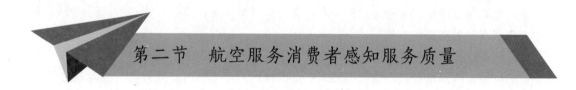

第二节 航空服务消费者感知服务质量

消费者是在服务接触的过程中根据航空服务质量及满意度来感知服务的。其中，服务接触是感知的基础，服务质量是感知的关键。优秀的航空公司意识到质量和满意度的重要性，通过提高服务质量和消费者满意度使本企业在航空运输市场竞争中胜出。

一、航空服务接触的概念与分类

由于服务生产与消费的同步性，航空服务人员在为消费者提供服务时，消费者或多或少会参与到服务中，与服务人员发生接触。服务接触是航空公司向消费者展示服务的时机，也是感知服务的基础。

（一）航空服务接触的概念

航空服务接触是指在航空公司服务过程中航空公司员工与消费者发生的接触。消费者在与航空公司员工的接触中感受到服务的内容、特色和质量。在首次接受航空服务的瞬间，服务人员的一个微笑、一种关怀的语气都会给消费者留下好的印象，消费者正是在这些接触的过程中形成了对航空公司服务质量的第一印象。

（二）航空服务接触的分类

服务接触一般可以分为面对面接触、电话接触和远程接触三种类型。在服务过程中，消费者可能经历其中一种，也可能经历多种并形成服务评价。

（1）面对面接触。面对面接触给消费者带来的感觉更为强烈，消费者对航空服务的感知取决于语言因素和非语言因素，理解服务质量问题是复杂的，包括服装、态度，以及手册、设备、空乘服务人员的仪表等其他非语言因素。

（2）语言接触。语言接触是指消费者与航空公司之间以电话、微信等为媒介的接触。消费者在办理订票、退票等业务咨询过程中通过电话接听或微信语言沟通，从航空公司服务人员的语气、专业知识、沟通能力、处理问题的速度和效率等方面来判断所感知的服务质量。

（3）远程接触。远程接触是指消费者与服务设备、设施或服务系统接触。例如，与自动值机、自动售货机、智能包裹箱、网络订购系统的接触都属于远程接触。虽然没有直接的人与人之间的接触，但对于航空公司来说，这类接触也是增强消费者对航空服务质量的认同、树立良好企业形象的机会。在远程接触中，服务设备或设施的质量及其维护与管理都很重要。

二、航空服务感知服务质量的概念和构成

感知服务质量是消费者对企业或服务人员所提供服务过程和结果的主观感受和价值判断。航空服务感知服务质量是消费者对航空公司提供的运输服务实际感知的水平，是对航空真实服务体验的主观评价。

服务质量从本质上而言是一种感知，对于航空运输行业来说，运输服务的质量是消费者感知的质量。航空服务质量是一个主观范畴的概念，它是消费者通过对航空服务的感知而决定的，最终评价者是消费者而不是航空公司，因此，航空公司必须从消费者的角度来理解服务质量。如果航空公司知道消费者是如何判断服务质量的，就可以采取措施来影响消费者的评价。以格罗鲁斯为代表的北欧学派认为，服务质量主要由技术质量（接受什么样的服务）、功能质量（怎样接受服务）和有形环境质量（在怎样的环境中接受服务）共同构成。航空服务质量同样可以由这三个部分构成。

（1）技术质量。技术质量又称为"结果质量"，是指航空服务过程的产出质量。它既是消费者从航空服务过程中得到的东西，也是航空公司为消费者提供的服务结果的质量，如航空公司为旅客提供的飞机舱位等。与服务产出结果有关的技术质量，是消费者在服务过程结束后的"所得"。由于技术质量常常涉及技术方面的有形要素，因而消费者对技术质量的衡量是比较客观的。

（2）功能质量。功能质量又称为"过程质量"，是指航空服务过程的质量。它是在航空服务过程中消费者所体验到的感受。由于消费者和航空公司之间存在一系列的互动关系，因而功能质量是服务质量的一个重要构成部分。在服务消费过程中，除消费者获得的服务结果，服务结果传递给消费者的方式对消费者感知服务质量也起到重要的作用。例如，航空公司的网站是否容易进入，自助值机是否易于使用，以及服务人员的行为、外貌、言谈举止等，都会对消费者感知质量的形成产生影响。由于不同员工提供服务的方式不同，不同消费者对如何得到服务的要求也不相同，因而功能质量主要取决于消费者对服务过程的主观感受。

（3）形象质量。形象质量是指航空公司在社会公众心目中形成的总体印象，是消费者感知服务质量的"过滤器"。消费者可以从企业的资源、组织结构、市场运作以及企业和员工行为方式等多个方面形成企业的总体印象。企业形象会影响消费者对服务过程及结果的评价。例如，对于形象非常好的航空公司，即使偶尔有些服务上的失误，消费者也会给予充分的理解；反之，如果航空公司的形象不佳，消费者则会放大它们所服务失误，因而航空公司服务人员任何细微的服务失误都会让消费者形成负面的评价。

第三节 航空服务质量评价及管理

航空服务质量的评价通常包含可靠性、保证性、有形性、移情性和响应性五个维度，运用 SERVQUAL 模型可测量出航空公司服务质量，航空公司可基于模型测量的结果改进其服务。通过服务质量差距模型认识差距，在结合实际情况进行分析后，航空公司可以采取相应的措施弥补差距，提高服务质量。

一、航空服务质量评价

（一）服务质量的评价维度

航空公司及其服务人员只有充分了解了消费者如何评价服务质量，才能够采用有效的策略和方法来影响消费者的服务质量评价过程。事实上，航空公司中所涉及的大多数服务质量，并不是自己界定的质量，而是消费者的主观质量，即消费者感知服务质量。航空公司面临的重要挑战之一，便是不清楚消费者到底从哪些方面来评价服务质量。

1985 年，帕拉休拉曼、泽丝曼尔和贝里三位服务营销学者（简称"PZB"），首先提出了影响消费者进行服务质量评价的十个重要维度（见表 4-1），可以为航空公司理解消费者感知服务质量提供依据。

表 4-1　PZB 评价服务质量的标准

维度	内容
1. 可靠性	（1）公司首次为消费者提供服务应当及时、准确
	（2）公司要遵守承诺
2. 响应性	（1）及时办理消费者要求的邮寄服务
	（2）迅速回复消费者打来的电话
	（3）及时服务
3. 能力	（1）与消费者接触的员工所应当具有的知识和技能
	（2）运营支持人员所应具有的知识和技能
	（3）组织所应具有的研究能力与服务能力
4. 可接近性	（1）消费者可以通过电话很方便地了解可服务的相关信息
	（2）为了获得服务而等待的时间不长
	（3）营业时间使消费者感到方便
	（4）服务设施安置地点便利

续表

维度	内容
5. 有礼貌	（1）客气、尊重、周到和友善（如前台接待人员、电话接线员等）
	（2）能为消费者的利益着想
	（3）员工外表干净、整洁，着装得体
6. 有效沟通	（1）介绍服务本身的内容
	（2）介绍获得服务所需的支出
	（3）介绍服务与费用的性价比
	（4）向消费者确认能够解决的问题
7. 可信性	（1）公司名称
	（2）公司信誉
	（3）与消费者接触的员工的个人特征
	（4）与消费者互动关系中推销的困难程度
8. 安全性	（1）身体上的安全
	（2）财务上的安全
	（3）消费者隐私的安全
9. 了解/理解消费者	（1）了解消费者的特殊需求
	（2）提供个性化的关心服务
	（3）识别忠诚消费者
10. 有形性	（1）实物设施
	（2）员工形象
	（3）提供服务时所使用的工具和设备
	（4）服务的实物表征（如机票）
	（5）服务设施中的其他物品

资料来源：王永贵. 服务营销与管理［M］. 天津：南开大学出版社，2009.

随后，PZB 在 1991 年运用因子分析方法将十个维度压缩到五个，即可靠性（reliability）、保证性（assurance）、有形性（tangible）、移情性（empathy）和响应性（responsiveness），通常被简称为 RATER 维度，以上五个维度被视为感知服务质量的基本评价维度。

（1）可靠性。可靠性是指航空公司及服务人员准确可靠地执行所承诺服务的能力。这意味着航空公司按照其承诺行事，包括飞行器安全准时到达目的地、提供从订票到目的地的各种服务、问题解决及定价方面的承诺。从消费者的角度看，可靠性是航空服务质量最重要的评价维度，是服务质量特性中的核心和关键内容。可靠的服务是消费者所期望的，它意味着航空服务以相同的方式、无差错地准时完成。

（2）保证性。保证性是指服务人员具有的真诚、可信的服务态度以及服务知识和技能。服务人员作为服务行为和过程的具体实施者，其个体行为与服务质量的保证性密切相关。服务包含着一定的风险，保证性成为消费者评估服务质量的重要维度。航空公司应该促进和鼓励服务人员与消费者之间建立信任的个人关系，同时培养和提升服务人员履行服务承诺的专业技能和知识。例如，航空公司可靠的名声、良好安全的飞行记录、能胜任工作的员工。

（3）有形性。有形性是指航空服务过程中的"可视部分"，如服务场景、设施设备、服务人员等消费者可接触的实体因素。由于航空服务具有无形性特征，所以消费者并不能直接感知到服务结果，而往往通过一些可视的有形因素对即将接受服务的质量水平进行感知。因此，包含设备、人员、服务环境因素，对消费者感知服务质量会产生重要的影响。例如，航空公司飞机机舱、订票柜台、自助值机、行李区、员工统一着装等。

（4）移情性。移情性是指航空公司在服务时间、场所设置等方面充分考虑消费者需求，给予消费者关心和个性化服务。它既包括消费者与航空公司及服务人员的可接近性与便捷性，也包括服务人员主动去了解消费者的需求。移情性的本质是通过个性化和有针对性的服务使消费者感受到航空公司及服务人员对其需求的理解和关注。例如，航空公司通过旅客信息系统，尽可能掌握每位会员出行方面的个性化需求，理解旅客的个人特殊需要，主动预测旅客可能的需求。

（5）响应性。响应性是指航空公司愿意帮助消费者并提供及时的服务。该维度强调航空公司及服务人员在处理消费者要求、询问、投诉和问题时的专注度和快捷程度。服务人员能否及时地提供服务，能否积极主动地提供服务，直接影响消费者实际感知到的服务质量。为了达到快速反应的要求，航空公司必须站在消费者的角度，而不是企业的角度，来审视服务的传递过程和处理消费者要求的服务流程。例如，航空公司的售票是否迅速及时，行李运送系统是否快捷等，成为消费者对航空服务响应性评价的主要标准。

（二）航空服务质量的评价

在明确服务质量的评价维度后，航空公司需要掌握评估服务质量的方法，即通过消费者感知的视角对服务过程和结果质量进行评价。目前，在服务管理及营销领域，对服务质量进行评价最典型的方法是 SERVQUAL（"service quality" 的缩写）模型。该模型对服务质量的评价是建立在消费者期望的服务质量和消费者感知的服务质量基础之上的，包含了五个关键维度，共 22 个测量问项（见表 4-2）。

表 4-2　SERVQUAL 模型的测量问项

关键维度	测量问项
可靠性	（1）航空公司向消费者承诺的事情能及时地完成 （2）消费者遇到困难时，能表现出关心并提供帮助 （3）公司是可靠的 （4）能准时地提供所承诺的服务 （5）正确记录相关的服务

续表

关键维度	测量问项
保证性	（6）公司员工是值得信赖的 （7）在从事交易时消费者会感到放心 （8）员工是有礼貌的 （9）员工可从公司得到适当的支持，以提供更好的服务
有形性	（10）有现代化的服务设施 （11）服务设施具有吸引力 （12）员工有整洁的服装和外表 （13）公司的设施与所提供的服务相匹配
移情性	（14）公司不会针对不同的消费者提供个别的服务＊ （15）员工不会给予消费者个别的关怀＊ （16）不能期望员工了解消费者的需求＊ （17）公司没有优先考虑消费者的利益＊ （18）公司提供的服务时间不能符合所有消费者的需求＊
响应性	（19）不能指望员工告诉消费者提供服务的准确时间＊ （20）期望员工提供及时的服务是不现实的＊ （21）员工并不总是愿意帮助消费者＊ （22）员工因为太忙以至于无法立即提供服务，满足消费者的需求＊

注：1. 问卷采用 7 分制，7 表示完全同意，1 表示完全不同意，中间分数表示不同的程度；2. ＊表示反向测量问项。

SERVQUAL 模型进行服务质量评价的原理如图 4-3 所示，通过调查问卷的方式，让受访者对每个问题的期望值、实际感受值及最低可接受值进行评分，服务质量取决于消费者所感知的服务水平与所期望的服务水平之间的差别程度。航空公司可以基于模型测量的结果改进其服务。

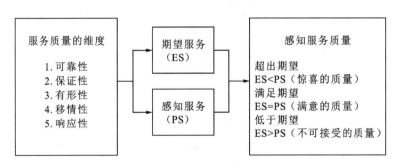

图 4-3 服务质量评价

二、航空服务质量差距模型

从消费者视角对航空服务质量进行评价,既是航空公司提升消费者满意度、维护服务价值的重要举措,更是发掘服务价值、创造和传递服务价值的基础。航空公司只有准确地理解消费者如何评价服务质量,才能够有针对性地开发服务产品,进行服务质量管理,实现服务价值创造和传递过程的顺利开展。运用服务质量差距模型识别航空服务价值的基础,是航空公司实现服务创造和传递的前提。

(一) 服务质量差距模型

"服务质量差距模型"(service quality gap model)可以用来分析服务质量问题产生的原因,并帮助航空公司管理者了解如何实现优质服务价值的创造和传递。通过模型,航空公司可以准确认识消费者的期望服务,从而为识别服务价值提供关键基础;同时,服务质量差距模型为航空服务设计和服务质量管理提供了消费者导向的管理思路,使航空公司可以在服务价值的创造和传递环节进行有效的服务质量控制。

服务质量差距模型分为消费者和企业(航空公司)两个界面,旨在说明航空服务质量是如何产生的(见图4-4)。在消费者界面,期望服务受消费者以往服务消费经历、个人需要及口碑等因素的影响;感知服务则是消费者实际经历的航空服务过程,是一系列内部决策和内部活动的结果。在企业(航空公司)界面,管理层对消费者服务期望的理解、服务

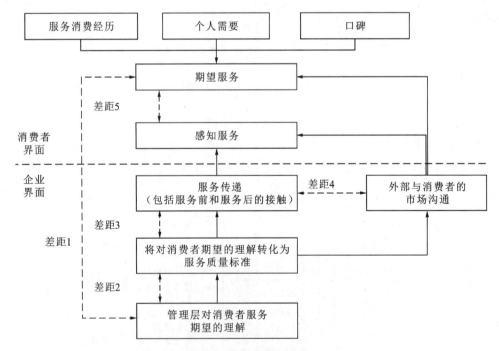

图 4-4 服务质量差距模型

资料来源:Parasuraman A, Zeithaml V, Bery L. A Conceptual Model of Service Quality and Its Implications for Future Rescarch [J]. Journal of Marketing, 1985, 49 (4): 41-50.

设计及质量标准制定、服务传递过程,以及服务市场沟通等,均会对消费者的期望服务和感知服务产生影响。

可以根据服务质量差距模型,来分析航空公司的服务质量。导致消费者感知服务质量差异的原理主要来自五个方面。感知差距本质上是由航空公司及服务人员在服务价值识别、创造和传递过程中的不一致所导致。其中,最重要的是差距5,即消费者的期望服务与感知服务之间差距,它是航空服务质量差距的核心,这一差距又取决于其他四个方面的差距。

1. 差距1:航空服务倾听差距

航空服务倾听差距主要是指航空公司管理者对消费者的期望服务理解上存在的偏差。产生这一差距的主要原因包括:① 市场调研和需求分析信息不准确;② 对消费者期望的解释不准确;③ 未进行航空服务市场需求的分析;④ 流向航空公司高层管理者的消费者信息不准确或者是扭曲的;⑤ 管理层级过多,阻塞了市场信息的流动或者改变了信息的真实性。

2. 差距2:航空服务质量标准差距

航空服务质量标准差距是指航空公司所制定的服务标准与管理者所认知的消费者服务期望不一致而出现的差距。产生航空服务质量标准差距的主要原因有:① 公司的服务计划失误或服务计划程序有误;② 服务计划管理水平低下;③ 目标不明确;④ 计划过程中缺乏企业高层管理者的有力支持。服务质量标准差距的大小首先取决于感知差距的大小。但是,如果高层管理者没有将消费者需求和服务质量视为公司发展的首要问题,也可能导致出现服务质量标准的差距。

3. 差距3:航空服务传递差距

航空服务传递差距是指航空公司的服务设计及传递过程没有按照事先设定的服务标准来进行,主要体现为各类服务人员的行为不符合服务标准。航空服务传递差距产生的原因包括:① 服务质量标准过于复杂和僵化;② 服务人员对标准有不同意见,因而对标准执行不到位;③ 服务质量标准与企业文化不相容;④ 服务运营管理水平低下;⑤ 缺乏有效的内部营销;⑥ 服务技术和系统没有按照标准为服务人员提供支持。总之,服务传递差距的原因很多,但大致可以归为三类:管理和监督不力;服务人员对质量标准或消费者期望感知和需求理解有误;缺乏技术和运营方面的支持。

4. 差距4:航空市场沟通差距

航空市场沟通差距是指航空公司营销活动中所做出的承诺,与实际提供的服务水平不一致。市场沟通不仅会影响消费者的期望服务水平,还会影响其感知服务的水平。造成市场沟通差距的主要原因有:① 营销计划与运营活动缺乏协调性和一致性;② 运营部门没有准确执行营销活动所宣传的服务质量标准和规范;③ 航空公司在营销活动中进行过度承诺,即对消费者的服务承诺超出自身的服务能力。可见,市场沟通差距既可能是市场沟通的计划与执行不一致所致,也可能是航空公司过度夸大承诺所致。

5. 差距5:航空服务感知质量差距

航空服务感知质量差距是指消费者期望和感知的差距。消费者对大的航空公司的服务

水平期待肯定要比低成本航空公司要高得多，缩小消费者期望与感知的差距成为提供高质量服务的关键。理想的状况是，期望与感知是相同的：消费者感到他们得到了他们所期望的航空服务。但实际上，通常会存在消费者感知质量差距。航空服务感知质量差距的间接原因可能是前述四项差距中一项或几项累计传导，而直接的原因包括：① 消费者实际接受的服务质量低于其期望的服务质量，或者航空公司或服务人员出现服务失误；② 航空公司口碑负面或形象较差；③ 服务失败，即服务既没有按照企业标准进行设计和传递，也没有满足消费者的服务需求。

（二）航空服务质量管理

服务质量差距模型能够帮助航空公司对消费者所感知服务质量进行分析，发现可能产生服务质量问题的环节，并寻找相应的管理措施消除差距。明确服务质量差距产生的环节，以及产生这些差距的内外部原因，是进行服务价值识别的重要内容，是创造和传递服务价值的关键基础。为了有效地弥合可能的服务质量差距，航空公司需要在服务价值的识别、创造、传递和维护过程中采取有针对性的措施。

1. 消除倾听差距

一方面，航空公司要增强对消费者服务需求的了解，强化对消费者服务价值的识别能力。航空公司应开展广泛的市场调研活动，应用传统及现代化的调研方法接近消费者，包括常旅客访谈、机上调研、网上调研、投诉系统、在线评论监控等，以更好地了解服务市场需求及消费者期望，更准确地识别服务价值。另一方面，提高内部管理水平，特别是市场信息的生成、扩散和分享水平，同时提升高层管理者对服务及服务管理和营销的理解水平。应该提升市场信息的使用质量，增强关键市场信息的跨部门、跨层级的扩散和流动水平，使关键业务部门和高层管理者能够充分、及时地掌握市场信息。

2. 消除服务质量标准差距

航空公司在明确市场需求和消费者偏好等信息的基础上，要准确地实现市场信息的吸收，有效地将其转化为服务开发设计及传递过程中的标准，这将直接决定着服务质量标准差距水平。首先，航空公司的高层管理者应该将消费者的服务需求和服务质量视为首要议题，大力支持聚焦消费者导向的服务产品开发设计及质量管理。航空公司的服务规范应该具体，具有可操作性。例如在服务规范中明确要求：头等舱服务的乘务人员在为头等舱旅客服务时，能够准确亲切地直接叫出旅客的姓名，并提供诸如无呼唤铃、背后式、个性化供餐等服务，使旅客有宾至如归的感觉。其次，在制定服务规范及质量标准时，应该让一线空乘员工充分参与制定流程，共同协商和参与服务标准的制定，并确保质量标准具有一定的弹性，以保证员工执行过程中较高的灵活性和较低的风险性。2017年6月正式实施的《中国民用机场服务质量评价指标体系》成为行业标准。该标准首次对中国民用机场服务质量评价指标体系、评价方法和计算方法进行了规范，对完善机场服务管理体系，进一步提升机场服务水平将起到积极的促进作用，为各民用机场开展服务对标工作提供依据，为行业主管部门对机场服务进行监管提供参考。各航空公司在遵守标准的同时还可参照地区主要消费群体的实际情况进行调整，使服务更加符合

目标市场的需要。最后，航空公司可以通过消费者服务体验研究、服务追踪调查等方式不断完善服务标准。

3. 消除航空服务传递差距

航空服务质量标准确立之后，航空公司必须确保系统、服务流程、服务人员全部到位，服务传递与正确的服务设计和标准相匹配。乘务员与旅客直接接触，是航空服务传递中的重要一环，管理者应加强对服务人员的培训和管理工作，管理者很好地关心、支持和信任基层服务人员时，他们会把这种关心和尊重传递给旅客。业内很好的典范就是英国维珍航空公司（Virgin Atlantic Airways），理查·布兰森不仅提出了"为所有客舱乘客提供最高品质、最超值的服务"，同时也对员工提出了快乐工作的定义。针对服务人员对质量标准或消费者期望感知和需求理解有误的问题，应该提升服务人员招聘的质量，并避免对员工职责分配的决策错误，确保职责分明、各司其职；同时对服务人员进行有效培训，使其掌握服务的基本规范和标准，以及与之相匹配的服务技能。航空公司需要适时革新运营、技术或管理系统，使其能够适应市场变化，提升服务能力。

4. 消除市场沟通差距

航空公司应该建立良好的内部运营机制，协调不同职能部门的工作，确保市场沟通的计划能够实现跨部门的执行。同时，为避免媒体广告、服务人员及其他沟通手段可能的过度夸大承诺，应完善服务开发设计、市场部门与运营部门的协调机制，有效地整合服务营销传播可以实现形成消费者对航空服务的合理期望，实现航空服务传递与服务承诺相匹配。

服务型企业进行服务市场调查的常用方法

5. 消除感知服务质量差距

为了有效弥合感知服务质量差距，航空公司应该通过系统的市场调研及分析，准确掌握并理解消费者的服务期望；同时强化内部的服务运营管理，通过多种手段尽可能消除以上四项差距，使公司传递的服务价值，消费者感知的服务质量，以及消费者的服务期望三者之间保持高度统一。

第四节　数字化改善航空服务质量

传统的服务质量管理模式逐渐展露出其不足的一面，数字时代下，这种不足正在放大。面对服务质量管理困境，航空公司亟须明确管理导向、整合管理架构、提升管理人员的要求，从而改善这种现状。

一、数字时代服务质量管理困境

在前互联网时代，因为主要旅客人群相对集中，服务需求也较为统一，航空出行产品标准化程度高，通过质量管理的标准化模块处理模式，民航相对完美地解决了自身服务链条长、服务专业化需求程度高、运行决策周期慢且受客观环境影响较大的问题。但是这样的质量管理模式，也存在自身的不足。

传统质量管理的标准化模块处理模式

（1）服务管理的结果很难评价。传统服务管理的标准一般是满意度与投诉率，服务好坏与旅客的购买缺乏显性联系，因此，服务的价值很难量化，缺乏内在的发展动力。

（2）服务创新职能相对缺失与乏力，传统质量管理的理念中，反馈带来的改进更多是管理与效率的提升，而并非创新。传统民航服务质量管理部门中缺乏服务的创新模块，组织结构上的缺失，在客观上反映出航空服务创新在原有的体系中只能是零散的，缺乏组织的系统支持。

数字时代以上不足被进一步放大，形成极为鲜明的市场特征。具体体现在以下三个方面。

（1）市场供需关系逐渐由卖方市场走向买方市场，消费者的选择范围变大。

（2）互联网技术的充分发展使得整体服务业的产品由原有标准化服务产品向个性化、差异化产品转变，航空公司需要解决其标准化供给与消费者个性化需求之间的矛盾。

（3）互联网碎片化的特质，大大降低了消费者对于产品的耐受度，消费者对于创新产品的需求与日俱增。目前航空服务管理的一个困境，就是越来越多的质量管理手段与旅客对航空服务越来越多的不满之间的矛盾，再严格的质量管理并不能带来个性化与创新的体验，投诉管理越发严苛的同时民航旅客投诉率连年增长。

二、数字时代服务质量管理的改进策略

（一）明确服务管理导向

明确服务管理的导向是通过满足消费者需求创造实际收益。满足需求、创造价值就必然要求民航服务进一步产品化，服务产品化也就将服务与营销直接打通，将服务的价值从感性认识变成显性收益，这将为民航服务发展提供内生的动力，也就解决了很多公司一提到服务就是"亮点"工作的非议，而在这其中，质量管理只是作为保障消费者体验的完整性的手段，而非管理目的。

（二）整合管理架构

服务产品将要求服务管理的职能与营销体系结合。服务产品化，也就是航空公司提供的服务既包含服务，又包含产品，就必然要求服务管理与营销的深度结合，而服务本质上是为了营销，航空公司体系内产品设计销售的职责往往在营销部门，因此应该以营销体系中消费者相关部门为核心，结合服务管理职能，建设一套新形态下的服务管理架构，确保服务产品在落地中与各服务保障单元的联动。

（三）提升管理人员的要求

服务管理人员应该从原有单一的服务属性向服务营销转变。原有服务管理部门的相关从业者大都是从资深的服务一线员工转变而来，对于服务保障具有丰富的经验，但是对于产品的设计销售与创新都缺乏必要的经验，而服务产品化必然要求管理人员通过消费者需求研发服务产品，因此，未来的服务管理部门的从业者必须具备充足的营销领域知识，一方面这将提高企业对于相关人员的岗位要求，另一方面这种转变也将极大地放大服务管理人员的价值，也将吸引更多优秀的人才加入这个队伍。

本章小结

航空服务质量是航空服务营销的核心所在。航空服务质量与一般行业的服务质量一样，是预期服务质量与感知服务质量的比较。影响航空服务期望的因素众多。服务质量由服务的技术质量、功能质量、形象质量构成。航空服务质量的测量可以通过可靠性、保证性、有形性、移情性和响应性五个维度进行。运用SERVQAL模型可测量出航空公司服务质量，航空公司可以基于模型测量的结果改进其服务。

通过服务质量差距模型认识差距，在结合实际情况进行分析后，航空公司可以采取相应的措施弥补差距，提高服务质量。面对数字时代下的服务质量管理困境，航空公司可以从管理导向、管理架构、管理人员要求等方面提出相应的改进策略。

综合实训

请同学们以某项具体服务为背景，以SERVQUAL测量量表为基础，设计服务质量的测量量表并进行模拟测量。

复习思考题

1. 服务期望的基本含义和主要类型是什么？
2. 结合航空服务探讨影响旅客服务期望的关键因素。
3. 什么是感知服务质量？它由哪些方面构成？哪些因素影响航空感知服务质量？

4. 服务质量评价的维度和方法分别有哪些？
5. 结合具体实例，谈谈如何利用服务质量差距模型提升航空公司质量管理水平。

复习思考题答案

【航空报国　忠诚篇1】
王庆新：我为"沉默的旅客"护航

第五章
航空服务市场定位

在竞争激烈的服务市场，独特且具有吸引力的服务市场定位是航空公司赢得竞争的关键。航空公司根据不同的消费者特征或服务需求，将服务市场区分为若干细分市场，进而选择符合企业发展目标及资源能力条件的细分市场，成为实现服务市场定位的重要前提。服务市场定位旨在在目标消费者心目中建立区别于竞争对手的独特形象，以获取和维持差异化竞争优势的服务营销管理活动，需要遵循科学原则和应用科学方法。本章将展开讨论客货运航空服务的市场细分与定位以及数字时代下的航空服务市场的变革。

学习目标

1. 理解航空服务市场细分的概念和基本条件。
2. 掌握航空服务市场细分的基本步骤。
3. 掌握航空服务市场定位的主要方法。
4. 理解航空货运服务市场细分和市场定位。
5. 认识数字时代航空服务市场的变革。

本章引例

民营航空公司精准定位实现"逆风高飞"

中国民航局 2021 年 6 月 10 日发布的《2020 年民航行业发展统计公报》显示，截至 2020 年底，我国共有航空公司 64 家，民营和民营控股航空公司 15 家。其中，春秋航空是中国民营航空公司发展的一个缩影：有足够的前瞻性、较深的危机意识，并擅长精细化管理。打造了"两单""两高"和"两低"经营模式，"两单"即单一机型与单一舱位，"两高"即高客座率与高飞机日利用率，"两低"即低销售费用与低管理费用。在全球航空业遭遇疫情重创的同时，凭借市场危机意识和灵活的体制机制优势，率先实现了复苏，正在疫情冲击下"逆风高飞"。

与大型国有航空企业相比，民营航空公司天生面临着资金和资源劣势。航空公司的经营强调网络布局的优先性，民营航空公司没有能力较早占据优质的航空枢纽等资源。春秋航空的低管理费用是指公司在确保飞行安全、运行品质和服务质量的前提下，通过最大限度地利用第三方服务商在各地机场的资源与服务，尽可能降低日常管理费用。数据显示，春秋航空在2020年的单位管理费用仅为0.0042元，远低于行业可比上市公司水平。这也使得春秋航空能够在激烈的中国民航业内实现业务的快速增长，以及实现疫情期间经营水平的率先恢复。低成本管理的秘密是精细化管理。春秋航空会想尽各种办法，仔细考虑各个环节，减少客观因素之外的影响，甚至会用喇叭去免税店提醒客人按时登机；而为了缩短滑行时间，保证准点率，公司也会去协调设施、人员和摆渡车，采取"东进东出、西进西出"的办法，使得准点率得到大幅提高。

优秀民营航空公司的经营韧性主要体现在精细化管理、足够的前瞻性以及较深的危机意识等方面。民营航空在传统大型国有航空公司和地方性航空公司的市场缝隙中，探索出了很多路径，在提供差异性服务方面又给出了诸多范本，为国家的普遍航空服务提供了有益的补充。

（资料来源：中国经营报，2021-06-19。）

课堂讨论：
1. 文中所提及的民营航空公司在竞争的环境中采用了何种定位方法？
2. 探讨航空服务市场定位所依据的原则有哪些。

第一节　航空服务市场细分与目标市场选择

一、航空服务市场细分的概念、意义和基本条件

（一）航空服务市场细分的概念

服务市场细分是指航空公司根据不同的消费者特征或服务需求，将整体服务市场区分为若干细分市场的过程，是识别和划分不同需求消费者群的活动。航空服务市场细分是航空公司在把握市场需求的基础上，根据消费者明显不同的需求特征将整体航空市场划分成若干个消费者群的过程，每一个消费者群都是一个具有相同需求和欲望的子市场。通过市

场细分,航空公司能向目标市场提供独特的服务产品及相关的营销组合,从而使消费者需求得到更为有效的满足,并能提升其忠诚度。

服务市场细分与有形产品的市场细分存在很多相似之处。可以借助人口因素(年龄、性别、职业、受教育水平、收入等)、地理因素(国家、地区),以及心理和行为因素(认知、态度、生活方式、消费方式等)等进行市场细分。但是,由于服务与有形产品之间存在一些差异,服务市场细分需要关注更多的因素。例如,由于服务具有过程消费和消费者参与的特征,服务市场细分必须关注同一细分市场中消费者之间的相容性。在服务过程中,服务现场往往同时存在多位消费者,为了避免需求差异巨大的消费者在同一时空中产生的可能性干扰,就要保证目标消费者之间的相容性。

(二)航空服务市场细分的意义

服务市场细分对航空公司的营销管理活动具有重大意义。随着服务经济时代的到来,服务业快速兴起与发展,在服务消费需求空前增加的同时,服务供给水平也在不断提升。如今,航空服务市场中不断涌现出新的竞争对手。对航空服务市场进行细分,有助于将资源集中到更具经济效益、更符合企业发展方向、更匹配企业资源水平的市场领域;有助于通过具有针对性的服务价值创造、传递和维护,建立差异化的服务市场竞争优势。

1. 市场细分有助于航空公司准确地把握市场需求

从航空市场需求来看,它包含着不同层次、不同类型的需求。任何一家航空公司,无论其规模如何大,实力如何雄厚,它都无法满足全部市场需求。只有通过市场细分,航空公司才能准确地把握市场需求,才能为占领市场打下良好的基础。

2. 市场细分是航空公司产品设计的依据

美航空公司为宠物提供专线专机

一个航空产品的成败是由许多因素组合而成的,但是评定一个产品的好坏只有一个标准,即,它能否满足市场需求,是否得到旅客的欢迎。真正能够满足市场需求的产品必须是在市场细分以后,根据不同的市场需求设计产生的,市场细分是航空公司产品设计的依据。

3. 市场细分是航空公司进行差异化服务的前提

泰国航空皇家头等舱&商务舱

市场细分是航空公司进行差异化服务的前提。在航空产品同质化的今天,个性化与差异化的服务已然成为航空市场发展的一种必然趋势,是航空公司树立自身品牌与战胜竞争对手的重要手段。而科学的客观的市场细分则是提供个性化与差异化的服务的基础。

(三)有效服务市场细分的基本条件

对航空公司而言,实现市场细分对企业营销管理活动的积极效果,需要充分考虑服务市场的以下四个基本条件。

1. 服务需求的多样性

服务需求的多样性是市场细分的基本前提和基础。有效服务市场细分要求整体市场存在多样化的服务需求。例如，航空客运中，有些旅客的出行计划性很强并且对价格非常敏感。为了能够获得低票价，会更早地预订行程或者选择在目的地多停留几天，并且愿意接受改签或退票受限的机票产品；也有些旅客的行程计划性不强，对票价的敏感性较低，一般在航班离港前几天内确定行程，并且偏好购买改签或退票更为灵活的机票产品。这些多样性的服务需求为航空运输服务提供了休闲旅客、商务旅客等不同的细分市场。但各细分市场内部的需求差异要明显小于细分市场之间的需求差异。这意味着，细分市场内部的需求一般能保持较高的相似度，否则这样的服务市场细分缺乏持续的有效性。例如，若经济型低成本航空公司的旅客具有比较类似的运输服务需求，便没有必要再将消费者进行旅行、商务等市场细分。

2. 服务需求的稳定性

有效的服务市场细分要求各细分市场的服务需求具有稳定性，一是时间的稳定性，指服务需求较少受到季节、时段等时间因素的影响，比如航空商务出行人士。二是消费者的稳定性，指消费者群体的特定服务需求是比较有规律的，而不是偶发性的；产生服务需求的特定消费者群体是比较固定的，而不是随机的，比如利用周末固定回家的旅客。

3. 细分市场的明确性

细分市场的明确性主要是指具体的细分市场可描述和可测量。主要的市场细分标准有地理因素、人口因素、消费心理和行为因素。这些因素有些相对稳定，但大多数处于动态变化之中。同时，要求消费者具有的某些信息特征易于获取和测量，如消费者需求偏好、价格敏感程度、受广告影响程度，以及人口统计因素、地理和文化因素等。有效的服务市场细分要求各细分市场能够运用可测量的指标对该细分市场的消费者群体进行综合描述，即建立消费者画像。例如，某航空公司所面对的若干细分市场，能够用年龄、性别、收入水平、生活方式、消费观念等综合指标进行"拟人化描述"。

4. 细分市场的盈利性

盈利性反映细分市场是否具有适当的规模和潜力，细分市场中的消费者群体是否具有一定的购买力，决定着企业在细分市场中的获益水平。企业选择特定的细分市场，将会针对细分市场进行服务设计开发、人员培训、市场推广和消费者维护等一系列营销管理活动，要求细分市场应该具备足够的消费者规模和服务需求，能够为航空公司带来盈利，值得企业为之投入市场资源和能力。

经典案例5-1

各具特色的头等舱现象

旅行总是令人期待的，但旅途就不一定了。不舒适的长途飞行体验很可能在你到达目的地之前就将你的体力和兴奋耗尽了。

当然，这是乘坐经济舱经常会出现的情况，对于那些选择头等舱的人而言，由个人套房、私人助理和由国际厨师订制餐食所组成的头等舱，提供的可是堪比五星级酒店的服务。

头等舱不仅可以在客舱内为你提供优质的服务，在地面上，你也可以凭借着"头等舱旅客"的标签，享受更多的优先级服务，比如优先办理登机手续、享受专属休息室、登机口专车接送等。

1. 法国航空公司

致力于让乘客尊享和体验法兰西高级美食之旅，头等舱旅客也可以在飞机上品尝米其林星级美食，并享受迷你版的酒店客房。在硬件方面，为每位头等舱旅客都提供了包含单独衣帽间、小台灯和小壁橱的独立私人空间；在软件方面，配有专门的乘务员，照顾旅客的每一个需求。

2. 泰国国际航空公司

登机前专用的头等舱休息室，还可享受免费的泰式按摩或者精油按摩。半封闭的头等舱设计融入了许多泰国元素，充满了浓郁的泰式气息，头等舱的座椅也可以调成床铺，为旅客提供舒适的长途飞行体验。

3. 德国汉莎航空股份公司

拥有全球最奢华的头等舱。在登机前，为头等舱旅客配备了专用的私人豪华轿车，可以提前登机。优质的餐食，葡萄酒单由著名的侍酒师制定。

4. 全日空航空公司

为旅客提供最舒适和隐私的头等舱服务。头等舱是全封闭结构，保证旅客的隐私性。每个座位都配有独立的小壁橱，方便旅客存放个人物品。

5. 卡塔尔航空

商务舱的价格，享受头等舱般的服务。商务舱餐食充满了"仪式感"，餐桌的布置颇有讲究，金属制成的餐包篮子，骨瓷餐具，洁白整洁的亚麻餐布……

头等舱配备可伸展为单人床的舒适座椅，配套的高端娱乐系统，独立的 USB 插口和免费的 WIFI，成就空中的移动办公室。

6. 新加坡航空有限公司

头等舱约等于"云上的酒店房间"。头等舱套房内部采用了一床一椅设计，内饰由法国豪华游艇设计师让雅克·考斯特设计，深棕及奶油色为主色调，低调稳重，没有多余的装饰，近似亚麻质地的卷帘和推拉门尽显南洋风情；领跑行业的"双人床"，每间套间都配有滑动门和百叶窗，真正体验亲密的"举案齐眉"，最大限度地为旅客提供舒适的旅途环境。

7. 阿提哈德航空公司

"空中管家"服务。空乘服务人员前往英国 Savoy 管家学校进行培训，为空中官邸旅客提供定制化及专业的服务。从订票起，就会有私人助理的邮件询问饮食偏好等信息。

A380客机头等舱套房内，配备小型冰箱和迷你梳妆柜，公共区域则包括位于头等舱前部带有淋浴功能的盥洗室；头等客舱与商务客舱之间设置酒吧。美味餐食别具匠心，鲟鱼子酱、鹅肝、龙虾尾及鳕鱼、烤牛排等菜单丰富。乘客专门定制了餐具和酒杯，包括Vera Wang的水晶酒杯。

8. 阿联酋航空公司

A380头等舱上特别为空中淋浴配备了SPA服务员，全职的SPA服务员会为头等舱的乘客安排好淋浴时间、给乘客介绍每一项设施以及清洁服务。提供具有保湿功能的睡衣，其采用了保湿活性微胶囊科技，包含乳木果油和摩洛哥坚果油等自然成分，能为皮肤补水的同时，还能刺激血液循环，拒绝长途旅行带来的干燥与不适。

（资料来源：腾讯网，https：//page.om.qq.com/page/OqKwE3ZwNudo8JfWvYIZMU-A0，2020-01-09，有删减。）

二、航空服务市场细分的基本步骤

服务市场细分本质上是"异中求同"的市场分析过程，即航空公司将异质性的服务市场划分为若干同质市场的过程。服务市场细分的流程从服务市场的界定开始，然后在市场调研的基础上明确关键变量，并对细分市场进行甄别，最后运用不同指标或变量对细分市场进行描述，进而完成对服务的市场细分。

（一）界定服务市场

服务市场的界定是指航空公司从市场范围、服务对象等角度明确服务传递的相关对象群体。为确定航空公司的相关市场，服务营销管理者需要与消费者进行非正式接触，并将消费者群体分成若干小组，以便更有针对性地了解不同类型消费者的服务消费动机、态度和行为。在掌握服务市场的基本信息后，企业需要系统分析自身资源和能力状况，明确企业的市场优势与劣势，然后在消费者类型、地理范围以及企业需要涉入的服务价值链环节等方面进行选择。

成功的航空服务市场细分意味着航空公司能够在明确的细分市场上，通过有针对性的服务设计与开发以及服务传递等活动，实现航空服务价值的创造和传递。准确、全面地界定航空服务市场，是航空公司成功实现市场细分的基础。

（二）甄别细分市场

在明确相关市场后，航空公司必须运用一定的标准或指标对市场进行甄别。服务市场细分的依据本质上是反映差异化服务需求的基础，即产生差异化服务需求的关键决定因素。不同的服务类型、不同的消费者人群之间存在诸多的差异性，因而对服务市场进行甄别的依据并没有绝对的标准或固定不变的模式。目前,用以甄别细分市场的主要依据包括以下四种。

1. 地理环境因素

按照地理环境因素进行市场细分,是根据消费者工作和居住的地理位置进行市场细分的方法,即用不同地理单位如国家、省、市、县等进行市场细分。由于地理环境、自然气候、文化传统、风俗习惯和经济发展水平等因素的影响,同一地区的人们消费需求具有一定的相似性,而不同地区的人们则有不同的消费习惯与偏好。因此,地理因素可以成为市场细分的依据。按照地理环境因素进行市场细分的方法简单直接,因而被航空公司广泛使用。

航空公司可以根据消费者工作和居住的地理位置,将市场分为不同的国际市场和国内市场、城市市场和农村市场等。如表5-1所示。

表5-1 地理因素细分市场

细分因素	典型的细分市场		市场特征
地区	国内		1. 东北市场 经济形势有所好转,市场发展空间较大。 国有企业单位较多,公务旅客占主体。 2. 华北市场 公务旅客占主体,市场空间大,竞争激烈。 3. 华南市场 (1) 地区经济发达,外资、民营企业较多,居民收入水平高,消费能力强,市场需求旺盛,竞争激烈。 (2) 公务旅客与非公务旅客比例相当。 4. 华东市场 (1) 地区经济发展速度很快,外资企业众多,消费观念超前,市场容量较大,需求旺盛,竞争激烈。 (2) 公务旅客与非公务旅客比例相当。 5. 西北市场 (1) 地区经济不发达,人均收入偏低,消费理念滞后,市场需求不足,但发展潜力巨大。 (2) 公务旅客为主体。 6. 西南市场 (1) 旅游资源丰富,特色经济发达,旅游市场发展潜力巨大。 (2) 旅游旅客为主体。 7. 中部市场 (1) 经济形势较好,工商业及旅游资源都较丰富。 (2) 公务旅客与非公务旅客比例相当。 8. 港、澳、台地区市场 以旅游旅客为主,市场竞争激烈
	国际	日、韩	以日、韩和国内高收入的旅游者、留学生为主,市场需求旺盛
		俄罗斯	以自费公务旅客为主,市场需求较少

续表

细分因素	典型的细分市场	市场特征
密度	城市	占旅客总数的绝大部分，具有航空客运产品的消费意识和能力
	农村	占旅客总数的极少部分，多为自费旅行，对机票价格十分敏感

航空公司也可以考虑将一条航线细分为一个市场。航空公司在分析市场供求状况时，要分析各条航线的供求状况。即使整个空运市场处于卖方市场的条件下，航空公司也不能对市场的销路掉以轻心。在决定公司航班的投放方向时，要对各细分市场的需求量和各航空公司投入运力的总量做细致的、定量的分析研究，以免各公司都把运力投入"黄金航线"，人为地造成局部的买方市场。

2. 人口统计因素

人口统计因素包括年龄、性别、职业、收入水平和受教育程度等人口统计变量。这些因素是区分消费者群体最常用的依据，因为消费者的服务需求偏好、使用频率等经常与人口统计变量密切相关，同时人口统计因素比其他类型的因素更容易衡量。

此外，消费者的教育背景、职业、收入水平、社会地位等因素之间存在直接关联，并会对服务需求特征产生影响。一般而言，消费者的受教育程度越高，就越可能获得较高的社会地位和收入，因而对服务需求的个性化和高端化倾向更明显。近年来，按职业进行市场细分的方法逐渐得到一些企业的重视。一般情况下，航空公司会使用如下一些人口因素来细分市场。

(1) 年龄。消费者的需要和购买量的大小随着年龄而异。

儿童：在航空客运服务中占旅客总数的很小一部分，没有独立的支付能力。

青年：占旅客总数的绝大部分，收入较高，消费观念超前，消费能力强，要求服务个性化。

中年：占旅客总数的较小一部分，收入高、社会地位高，渴望得到尊重和重视。

老年：占旅客总数的极小部分，收入有限，消费意识相对较弱，乘机出行机会较少。

(2) 性别。性别细分早就在很多行业中使用了。

男性：占旅客总人数的一半以上，是公务旅客的主体。

女性：出行目的以旅游及探亲为主，公务旅行较少。

(3) 收入。收入细分在汽车、化妆品和旅游等产品制造业和服务业中也是一个长期使用的标准。高收入（月收入在10000元及以上）人群是航空公司的主要消费者，他们对机票价格不太敏感，对服务品质要求高，希望航空公司的服务体现其生活方式；中等收入（月收入在2000元到10000元）人群有能力消费航空运输产品，对机票价格比较敏感；低收入（月收入在2000元以下）人群很少有机会消费航空运输产品，对机票价格极为敏感。

(4) 职业也是一种常用的细分因素。我国常见的职业可以分为政府公务员、外资企业人员、国有企事业单位人员以及民营企业人员等。

政府公务员：多为公务旅客，一般社会地位较高，希望得到高水准的个性化服务。

外资企业人员：追求效率，对航班正点率要求较高，对服务的品质也有独特需求。

国有企事业人员：多为公务旅客，并有一定的社会地位，对航班时刻要求较高，在接受服务时希望得到足够的尊重。

民营企业人员：对航班正点率要求高，由于自费旅行，对机票价格也较敏感。

多种人口因素细分。大多数航空服务策划者会将两个或两个以上的人口因素结合起来细分市场。

3. 消费心理及行为因素

影响消费者服务消费行为的心理因素，如生活方式、消费习惯等，都可以作为市场细分的依据，尤其是当运用人口统计因素难以有效地划分服务的细分市场时，结合消费者的心理因素进行市场细分是非常必要的。常见的运用心理因素进行航空服务市场细分，会把具有共同个性、兴趣、心智特征的消费者聚合为一个细分市场。

基于心理因素的细分方法

1) 公务旅行市场

公务旅行可以解释为由于与旅客的职业相关的原因而发生的旅行，并且旅客自己不支付旅行的费用。他们一般是对时间敏感但对票价不敏感的旅客，通常是一些大公司或大型跨国公司的商务人员。这一部分旅客需要在某个特定时刻出行，票价对他们来说不是问题，只要时间合适，他们愿意支付较高的票价。

公务旅客具有以下特征。

（1）由于旅客自己不支付乘机的费用，与其他旅客相比，公务旅客对票价反应不敏感。

（2）高度集中性。公务旅客每年旅行的次数一般超过其他细分市场的旅客。

（3）公务旅客无法提前很长时间预订座位。对于这样的旅客，航空公司的航班密度和航班的时间就很重要了。

（4）机上服务的水平和地面服务的标准都会影响公务旅客对航空公司的选择。

2) 休闲旅行市场

就世界范围的航空旅客运输市场而言，旅客人数占绝对地位的航空旅客细分市场是休闲旅行市场。休闲旅行可以解释为旅客在工作时间以外所进行的旅行，旅客自己支付包括机票在内的旅行费用。与公务旅客相比，休闲旅客的特点大不相同。

（1）由于旅客自己支付旅行费用，机票价格的变化会对旅客产生重要的影响。

（2）公务旅行的延误会严重影响旅客的工作，但是休闲旅行就不具备像公务旅行那样的迫切性。

（3）休闲航空旅行的费用与旅行中的其他费用之间存在着密切的关系。其他费用的变化会对航空旅行产生重要的影响。

（4）休闲旅客在目的地停留的时间一般长于公务旅客。

3) 其他旅行市场

（1）文化交流旅行市场：对时间敏感但对票价不敏感的旅客。

（2）留学旅行市场：对时间敏感但对票价不敏感的旅客。

（3）上班打工旅行市场：对时间敏感，对票价敏感的旅客。这类"准旅客"目前有乘机欲望，但又尚不具备条件，一旦时机成熟即可以成为现实的旅客。

同时，消费者的服务消费行为也可以作为进行服务市场细分的依据。这些服务消费行为包括：一是购买时机，即根据消费者服务购买或消费的具体时间和周期对服务市场进行细分；二是使用状况，即根据消费者对服务消费方式及对服务的依赖程度进行服务市场细分；三是使用频率，即根据消费者对服务使用的频繁程度对服务市场进行分类；四是忠诚程度，即根据消费者对航空公司的信任和依赖程度对消费者群体进行细分；五是态度，即根据消费者的态度对目标市场进行细分。消费者对航空公司的态度大体可分为喜爱、肯定、冷淡、拒绝和敌意。针对消费者持有的不同态度，航空公司可采取不同的服务营销策略。

4. 消费者利益因素

消费者利益是消费者进行服务消费的基本动因，因而可以依据消费者在服务购买过程中的不同利益诉求和利益获取对服务市场进行细分。依据消费者利益因素进行市场细分侧重于消费者对服务的反应，而不是服务本身。例如，在航空客运服务中，一部分消费者希望能从声誉好的航空公司获得全面的、整体的服务，一部分消费者希望能较方便地获得价格低的机票，还有的消费者希望航班有较高的正点率。因此，航空公司可以根据自身资源状况，选择其中一个或两个细分市场进入，提供独具特色的运输服务。

（三）描述细分市场

在运用不同指标或指标组合对服务市场进行甄别后，航空公司需要选择一些关键指标对各个细分市场的消费者特征及需求偏好进行描述，即建立消费者画像。消费者画像也称"用户画像"，是指企业运用人口统计学、心理和行为等若干因素，对目标市场消费者群体的基本特征及需求状况进行拟人化描述。建立消费者画像是指航空公司使用更为直观和形象的方式对细分市场进行描述，是企业准确理解目标消费者群体的重要环节。航空公司建立消费者画像的关键依据，是那些影响服务需求和服务价值选择的潜在因素，而不同类型的航空公司分析和理解消费者服务需求的关键因素存在差异。

在国内运输市场上，铁路提速、公路的快速发展对航空客运形成了强大的竞争压力；在国际航空市场，已有相当经营规模、经历了成熟的市场经济竞争的跨国航空运输企业，对中国的航空公司构成了另一强大竞争压力。面对国内外同业竞争和其他交通行业的竞争，有效的市场细分将有助于提升航空公司的投资效益，避免因盲目投资而造成资源浪费。与一般服务市场相同，航空服务市场的购买者也会在购买要求、购买态度和购买习惯等方面存在差异，航空公司可以根据这些变数进行市场细分，步骤如下。

（1）选定服务产品市场范围。确定市场细分的基础之后，必须确定提供什么产品，为哪些人服务。服务产品市场范围应以消费者的需求而不是服务产品的本身特性来确定。

（2）列举潜在消费者的基本需求。列出所选定的产品市场范围内所有潜在消费者的所有需求，这些需求多半具有心理性、行为性或地理性等特征。

（3）分析潜在消费者的不同需求。将所列出的各种需求，交由各种不同类型的消费者挑选他们最迫切的需求，最后集中起来，选出两三个作为市场细分的标准。

（4）抽取潜在消费者的共同需求。检验每一细分市场的需求，抽取各细分市场的共同需求，寻求具有特性的需求作为细分标准。

（5）为细分市场暂时取名。根据不同消费者的特征，划分为相应的市场群，并赋予一定名称，从名称上可联想该市场消费者的特点。

三、航空服务目标市场的选择

服务的目标市场是航空公司决定进入的，具有共同需求或特征的消费者群体。在对服务市场进行细分后，航空公司面对着若干潜在细分市场，选择符合企业发展目标及资源能力条件的细分市场，成为实现服务市场定位的重要前提。因此，目标市场选择是联结服务市场细分和市场定位的关键环节，决定服务市场定位的有效性和科学性。

（一）评估细分市场

服务市场细分揭示了航空公司面临的潜在市场机会，不同细分市场具有不同的潜力与特征，因而需要企业对各个细分市场进行评估，以确定最终进入的一个或几个细分市场。对细分市场的评估需要考虑以下几个方面的因素。

（1）细分市场的规模和发展潜力。潜在的细分市场必须具有一定的市场规模和发展潜力，才能为企业提供持续的盈利和发展空间。航空公司的市场细分需要在差异化和规模化之间寻找平衡，确保细分市场既具有个性化的服务需求，同时这类服务需求又具有较为稳定的规模。此外，市场规模的增量也是重要的考虑因素。细分市场规模的增长速度会影响航空公司的成长水平，因而是评估细分市场的重要内容。

（2）细分市场的获利水平。细分市场不但需要具备理想的规模和增长率，还要能提供理想的获利水平。细分市场的竞争状况、消费者的议价能力，将决定着该细分市场的获利水平。不同的航空公司具有不同的目标利润率，即使同一个企业，在不同发展阶段也有不同的目标利润率。总体而言，任何航空公司在选择目标市场前，都需要确保一定的获利水平，否则无法维持企业的生存和发展，也就失去了进入细分市场的意义。

（3）企业的目标与资源。航空公司的发展目标和资源水平是决定服务市场选择的关键内部条件，航空公司必须选择与自身发展目标匹配，而且自身资源条件可以有效满足的细分市场。例如，某细分市场虽然具有较大吸引力，但不符合企业的发展规划，此时，企业不能只顾眼前利益而损害长远的战略意义，这样的细分市场也只能放弃。

（二）选择目标市场

在对目标市场进行全面和科学的评估后，航空公司需要根据内外部环境选择一个或几个值得进入的服务细分市场。不同的航空公司会根据企业目标和资源状况，以及市场环境等综合因素形成不同的目标市场选择方式。通常情况下，航空公司进行目标市场选择的策略包括以下五种。

（1）市场专一化，即航空公司只针对某一特定的消费者群体提供一种服务，以取得在这一特定服务市场的竞争优势。这种目标市场选择方式比较适合资源水平相对较低的中小企业，或者刚刚进入市场的新创企业。

（2）服务专业化，即航空公司面向不同类型的消费者群体提供某种服务，只是在档次价格和质量等方面塑造差异。企业可以通过服务专业化策略在某种服务方面建立较高声誉，并且降低服务成本。但是，一旦出现替代服务的威胁时，这种策略对航空公司的稳定发展会产生负面影响。

（3）市场专业化，即航空公司向某一特定消费者群体提供系列化的服务组合，满足该类消费者群的多重服务需求。市场专业化策略可以帮助航空公司在特定消费者群体中获得较高的市场影响力，在特定服务市场领域建立竞争优势。

（4）选择性专业化，即航空公司有选择地进入几个不同的细分市场，为不同的消费者群体提供不同系列的服务组合。其中，每个选定的细分市场都需要具备一定吸引力，并且符合企业的经营目标和资源状况；各个细分市场之间很少或根本没有联系，但航空公司能够在每个细分市场获利。选择性专业化策略有助于分散企业的经营风险，但对企业的资源及能力水平要求较高。

（5）整体市场，即航空公司全方位地进入市场，用不同系列的服务组合满足各类消费者群体的服务需求。一般而言，整体市场策略对企业的资源水平提出了非常高的要求，因而更适合具有雄厚实力，处于市场领导地位的航空公司。同时，整体市场策略在服务需求异质性水平相对较小的市场中更具有可操作性，一旦服务市场具有完全不同的服务需求，且满足不同服务需求之间存在的资源竞争，那么无论是大型企业还是中小型企业，都很难全方位地满足市场。

航空公司通过对航线及航线上的消费者群进行充分的评价，选择重点占领的目标市场。为了规避市场经营风险，航空公司通常在细分市场上选择几条、十几条、几十条甚至上百条航线及该航线上的消费者群（单一消费者群、多消费者群）作为企业的目标市场。航空公司目标市场的覆盖模式有五种，如图5-1所示。

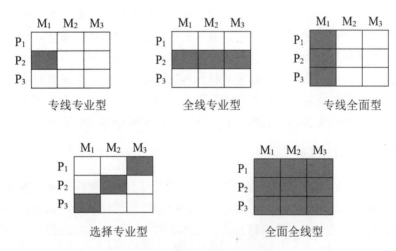

图 5-1　航空公司目标市场模式

专线专业型，即航空公司将自己有限的运力集中投放于很少的几条航线，专门运输某一类旅客或某些货物。很多中小型航空公司都采用这一模式，如上海航空公司组建之初，只开辟了上海—北京、上海—广州两条航线的不定期航班，以后逐渐成为定期航班，只运输旅客不运输货物,且客运只提供经济舱,形成专线专业型的覆盖模式。这种目标市场覆盖模式需要资金较少,但市场范围狭窄,企业经营风险很大。

全线专业型,即航空公司投放航班的航线较多,而运输对象相对集中,专运货物或专运旅客,甚至专运某一类货物或某一种旅客。如1992年上海航空公司经营的航线已扩大到11条,所用的B757飞机也有较大的货运载量,但仍只运输旅客不运输货物。

专线全面型,在不多的航线上进行对象众多的运输服务。大多数中型航空公司都采用这种目标市场覆盖模式,这些航空公司实力有限、飞机不多且经营的航线也不多。在所经营的航线上,尽量挖掘生产潜力和消费潜力,设法运输各种旅客和货物。

选择专业型,根据对市场的分析,发现几个具有吸引力的航线,在这些不同的航线上将消费者群再次细分,满足其中一个或几个消费者群,并分别设计和制造产品,实施差异性营销策略,很多大中型航空公司多采用选择专业型模式。

全线全面型,多为大型航空公司采用,机群庞大型号多,在众多航线上进行全面的运输服务。这种目标市场覆盖模式使企业能占领更多的市场,满足消费者更多的需求,为企业赢得更多的收益。

航空公司的市场覆盖模式不是一成不变的,一般要根据市场和环境的变化动态调整,它既受到市场特性、市场环境的影响,也受到企业能力和条件的制约,同时还与企业经营战略、经营目标有关。

第二节 航空服务市场定位

在竞争越来越激烈的航空运输市场,国内航空公司必须要重新审视整个市场环境,重视市场定位。航空服务市场定位包括行业定位、企业定位和产品定位三个层次。企业应明确定位其产品,使之在目标消费者的心中里留下鲜明的印象,在此基础上进一步建立企业的良好形象,两者相互促进。

一、航空服务市场定位的概念

制造差异是市场营销管理活动的重要使命。成功的航空公司是那些能够把自己与同类型企业有效地区分开,给消费者以特殊印象或者在消费者心中获得特殊位置的企业。一般而言,航空公司无论选择何种目标市场,都会面临特定目标市场中的直接竞争对手。因此,航空公司需要通过特定的营销活动让自己变得与众不同。

服务市场定位(service market positioning)是指航空公司根据市场环境和企业资源条件,旨在目标消费者心目中建立区别于竞争对手的独特形象,以获取和维持差异化竞争优势的服务营销管理活动。对于航空公司而言,航空服务市场定位为航空服务差异化提供了机会,形成特定的形象从而影响消费者的决定。

（一）前提和基础

服务市场定位具有相对性。一方面，航空公司需要明确市场环境特征，充分理解和分析市场结构、竞争对手和消费者需求三方面因素。另一方面，航空公司需要明确企业自身资源条件，以确保选择的服务市场定位能够最大化地利用优势资源，同时避免形成企业无法实现的服务市场定位。

（二）建立独特形象

服务市场定位目的是在目标消费者认知和情感等方面形成独特印象，意味着航空公司进行定位时需要围绕消费者心智开展工作。一方面，航空公司要致力于运用自身资源条件，开发、设计并传递具有独特性或差异性的服务，这是实现有效服务市场定位的基础；另一方面，航空公司要运用各类营销传播手段，以及服务传递过程等综合方式，在消费者心智中全面、客观地反映企业服务的独特性或差异性。事实上，航空公司是否能够在消费者心智中形成独特形象，既取决于企业或服务自身的独特水平，即企业或服务的绝对优势，同时还取决于与主要竞争对手之间的比较优势，即企业或服务的相对优势。

（三）获取和维持竞争优势

服务市场定位是具有全局性、长远性的战略营销活动，它指导航空公司的服务设计和开发、服务传递以及顾客关系建立和维护等服务营销策略。服务市场定位的战略性主要体现在以下几个方面。首先，服务市场定位影响航空公司的市场资源配置方向和水平。其次，服务市场定位决定航空公司在服务市场的差异化程度。企业只有发掘并占领那些独特的、有价值的"空白"定位，才能够在竞争激烈的服务市场获取差异化优势，从而在消费者心目中建立区别于竞争对手的独特形象。最后，服务市场定位的最终目标是获取和维持市场竞争优势。

二、航空服务市场定位的层次和基本原则

（一）服务市场定位的基本层次

1. 行业定位

消费者对不同的服务行业在熟悉程度和喜爱程度上有所不同，这就体现为一种行业定位。航空业可当作一个整体进行行业定位。例如，近几年，中东的航空业积极拓展航线，期望将中东重新定位为全球航空的交通枢纽。

2. 企业定位

就本质而言，航空公司定位往往与其服务组合定位是一致的，两者相辅相成，但处于不同的层次。航空公司定位处于定位的高层，它必须先对其服务组合进行定位，即服务于什么样的消费者需求，然后才能在目标消费者群体心目中树立起对应的企业形象，构建起

较为固定的消费者群体。航空公司定位高于服务组合定位，是在服务组合定位的基础上形成的，并对服务组合定位起着指导和强化作用。

对于航空公司而言，企业定位即把航空公司作为一个整体进行定位。航空公司在航运市场中所处的竞争地位各不相同，其定位就可能有所差异，航空公司可以依据市场营销的基础理论来进行市场定位，分为市场领导者、市场追随者、市场挑战者和市场补缺者。

（1）市场领导者，即在行业中处于领导地位的企业。这样的航空公司既是服务市场竞争的主导者，也是其他航空公司挑战、模仿或回避的对象。航空市场的领导者是指它在市场中的占有率高于其他竞争者，具有一定的实力，具有能够主动向市场发起进攻的能力，它在市场中的一举一动都会引起市场的波动，无论是产品的价格变动，还是新航线的开辟或新产品的推出，乃至促销手段改变，都会引起市场格局的变化与震动，它不仅成为市场关注的焦点，而且是其他竞争者采取模仿或回避等手段的依据。

中国航空公司的领导者

（2）市场追随者，即在行业中居于次要地位，但紧跟市场领导者的企业。市场追随者是行业中企业的大多数，它们暂时无法成为行业的领导企业，因而选择在市场策略、服务组合等方面学习和模仿领导者。航空市场中的追随者已经占有一定的市场份额，集聚了一定的力量，具备向市场领导者发起进攻的能力。

（3）市场挑战者，即向行业中尚处于领导地位的企业发出主动挑战的企业。一般而言，在服务市场中，市场挑战者要想取得成功，必须以独特的市场战略向市场领导者发起挑战。航空公司中的市场挑战者一般是规模和经营都不断向好的企业。

（4）市场补缺者，即在行业中聚焦于利基市场开发和利用的企业。在服务市场中，一些航空公司进行特定范围的专业化经营，以避免与强大竞争对手发生直接竞争。对缺乏资源和能力的中小航空公司而言，市场补缺者是企业发展初期行之有效的定位选择。例如，在网络型航空和低成本航空为主导的航空市场中，维珍航空以市场补缺者的身份进入这一竞争激烈而利润丰厚的市场，寻找市场的缝隙（盲点），挖掘空白市场，做品牌领先者，向消费者提供竞争对手所缺的产品和服务，开辟自己的新市场甚至向对手争夺市场。

市场补缺者维珍公司的故事

（二）航空服务市场定位的基本原则

服务市场定位是航空公司进行服务价值创造、传递和维护的基础，是企业识别和锁定服务价值的集中表现。因此，有效的服务市场定位对引导航空公司进行服务设计、传递和优化等服务营销活动具有重要影响。航空公司与其他企业相似，在进行服务市场定位时需要遵循以下原则。

1. 差异化原则

差异化原则（the principle of differentiation）是指航空公司在进行服务市场定位时，除遵循满足服务市场基本需求共性，如服务可靠性、价值性等，还应强调运用独特的资源和能力,满足个性化或定制化的服务市场需求,凸显与主要竞争对手在服务价值方面的独特性。

2. 消费者导向原则

以消费者为中心是市场营销活动的核心之一,因而在服务市场定位时必须坚持消费者导向原则。消费者导向原则(the principle of customer orientation)是指航空公司必须坚持以目标消费者为中心,以消费者偏好及需求特征为基本出发点和最终落脚点进行服务市场定位。

3. 资源聚焦原则

资源聚焦原则(the principle of resource focus)是指航空公司在进行服务市场定位时,必须遵守"有所为、有所不为"的准则,将重要的市场资源运用到最关键的竞争领域和最重要的目标市场,以使资源的市场价值最大化。

三、航空公司市场定位策略

航空服务市场定位是航空公司在目标消费者心目中建立区别于竞争对手的独特形象,对航空公司所提供的服务实现标签化,对服务的价值或效用实现抽象化的过程。因而,根据服务标签化与价值抽象化的不同方式及焦点,服务市场定位可采取以下四种策略。

(一)消费者价值定位法

消费者价值定位法是指航空公司通过发掘并强化本企业所提供服务给消费者带来的某项特殊价值利益,以实现服务市场定位。2019年1月,桂林航空全面推出为购买不同类型机票的旅客提供不同额度的免费托运行李服务;西部航空开始根据飞行里程实行逾重行李差异化收费;乌鲁木齐航空在乌鲁木齐—武汉、乌鲁木齐—郑州、乌鲁木齐—西安三条航线试行差异化定制服务;而天津航空从2018年10月开始,宣布实行差异化服务。从最开始做减法,取消免费托运行李额和餐食,到随后做加法,优化多层级舱位的配套保障、推出定制化机上服务、多渠道升舱等,一加一减之间,天津航空在不断探索和完善附加服务产品。以上均是从消费者所获得服务价值或利益的视角来实现服务市场定位。

消费者价值定位法要求航空公司率先发现并利用本企业所提供服务的某些有价值的属性(这一属性其他服务可能同样具有),通过系统的营销推广活动占领该服务价值点,实现在消费者心目中的标签化或抽象化,从而实现服务市场定位。

(二)服务属性定位法

服务属性定位法是指航空公司通过发掘或提炼本企业服务独特的性能或特征,将其作为服务甚至企业的标签,以实现服务市场定位。服务属性定位法与消费者价值定位法本质的区别在于:服务属性定位法强调本服务拥有,而其他服务尚不具备的特殊功能特征,即运用独特的性能或特征进行服务市场定位。

（三）目标消费者定位法

目标消费者定位法是指航空公司通过界定服务的目标消费者群体，实现本企业所提供服务与主要竞争对手的区隔，从而进行服务市场定位。航空公司运用目标消费者定位法进行服务市场定位时，关键点在于企业界定可识别的、有价值的目标消费者群体，并将服务该类群体作为企业标签，进而实现服务市场定位。

天津航空的
目标消费者
定位法

（四）竞争比附定位法

竞争比附定位法是指航空公司以主要竞争者的服务为参照物，依附竞争者顺向或逆向进行服务市场定位。航空公司运用竞争比附定位法的要点在于选择具有影响力的竞争服务或服务组合，并将其与本企业服务关联。使用竞争比附定位法，借助具有影响力的竞争对手实现对本企业的定位，对缺乏市场影响力的新创航空公司或缺乏资源的中小航空公司而言是行之有效的服务市场定位方法。

 # 四、服务价值主张

在竞争日益激烈和同质化的服务市场，航空公司要开发并传播具有市场吸引力和影响力的服务价值主张。服务价值主张是航空公司识别服务价值的结果，是服务市场定位核心内涵的市场化表达，是服务市场定位的关键体现。

（一）服务价值主张的内涵

服务价值主张是指在既定价格条件下，企业帮助消费者有效地解决某个重要问题或者满足某类关键需求所要完成的任务。航空公司服务价值主张描述航空公司在既定的价格条件下，为界定消费者群体创造的服务价值，它集中体现了航空公司的服务市场定位，明确地界定了目标消费者，以及向消费者提供的服务特征或利益，包括质量、价格、效用、功能和保证等综合要素，是航空公司实现差异化定位的关键基础，是吸引目标消费者并区隔主要竞争对手的重要工具。

（二）服务价值主张的层次

服务价值主张将航空公司的焦点从产品转向消费者，即企业非产品导向，而是消费者进行利益表述。在竞争日益激烈的买方市场，构建服务价值主张是航空公司实现以顾客为中心的重要手段。通常服务价值主张由三个基本层次构成。

1. 服务价值描述

服务价值描述是关于航空公司的目标消费者需求，以及企业提供何种关键利益或效用的一种清晰表达，它旨在表述"航空公司提供的核心服务价值是什么"，以及"航空公司所提供的服务价值对消费者究竟意味着什么"。

2. 服务价值验证点

清晰而简洁的服务价值描述仅仅是"钩儿上的诱饵",它并不能激发对"什么是航空公司能够提供的"这一消费者期望的深入探索,即服务价值描述本身并不足以赢得"未来顾客的心"。航空公司还必须提供充分的证据来支持服务价值描述,并力争把这种描述落到实处。

服务价值验证点是支持并证实服务价值描述的证据,是可以识别和观察的有形证据,用以佐证和支持企业的服务价值主张。服务价值验证点必须以事实为基础,提供能够被消费者感知到的相关信息、资料或现象。总之,服务价值验证点是航空公司资源与能力的表达,是对服务价值描述的系统支撑。

3. 服务价值传播描述

服务价值传播描述是航空公司营销传播活动所要表达的关键信息,目的是使服务价值主张被目标消费者群准确地接受和理解。服务价值传播强调和突出航空公司的服务交付,并为企业的目标消费者设定服务期望。

提炼独特的、具有吸引力的服务价值主张,能够有效地表达航空公司所提供的服务,在激烈的服务市场竞争中提升服务营销管理活动的效率。

未来航空公司商业模式

(三) 服务价值主张的作用

服务价值主张体现了航空公司的组织愿景与使命,以及企业的市场发展目标,为企业有效参与服务市场竞争提供了方向指引。在同质化竞争日益激烈的服务市场,服务价值主张成为重要的服务营销管理工具,对航空公司成长具有重要作用。

(1) 有助于航空公司优化市场资源配置。市场资源的有限性,要求航空公司将关键资源运用到最能创造服务价值的领域,而服务价值主张则为航空公司配置市场资源提供了方向和指引。

(2) 有助于航空公司强化服务系统管理。服务价值主张为航空公司改善服务系统管理水平提供了方向和焦点,确保航空公司的服务系统围绕企业的服务市场定位进行运行,使服务人员及设备管理、服务营销传播等一系列服务营销管理活动更聚焦、更有针对性。

(3) 有助于航空公司获得目标消费者积极认知。服务价值主张作为航空公司选择服务市场定位的核心价值描述,能够以最有效的方式将"航空公司创造的服务价值是什么""这些服务价值对消费者意味着什么"等服务市场定位的重要信息向服务市场传播,进而帮助目标消费者群体更好地接受和理解相关市场信息,并进行相应消费决策。

(4) 有助于航空公司形成差异化的竞争优势。服务差异化是航空公司避免陷入同质化竞争的必然选择,也是企业获取持续竞争优势的重要手段。航空公司开发独特的、有吸引力的服务价值主张,并通过系统化的营销努力将服务价值主张在市场中进行兑现,能够帮助企业形成有别于主要竞争对手的差异化竞争优势,从而丰富企业的竞争手段,提升服务营销管理活动的效率和水平。

第三节 航空货运服务市场细分与定位

面对如此大的航空货运市场,货运航空企业首先要做好市场分析,根据航空货运客户的不同需求特征,将市场划分为若干个细分市场,在对货运客户需求特征明确掌握的基础上,提供具有差异性的服务。

一、中国货运市场特征

(一)区域性明显

区域性运输市场的形成使我国航空业运输市场具有明显的区域性特征,东西部地区航线差距较大。以长江三角洲和珠江三角洲为轴心的华东、东南沿海线路活跃;而云南、青海、新疆等西部地区运输市场发展严重不足,甚至出现了垄断性大于竞争性的局面。

(二)呈现单向性、季节性

由于经济发展的不平衡,航空货运呈现很强的单向性,"去时有货回时无货"的现象非常普遍。经济发达地区的出运运力需求比较紧张,但从不发达地区返回的回程货源不充足、不稳定,造成飞机利用率不高。

与其他运输方式类似,中国航空货运也有很强的季节性。在一二月份的运输淡季,航空空载现象十分普遍,运力浪费严重;而在九十月份的运输旺季,又往往出现航空舱位需求无法满足的现象。

(三)航空运输网络基本建立完善

中国各航空公司都已经建立了一套由全国干线航空网、省级航空网所组成的完善的网络体系,且这个网络体系的各级网络已经形成了有效的衔接,不同网络体系之间形成了有机的联系。由于物流系统其实是线路、节点、手段的有机结合,所以中国航空目前现有的网络资源具备拓展物流业务的实体基础。

(四)货运市场竞争激烈

世界上各大航空公司都已瞄准中国市场,正逐步占领和巩固各自在中国的市场。而且在国内,铁路不断提速,四通八达的公路已在各个城市间建立了方便的"门—门"的运输网络。这一切在很大程度上分流了中短程航线的资源。

二、航空货运服务市场细分

航空货运企业同样要依据货运客户要求、购买动机以及购买行为的差异对市场进行细

分。根据航空货运服务市场的特点,可以从以下六个方面对其进行细分。

(一) 客户行业

以客户行业为标准细分货运服务市场,就是按照客户所在的不同行业来加以细分市场。由于客户所在行业不同,其产品构成也存在很大差异,客户对货运服务的需求也各不相同,但同一行业市场内的客户对货运需求具有一定的相似性。从宏观上看,客户行业细分主要可分为农业、制造业、商贸业等细分市场。

(二) 客户规模

以客户规模为标准细分货运服务市场,就是按照客户对货运需求规模的大小来细分市场。由于客户规模大小不同,需要提供的服务也存在着差异,一般可将客户分为如下客户群。

(1) 大客户,即业务需求最多的客户,这是企业的主要服务对象。
(2) 中等客户,即对业务需求中等的客户,是企业的次要服务对象。
(3) 小客户,即对业务需求较少的客户,是企业较小的服务对象。

(三) 物品属性

以物品属性为标准细分市场,就是根据客户所需货运活动中物品的属性或特征来细分市场。由于物品属性的差异,航空货运企业在实施服务的过程中,作业的差别会很大,物品属性差别对货运服务各功能的要求会体现在整个货运活动中,而且货运质量和经济效益也同物品属性有很大的联系。货运的物品主要有以下几种。

(1) 生产资料,用于生产的物质资料,其数量大,要求多且高。
(2) 生活资料,用于生活消费的物质资料,其及时性要求高,地点分散。
(3) 其他资料,不在上述两个细分市场之内的所有物质资料。

(四) 地理区域

以地理区域为标准细分航空货运市场,就是根据客户要求提供货物运输服务的地理区域的不同来细分市场。由于货运服务所处的地理区域不同,而不同区域的经济规模、地理环境、需求程度和要求等差异非常大,货运活动中的成本、技术、管理、信息等方面会存在较大的差异,而且不同区域的客户对物质资料的运输需求也会各有特色,这就需要企业根据不同区域的货运需求确定不同的营销手段,以取得最佳的经济效益。一般可分为以下几种。

(1) 区域内货运,是指在一定的区域内进行的货运服务活动。
(2) 跨区域货运,是指在不同的区域内进行的货运服务活动。
(3) 国际货运,是指国与国之间跨国的货运服务活动。

(五) 服务方式

以服务方式为标准细分航空货运服务市场,就是根据客户所需货运服务各功能的实施和管理的要求不同来细分市场。由于客户产生货物运输需求时对货运各功能服务的要求会存在着很大的不同，而货运服务功能需求的多少与其成本及效益等有很大的联系，因此，货运服务企业要提供最佳的服务就必须以不同的服务方式服务于不同的货运服务需求客户，以取得最好的社会效益。按服务方式细分，可以分为如下两类。

（1）单一方式货运服务，需求方只需要某一种方式的货运服务（如只需要航空货物运输或仓储服务）。

（2）综合方式物流服务，需求方需要两种以上的功能组合成的货运服务。

（六）航空货运市场类型

根据客户选择航空货运的动机，即追求的利益因素，航空货运市场还可细分为急快件货物运输市场、常规易腐货物运输市场、常规非易腐货物运输市场。

（1）急快件货物运输市场。在急快件货物运输市场，货运客户对货物有一种紧急需求，需要把货物以最快的速度运达目的地。此类货物的特点是时效性强，货主对运输费用不太敏感，航空邮件、重要设备及其配件、急救物品、救援物资以及紧急调运物品等属于该类货物。虽然急快件货物运输市场效益高，但是它占航空货运市场的比例小，而且要求航空公司采用高密度的航班和充足的吨位来满足其需要。

（2）常规易腐货物运输市场。广义的常规易腐货物是指价值与时间紧密相关的货物。该类货物主要分为两种。① 物品本身容易腐烂变质。该类货物主要为海鲜、鲜花、水果、蔬菜、鱼苗、虾苗、冰冻产品等，对运输时间要求严格。② 物品价值与时间密切相关。该类货物主要为计算机设备、通信设备、专业设备、药品、服装、化妆品等，对进入市场的时间要求越严、货物进入市场的时间越早，越能抢占市场；货物在市场需求处于最佳时间投入市场，可以取得最佳效益。常规易腐货物要求运输速度快，但是货主主要是希望通过时间获得市场价值，以赚取利润，不过货主对该类货物运输的价格比较敏感，远远高于急快件运输，它占据航空货运市场一定的比例，要求航空公司提供合理的运价。

（3）常规非易腐货物运输市场。尽管急快件和常规易腐货物运输在航空运输市场中占有重要地位，但是，航空运输货物大部分是常规非易腐货物。

一方面，由于航空运输速度快，空运货物可以减少流通时间，减少库存，减少占有资金，保证供货及时，增加市场营销灵活性，提高市场竞争力；另一方面，航空运输与地面运输相比，地面搬运和运输条件较好，所以，损坏率和丢失率较低，对包装要求低，可以节约包装材料费用和包装人工费用。因此，常规货物运输市场以有时间性要求、不宜颠簸或容易受损的精密仪器设备、较贵重的物品等为主，如工艺品、办公设备、烟草、茶叶、食品等。

以上概述了航空货运服务市场细分，航空货运服务市场的细分还可以从多个方面、不同角度进行，对每个细分的子市场，航空公司还可以根据实际情况再进行细分。

三、航空货运服务市场定位

航空货运服务的市场定位，是从事航空货运的企业为了将自己的物流服务进行有目的、有选择、有较强针对性的销售或推广的一种客户定位。企业要明了服务的对象是谁，其数量有多少。航空货运服务定位有一般产品的共性，同时又有其特性和个性。相对而言，要考虑作业范围、价格、区域、质量和功能等综合因素。因此从事航空货运的企业可以考虑从以上几个方面出发，结合服务营销定位的基本理论对市场进行定位。

第四节　数字时代航空服务市场的变革

每一次技术革命都以创造新供给能力为目标，产生出各种新的活动领域与合作形式，并在新领域及新合作组织下，重构供给的新过程，创造出新价值。航空业应该顺应新时代，以服务消费者需求及协助推动消费者发展为服务导向，实现创新产品及服务新价值。

一、数字时代航空服务市场变革的影响因素

面对新生产革命的冲击，面对新经济时代的服务要求，航空服务市场面临更多因素的影响。

（一）外部竞争与自身专业优势发展压力

外部数字化经济体的跨界进入和综合性、个性化、智慧化等新业务能力、新生产能力等带来了竞争压力和需求压力。因此，提升甚至重塑传统企业自身面向市场的供给侧新能力需要扬长避短，发挥航空公司在航空特定场景、独有业务环节、空运特性下的优势特长，充分利用并延展到更广泛的行业领域以获得更高价值创造。

（二）企业思维转型

需要面对从飞机乘客到航空旅行消费者，甚至非航消费者的转变，定位于依据消费者需求及衍生价值为导向，引领生产、服务的新价值观；推进企业数字文化，提升新产品、新服务的规划与设计，提升企业的生产组织，推进能力的升级，并在拓展新领域、延伸新业务、衍生新价值等方面积极开拓。

（三）消费者个性化需求导向的差异化供给

航空公司传统的服务单一，尚难满足不同类型消费者出行对综合化、个性化、专业化、定制化等不同服务的差异化需求，需要提升与重构消费者导向的服务供给能力，即提升消费者思维下产品及服务的设计、生产的品质及供给效率。

(四)跨界合作催生的整合创新

传统航空服务集中于既有领域,范围窄,模式旧,缺乏关联全链条产品/服务的整合与新产品、新服务、新价值的创造力,尤其是在关联行业合作社区内充分开放、自由合作发展的能力,为满足消费者航空运输需求的范围、层次,需要在跨行业间充分延伸,开放合作,高效衍生全服务覆盖和快速供给的能力。

(五)行业资源的充分利用

传统航空产品同质化引发企业间价格竞争,数字化时代可以通过最佳的资源利用,对新产品、新服务的转移实现最大化的资源价值利用,通过数字化能力增收避损。

(六)行业资源的充分利用

传统航空产品同质化引发企业间价格竞争,数字化时代可以通过最佳的资源利用,对新产品新服务上的转移实现最大化的资源价值和利用,通过数字化能力增收避损。

(七)航空企业间合作社区的建设及综合竞争能力提升

推动改造行业内外、企业内外既有环境中组织、职能定位、关联、流程等缺陷,发挥数字化、自动化、智能化的替代与重构建设,构建更科学的新生态环境。

航空公司需要借助企业数字化转型,通过战略规划制定、具体各环节转型举措的数字分析和品质升级等来获得企业新产品服务能力、实现市场新价值提升。

二、市场变革下航空公司的应对策略

企业的数字化转型,是指以数字化科技为引领,专注市场消费者深层需求并实现快速供给。从企业的市场定位设计来看:一是从定位于传统航空运输价值到全面开发数字化下各延伸业务新价值的转型;二是从定位传统"运输业+互联网"的手段升级到"互联网+"下全新型服务企业的再造转型。从具体经营管理活动的角度看:一是从经营单一空运业务到全面开发新消费形态下跨界、增值类新业务的转型;二是从管理自身实体运营到推动建设关联领域合作体、社区化共赢发展的转型。

(一)对外数字化领域

1. 借助数字化推动跨界合作

跨界产业间加强合作与数字化互联、互通支持,可以实现相互间优势互补的合作分销与宣传,创造跨域合作收益,实现价值共享。航空服务中,消费者不仅产生运输价值,也是关联合作产业引流销售的前端渠道,是航空公司增加业务及提升价值的载体。航空公司需要关注飞行及客舱等特定场景的广告效应、宣传价值、销售机会、活动组织效益等,支持跨界代销品的宣传展示,提供数字化的购买入口。

此外，航空公司有必要打造专业化的跨领域综合化服务平台，实现一站式服务，实现跨域的库存/政策管理、销售及兑付、问题跟踪等全局数字化能力，做出行需求的总包方、集成和供应方。通过扩展新业务创造新利润，发展自身跨领域合作能力的创新，打造完整出行的数字化解决集，例如度假酒店、娱乐、餐饮、零售购物、演艺、会展及特色文化体验等多项领域，随市场需求而不断发展变化，业务空间广阔。

2. 借助数字化技术推动自由合作社区建设

（1）推动区块链社区的建设。推动不同行业、企业加入并开展自由商务合作，实现跨界的互助互惠式大发展，建立相互分销、服务联合支持的新型业态，充分拓展社区自由市场下产品及服务的范围和能力价值，开放出智能合约的持续化自主创新力，实现社区产品及服务的自由集成、跨界综合化、突破式的新创造和演进升级。

（2）提升供给能力及共赢价值。加强供应链、联盟链等的扩展性建设，实现对不同消费者多样化的整体出行、端到端打包需求的快速供给能力，通过区块链社区自动化合作的整体竞争力来参与市场竞争，提高消费者的整体满意度和黏性，实现区块链社区整体合作的共赢价值。

3. 数字化开放合作和宣传

（1）数字化开放。实现外部企业/渠道对航空公司产品及服务的宣传、销售、集成、价值提升和对外开放，与跨界非航领域合作，开放航空公司产品及服务能力单元，借助外部渠道开展宣传、销售活动，参与外部企业产品及服务的再整合、创新再造。

（2）差异化的渠道合作与产品营销。利用数字化技术度量合作企业所处市场、各合作渠道及其能力的差异化，通过不同环境、能力及适配性数据模型评估，开展数字化基础上的差异化的产品及服务合作，以及差异化的营销。

（3）空运资产价值的扩展推广。合作推动航空公司里程、积分等资产在跨界新领域的流转和通用，实现积分等价值的广泛可用性，兑换货币化、灵活化，实现其市场交易价值的提升。

4. 提升不同出行需求的全面支持能力

通过对外合作的综合化、合作社区开放智能合约自由发展的活力及整体合作竞争力等，实现对静态计划型、专业型定制化、依据动态场景供应型、动态场景下优选消费型等不同类型消费者的出行支持，提升供给能力。在航空公司加强跨域的全局合作能力和通程数字化管理等手段的保障下，即便开展一场"说走就走的旅行"，也能获得轻松且有品质保障的出行体验，这也是跨域转型的基础工程。

（二）对内数字化领域

1. 数字化手段创造新价值空间

通过数字化手段，推动在航班、休息室等场景下实现深入交流、思想沟通、创造合作等的可能性，发展长远社交关系及衍生价值，如获取商务认同，创造潜在商务合作。此外，通过提供数字化认知与交流机会、搭建社区话题与交流平台、自建交流热点主题等，实现消费者对永不降落的社交平台的长期黏性，以长期价值吸引消费者，甚至非航空消费者关注，并推动其线下活动的发展，延续其生命周期到航后广阔的时空，是从消费者需求出发并创造社交等新价值的实践过程。

2. 数字化建模实现企业新能力

（1）能力单元模块化。为适应多变的消费者及市场需求，航空公司划分各业务能力单元模块，通过高内聚、低耦合的业务能力中台模块，灵活地关联组合，来支持快速多变的前台业务需求，以及企业间服务能力的合作。

（2）单元能力重构。从市场消费者个性化、综合化、高效率、高品质的需求出发，考查航空公司供给能力的不足与偏差，对既有组织单元及其职责权力进行调整，重设考核指标。包括：① 搭建新领域业务的支撑组织，原有组织的定位、业务范围、职责要配套调整；② 各单元的能力要进行数字化改造，电子化替代手工作业、减少和消除缺陷瓶颈，以匹配能力要求；③ 对新能力单元设计新交互关系，统筹管理单元间的流程及关系的数字化；④ 从支持流程效率和整体需求价值的角度来考查各单元；⑤ 对重构进行不断量化验证与持续优化设计、敏捷执行，树立持续性学习和发展的企业文化。

3. 数字化实现企业一体化能力

通过能力单元模块化、单元能力重构、统一逻辑政策管理及计算执行一体化等一系列数字化转型设计，将企业各职能型部门的分头管理、任务考核、各主体导向的产品及服务、各局部子流程、需求响应和价值能力上的差别等，整合实现一体的规划设计和高效衔接。将各部门岗位各自任务型考核，转向对市场、对消费者的流程化服务及全流程支持能力的考核，对消费者整体服务价值提升的考核，实现全局产品及服务的航空公司新能力的转型和持续提升。

4. 组建数字化创新中心

（1）定位于规划设计、企业转型的各项新能力建设，尤其是新产品/新服务的规划设计的新能力，即提升消费者和产品及服务的战略性规划、市场化设计，注重科学性、整体性，统筹融合既往业务部门与IT部门的能力鸿沟，借助规划设计这一顶层设计来消除隔阂。

（2）目标为从开发程序到设计解决方案的升级，实现从旧思维、旧业务到新业务、新模式、新方法等的升级。

（3）需要组建具备从市场到消费者，到产品设计、技术分析能力、商业应用设计、数字模式创新等全栈知识结构的团队，从规划设计源头起首先融合，再依据设计组织承建，快速供给，持续检验及完善。

（4）重视新产品新服务等的规划设计，改造传统产品及运营的老旧模式，充分发挥转型的新能力和价值。

5. 自主学习提升新文化能力

追求通过产品及服务创新，实现消费者价值不断增长的导向文化。借助数字化新思维、新业务模式、手段等创造并度量新价值的能力，形成勇于创新、计划性试错、积极调整的学习文化，并重视数字化规划与设计的能力培养及导向作用。

经典案例5-2

未来航空服务的技术发展趋势

在德勤发布的 2020 技术趋势报告中,实时更新了 2019 年报告中提到的九大宏观技术力量,包括数字化体验、分析技术、云技术、核心系统现代化、风险、技术业务、数字现实、认知和区块链,并增加了三项成为宏观力量的技术(环境体验指数、智能和量子技术)。这些构成了未来企业的技术基础,对航空公司的影响如下。

一、核心技术应用已经成熟

(1)随着技术发展的日新月异,很多企业已经完成了核心系统的更新换代,在全新的、更加灵活和实时的系统平台上进行创新探索。

云计算不再是飘在空中、遥不可及的概念,而是融入了日常生活的各个场景。先进企业已经跨越了从经验决策到数据决策的思维转变,基于数字化的运营和经营分析已经变成工作习惯。数字化的客户体验正在逐步从消费者领域向企业内部管理和运营的优化进行推广。

(2)航空公司需要重新审视并快速调整自身的架构体系,以便更好地和面向消费者服务的生态体系进行融合,保持自身活力,发掘自身资源优势,形成全新的服务和运营体验。

二、新技术的应用不断扩大

(1)新技术的应用大大丰富了航空公司和旅客之间的接触点和服务方式。移动终端的普及,各种 App 的涌现,传感器、摄像头、穿戴设备等终端的日益丰富,5G 技术和网络的成熟和覆盖——企业与消费者之间的接触渠道和接触点在快速的增加和变化。因此,航空公司需要保持一种开放的心态,不断去发掘和探索新技术所产生的机遇和影响,尤其是产品创新。

(2)随着接触渠道、接触点、接触频率的增加,航空公司将获得大量的客户信息和洞察。客户洞察不再是静态的而是动态的,具有丰富维度标签的,是立体的、实时的、全方位的。同时,洞察的信息来源也不局限于客户旅程中的信息,而是包含生态体系和社会体系中反馈和甄别的全面信息。

(3)对客户的全面认知和实时洞察为企业进行创新产品设计和服务升级奠定了基础。航空公司需要拓宽视野,突破思维定式,联合生态体系,重新思考和设计出行体验和服务体验,回归出行本质并推动产品创新。互联网时代成长起来的消费者人群的个性化需求和消费者在体验之外的社交诉求是需要重点关注的方向之一。未来的个性化需求也将不再是静态的,而是基于标签和实时洞察的动态体验。

（4）随着疫情带来的全新旅游出行场景，如何满足旅客对于出行前和出行中相关出行时间和场景安全、信息透明的实时需求，比如同行旅客风险等级的查询等，是航空公司需要面对的全新挑战。

（5）海量实时数据的产生和应用极大地促进了人工智能的认知能力，使得其应用场景快速丰富。随着人工智能和生物科学、认知科学的融合，人工智能不仅能够承担大批量的互动和服务工作，还会变得越来越人性化，能够认知和解读消费者在互动过程中的情绪，配合 AR/VR 等技术为消费者赋予更好的互动氛围和互动体验。人工智能将能够理解航空公司的相关服务政策，从客户利益出发，选择为消费者提供的服务、奖励或者补偿，从而提升忠诚度，提高消费频度。

三、平台化建设逐步加强

（1）在传统系统解耦重构的过程中，前中后台的架构模式已经在被越来越多的企业所探讨和实践。特别是面对渠道的快速发展、客户需求的持续升级和服务模式的不断创新，前台灵活化、中台服务化和后台标准化，已经成为一种全新的架构趋势。

（2）信息系统的建设也从注重功能和流程逐步转向注重能力和业务价值。对应的交付方式也从以项目为核心，强调系统建设，转向以产品为导向，关注业务运营。

（3）对于直接服务于消费者的系统，更多企业将原本定位于内部流程服务的系统转向定位于行业和生态体系的平台，尤其是定位于服务生态和行业的数字化平台，从而有效地沉淀航空公司长期积累的高效运营能力，并以此推动行业的产品创新，使得新的业务模式能够在有效的流程和运营能力的基础上，快速更新迭代，推陈出新。

（资料来源：节选自"快速成长的中国航空业，新产品能力怎样驱动航空公司服务创新？"搜狐环球旅讯，2020-07-17，https：//www.sohu.com/a/408097948_118838。）

本章小结

航空服务市场细分是航空公司在把握市场需求的基础上，根据消费者明显不同的需求特征将整体航空市场划分成若干个消费者群体的过程。其主要包括界定服务市场、甄别细分市场、描述细分市场三个步骤。目标市场的选择是航空公司面对着若干潜在细分市场，通过评估细分市场，选择符合企业发展目标及资源能力条件的细分市场,民航运输企业目标市场的覆盖模式有专线专业型、全线专业型、专线全面型、选择专业型和全线全面型。

航空服务市场定位是航空公司根据市场竞争状况和自身资源条件,建立和发展差异化竞争优势,使自己的服务产品在消费者心目中形成区别并优越于竞争者产品的独特形象。根据层次的不同可以分为行业定位、企业定位和服务组合定位三种。航空公司在进行市场定位时,应当遵循差异化原则、消费者导向原则和资源聚焦原则,可以采取的策略主要有消费者价值定位法、服务属性定位法、目标消费者定位法和竞争比附定位法。

航空货运服务定位有一般产品的共性,同时又有其特性和个性。相对而言,要考虑作业范围、价格、区域、质量和功能等综合因素。数字时代下,航空业应该顺应新时代要求,以服务消费者需求及协助推动消费者发展为服务导向,实现创新产品及服务新价值。

综合实训

请寻找一个定位不是很清晰的航空公司,尝试为其进行重新定位。首先要确定不成功定位表现,调查了解相关的经营竞争环境和目标消费群的需求特点,确立它的主要竞争对手并分析其定位特征,为其提出独特的重新定位主张。

复习思考题

1. 简述服务市场细分的定义及其意义。
2. 航空服务市场细分的步骤有哪些?在不同阶段应该注意什么问题?
3. 航空服务市场定位包含哪几个层次?结合实例谈谈自己的理解。
4. 请以国内一家航空公司为例,讨论服务价值主张对航空公司的重要性。
5. 试分析航空货运市场的细分与定位。

复习思考题答案

【航空报国 忠诚篇2】
翱翔蓝天的"双飞伉俪"

数字航空服务营销

第三篇 航空服务价值创造

第六章
航空服务开发设计与服务标准

服务产品通常包含核心服务和附加服务两大部分。服务包模型和"服务之花"模型为深入理解服务产品内涵及构成提供了重要工具。服务开发设计本质上是对服务价值的创造,它由若干基本类型组成。服务蓝图从服务过程的视角提供了服务设计的工具。服务组合涵盖服务产品线和服务项目,服务组合策略是航空公司根据内外部状况对服务组合进行持续优化。本章将对以上内容进行介绍并展开讨论。

学习目标

1. 理解航空服务产品的层次。
2. 理解服务开发的内涵。
3. 掌握服务蓝图的制定方法。
4. 掌握服务组合及其优化策略。
5. 理解航空货运服务过程设计。
6. 认识数字化航空服务产品创新。

本章引例

航空公司"随心飞"产品设计

2020年上半年因为疫情的原因,很多航空公司都面临巨额亏损的情况,为了自救,航空公司纷纷推出"随心飞"套票;6月18日,东方航空率先推出"随心飞"套票,消费者支付3322元买下产品后,即可在2020年12月31日前的任

意周末兑换消费。随后,春秋航空、海南航空、华夏航空、吉祥航空、中国南方航空等各大航空公司也陆续推出类似产品。

"随心飞"是航空公司应对疫情危机的创新性产品,以下是"随心飞"产品的设计思考。

一、客座率 VS 折扣率

疫情给航空公司带来的直接影响是航班客座率低、飞机运营低效。根据上市航空公司公布的2020年5月经营数据,国航、东航、南航、春秋、吉祥客座率分别为 67.5%、64.6%、66.8%、75.5% 与 68.3%,同比下降 12.7%、17.5%、14.6%、15.2% 与 17.4%。此时,东航率先推出"随心飞"的创新性产品,即通过预售模式,打包出售下半年周末的机票,迅速提升了销售量。

二、适用日期限制

航空公司为降低成本设置了不少限制,比如限制适用日期。

海航"随心飞"产品适用日期为2020年7月20日—2020年12月31日(不含2020年9月30日—2020年10月8日),躲避国庆假期。东航"随心飞"产品限制于周末,工作日无法使用。南航适用日期为2020年8月26日—2021年1月6日,完美躲开了暑期高峰。所以,套票还是更适合于错峰旅游、商务差旅、异地读书/工作的人士使用。

三、兑换及使用限制

除了时间限制,航空公司也在消费者兑换及使用套票时设置了不少规矩,比如:

(1) 消费者必须在起飞前5~7天换票,退改需要提前2~4天;

(2) 消费者仅可同时存在3段未使用的客票;

(3) 兑换的机票不可累积里程及升级航段;

(4) 每天适用座位有限,兑完即止;

(5) 消费者发生3次换票后未乘坐且未在规定时间前办理退票(航空公司称为 no show)的,产品自动失效。

这些使用规则对于航空公司来说,可以有效调整供给,避免由于乘客失信导致大量空座的情况;而对于乘客来说,这就约束了突发情况下的航班变更选择。

四、产品组合创新

除了有条件提供航班优惠外,不少航空公司还捆绑旅游,推出创新组合产品,比如:

(1) "航班+购物"组合,海航"随心飞"产品在乘机权益基础上,额外赠送2880元中免集团旗下海南免税店代金券;

(2) "航班+酒店"组合,厦航"全福飞"产品推出"机+酒"组合,消费者搭乘厦航境内任一航点往返福建,可兑换商务舱或经济舱机票;同时,可以任选福建省5地14家酒店2晚住宿。

五、产品营销创新

航空公司的"随心飞"产品,除了组合上的创新,还有营销上的创新,比如海南航空的线上直播销售,还有南航的"价格竞猜"模式。在适用期限上,南航境内旅游套票避开暑假,剩余使用时长仅为4个月,相比竞争对手来说,产品使用期限较短;在出行时间限制上,东航限制了周末出游,而南航并未限制;在出行地点限制上,竞争对手产品不限航段,而南航规定同一航段只可兑换一次;在产品上线时间上,南航推出时间最晚,许多已购买竞争对手产品且没有退换打算的消费者,较少可能再额外购买南航的套票产品。因此,南航没有直接公布价格,而是让消费者竞猜。这一营销举措,很好地帮助南航预估套票需求量与消费者的心理价位。最终产品定价为3699元人民币,略高于其他竞争对手的产品价格。

(资料来源:https://baijiahao.baidu.com/s?id=1673644364020224690&wfr=spider&for=pc。)

课堂讨论:
1. 航空服务产品的基本层次分别是什么?
2. 案例中的航空公司如何实现产品组合的创新?

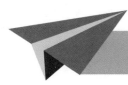

第一节 服务产品与航空服务产品

开发具有吸引力和竞争能力的服务项目产品是航空公司实现服务项目价值创造的关键手段。无论航空公司的服务市场定位如何,识别出何种服务价值,都需要通过服务产品开发来参与市场竞争。

 ### 一、航空服务产品的内涵

在服务营销中,产品存在广义与狭义之分:广义的产品是指企业为消费者提供某种利益的客体或过程,包括服务和有形产品;狭义的产品则是指有形产品。事实上,服务与有形产品之间是紧密联系、相互依存的。正如菲利普·科特勒所言,服务往往依附于有形产品,而有形产品也包含服务的成分。相较于有形产品而言,服务具有无形性、异质性等特征,使服务营销与有形产品的营销有着本质区别。

航空服务产品是指航空公司利用航空器实现旅客位移之前、中、后的整个过程中,一切旅客所能直接感知的有形和无形的属性的总和，它包括所有"旅客接触点"涉及的有形和无形产品。其中有形产品也就是硬件产品，主要包括机型、客舱布局、服务形象、服务设施、机供品等；无形产品主要是指服务流程、服务方式和服务形象等。航空服务产品按旅客出行的服务流程所处的服务场景可以分为两类。

（1）地面产品：主要是旅客在乘机前的地面服务过程中接触到的所有硬件设备和服务流程的集合。产品要素包括售票、值机、休息室、登机口服务等。

（2）客舱服务：主要是旅客在乘机过程中所接触到的所有硬件设备和服务流程的集合。产品要素包括客舱舒适性、机上餐饮、机上娱乐、客舱设施等。

航空服务产品可以是纯粹的服务，也可能是包含着有形产品的服务，如旅客乘坐飞机时一般都伴有用餐。航空服务产品通常是由有形的产品、无形的服务共同构成的一组产品，其组成主要包括核心服务和附加服务两大部分。核心服务是指航空公司为消费者提供的最基本利益或效用。例如，指定目的地的运输服务或排除故障的修理服务等。附加服务一般是指支持或加强核心服务的一些辅助服务，包括为消费者提供所需的信息、建议，解决问题以及热情接待等。例如，航空服务中的咨询、导引、接机、安保等辅助服务。

二、航空服务产品的层次

服务产品的组合观点要求航空公司在服务营销活动中，从更宽泛的视角理解服务产品，以在服务市场中进行有效的服务开发及创新。根据格罗鲁斯的服务包模型（service package model），服务是由"一个组合或各种有形和无形服务的集合，一起构成的总产品"，服务产品包含核心服务、便利服务、支持服务三个基本层次。借鉴产品整体概念的原理，可以将航空服务产品分为三个层次。

（一）核心服务

核心服务（core service）是指消费者可感知到的，满足消费者服务需求的关键利益或效用，它由航空公司所提供的核心服务价值构成，是消费者进行服务消费的本质动因。航空服务核心产品，指实现旅客或货物的位移效果，一般用人公里、吨公里表示，是航空服务产品概念中最主要、最基本的部分。它要求提供产品的企业保证旅客或货物安全到达目的地，使旅客或托运人感到放心。核心服务体现航空公司所提供服务的最基本功能，也是航空公司主体进入市场并得以存在的原因。当然，航空公司根据自身资源状况，可以选择拥有一项或多项核心服务。例如，航空公司既可以提供旅客运送，又可以提供货物运输，核心服务的多样化就成为航空公司服务产品多元化的基础。

（二）便利服务

便利服务（facilitating service）是指与航空公司所提供核心服务相配套的有形利益或效用，包括实现核心服务所需的基本物质条件、辅助的有形产品及相关辅助服务。基本物质条件包括航空公司的飞机、机场、候机厅设施等；辅助的有形产品包括各种服务设备、硬件设施、原材料等；相关辅助服务包括航班的订票服务、其他便捷的购票点、在机场设置的打印购票凭证点等。便利服务是核心服务的必要补充，一旦失去便利服务，核心服务所蕴含的利益就无法得到体现。

（三）支持服务

与便利服务一样，支持服务（supporting service）也是一种附加服务，但它的功能与便利服务不同。支持服务的作用不只是使消费者对核心服务的消费更加便利，更是在于增加核心服务的利益或效用，即增加服务价值，并将本企业的服务与竞争对手的服务区别开。例如，航空业中飞行途中的客舱服务就是支持服务，对航空公司而言并不是必不可少的，但是优质的客舱服务可以显著增加核心服务的利益或效用，强化消费者的服务价值感知。航空支持服务包含旅客或托运人消费航空服务时所获得的全部附加服务和利益。它包括咨询、电话订票、上门服务、接送服务、运输途中娱乐、特殊消费者和长期客户优惠等，使旅客或货主感到经济、方便。它不仅有助于航空服务核心产品的实现和航空服务形式产品的确立，而且在某些情况下成为企业重要的竞争手段，决定着企业的生存和发展。

事实上，从表现形式看，便利服务与支持服务之间的区别有时并不十分明显。一些服务在某些场合是便利服务，而在另一些场合则成为支持服务。例如，餐饮服务在民航长途飞行中属于便利服务，但在短途飞行中就有可能成为支持服务。但是，从服务本质看，便利服务与支持服务的区别很大。便利服务是不可或缺的，是必要条件，而支持服务的缺少则会导致服务缺乏竞争力。航空公司可以充分利用便利服务的创新设计实现服务价值差异化，使其成为建立企业竞争优势的有力工具。同时，支持服务是增加服务吸引力和竞争力的辅助手段，即使缺少了支持服务，核心服务依然能够正常发挥作用，但会降低航空公司所提供服务的吸引力和竞争力。

消费者对服务过程的感知差异

由此可见，航空服务产品体现的不仅是人或货物的位移，而且包括体现在人或货物位移前后及位移过程中的服务。提供航空服务产品的企业必须以旅客或托运人的基本利益为核心，指导整个企业的营销活动。

三、识别附加服务

附加服务作为核心服务的重要补充，有不同的类型。约亨·沃茨和洛夫洛克将附加服务分为八种类型，并依据它们与核心服务之间的关系，构成"服务之花"（the flower of service）（见图 6-1）。按照消费者服务体验的一般水平排列，八个花瓣分别是信息服务、咨询服务、订单处理、接待服务、保管服务、额外服务、账单服务和支付服务。

依据服务模型的基本观点，八类附加服务可以划分为便利性和支持性附加服务两大类（见表 6-1）：便利性附加服务包括信息服务、订单处理、账单服务和支付服务；支持性附加服务包括咨询服务、接待服务、保管服务和额外服务。

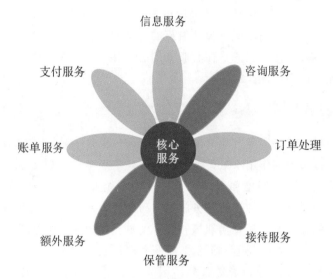

图 6-1 "服务之花":附加服务环绕的核心服务

表 6-1 航空公司的"服务之花"

类别	服务类型	服务内容	航空公司附加服务
便利性附加服务	信息服务	信息服务是为帮助消费者进行服务消费决策及行为,向消费者提供有关服务价值信息的附加服务	为消费者提供公司网站、公众号、App 等多个传递信息的渠道。例如,航班信息 App,涵盖信息查询功能、预订功能、移动端值机、机场信息导航和预报等系列服务,使民航的实时信息能够随时随地传递给消费者
	订单处理	订单处理发生在消费者准备进行服务消费之时,航空公司开始接受服务申请和预订	依托于电话和网络的无纸订购系统,当消费者预订时会获得一个确认号码,到达机场后只需出示身份证,就能拿到登机牌对号入座。机票的预订方式有三种:(1)在第三方软件订购,如飞猪、携程等;(2)在航空公司官网查询,自行订票;(3)通过专业的差旅订票公司电话预定

续表

类别	服务类型	服务内容	航空公司附加服务
便利性附加服务	账单服务	在服务消费中,消费者通常期待收到清晰的账单,账单上能够显示使用过的每一项服务及费用情况	为消费者提供传统的纸质账单及电子账单,在官网或移动端购买客票的行程单均可以邮寄。在官方网站上会开通电子发票自助查询平台,为旅客打印以及查询电子发票带来了便捷
	支付服务	服务账单需要消费者进行支付,因而提供便捷、安全的支付服务成为航空公司便捷性附加服务的重要内容	提供多种支付服务,包括面对面的现金支付,信用卡或借记卡刷卡消费及以微信支付、支付宝支付为主要方式的移动支付方式。闪付、付款码支持用户选择使用添加的银行卡付款,也可以选择使用航空公司里程
支持性附加服务	咨询服务	咨询服务是一种探测消费者深度需求,并提出具有针对性的解决方案的支持性附加服务	为消费者提供了多种咨询渠道:客户服务热线、用户反馈表单、在线客服等
	接待服务	在需要消费者进行参与和互动的服务消费中,接待服务是重要的支持性附加服务,它能够提升消费者感知的服务质量,凸显服务品质	航空公司提供的接待服务类型较多,包括地面服务人员问询服务接待、贵宾厅接待、候机及登机接待、特殊旅客接待、机场接送服务等。细致、周到的接待服务可以提升消费者的满意度
	保管服务	消费者在服务现场逗留的过程中,航空公司提供的照料消费者个人物品的支持性附加服务	为消费者提供专柜衣物寄存、专人细心保管服务,部分地区还提供有偿邮寄服务
	额外服务	并不是航空公司所提供核心服务的必要组成部分,它的存在能够为核心服务的传递锦上添花	停机坪轮椅服务、客梯轮椅服务、客舱轮椅服务、机上轮椅服务、托运电动轮椅服务,无陪盲人、聋哑旅客服务,携带服务犬(聋哑人/盲人)服务

航空公司附加服务除提供一般航空公司类似的附加服务之外,还提供具有行业自身特点的附加服务。航空公司附加服务是指航空公司提供的除机票核心业务以外的其他服务,如行李超重、预选、机上就餐、保险等。航空公司的附加服务可以分为两类(见表 6-2)。

(1)航空附加服务产品:航空公司将与旅行相关的自有服务资源整合所形成的面向旅客进行销售,并带来除机票销售收入以外的所有服务产品。

(2)非航附加服务产品:利用非航空公司自有资源,即异业合作伙伴资源设计的,与旅行相关,并可为公司带来实际非航收入或佣金的服务产品。

表 6-2 航空公司附加服务产品

附加服务	具体服务产品	服务内容
航空附加服务产品	航空座椅	基于旅客需求的复杂型付费选座产品,实现单人多选、多人多选等功能。例如,常规付费选座、超值付费选座、空中睡椅
	行李管理产品	行李预售服务产品、机场逾重行李收取的电子化、电子化行李对旅客联程运输的支持服务、产品的个性化交付服务
	空余座位产品	登机口付费升舱、机上付费升舱产品、员工免票升舱产品、经济舱空余座位合理利用
	客票使用条件产品	旅客在购票后,受到多方面因素的影响,存在着时间变更、路线调整和行程取消的各种需求,对这些需求应进行合理有效开发
非航附加服务产品	异业合作佣金产品	涵盖了旅游产业链的上下游资源链条,提供航意险、航延险和旅游险等各类保险业务;酒店预订、租车服务;目的地景区门票、购物、接机服务;机上零售、免税品销售和地面商城的零售服务
	常旅客非航产品	常客积分的金融融资和变现能力服务。 (1)常旅客产品:评估里程价值化项目,为旅客提供各类里程货币化产品。例如,积分兑换机票和商城礼品乃至所有航空、非航产品。 (2)机上商城:以地面的和空中的免税品商城为基础,打通地空链接,实现交叉销售;建立以乘机旅客为全部目标客户群体、会员旅客为细分客户群体的零售体系,提供商品销售服务

航空附加服务贯穿旅客飞行全流程，如图 6-2 所示。

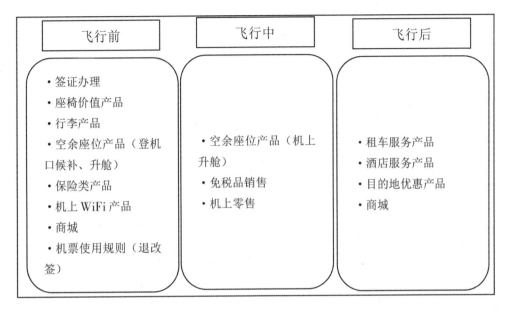

图 6-2　航空附加服务在全流程旅客服务中的实现节点

核心服务作为航空服务产品关键效用或利益的载体或表现，是航空公司所提供服务产品的关键内核。但是，随着服务技术的扩散、服务标准化的增强，航空公司之间相互学习与竞争，使得航空运输业的竞争加剧。为了更有效地参与市场竞争，满足消费者服务需求，航空公司应该围绕核心服务选择开发附加服务，影响航空公司开发附加服务的因素主要包括航空公司的服务市场定位、服务导向及自身的组织资源与能力等。

中国航空公司的产品和服务创新

第二节　航空服务开发管理

服务产品反映航空公司为满足消费者的服务需求而提供的某些价值、效用或体验等。这意味着，提供具有吸引力的服务产品是航空公司参与服务市场竞争，满足服务市场需求，实现生存和发展的基本要求。因此，服务产品开发，即服务开发创造服务价值的基本要求，是服务营销活动的关键内容。

一、航空服务开发的内涵、重点与类型

（一）航空服务开发的内涵

航空服务开发（aviation service development）是指航空公司根据组织内外部条件，围绕消费者的服务价值界定，设计面向服务市场的特定利益、效用或体验。从服务包模型来看，服务开发涵盖核心服务、便利服务和支持服务的开发；从"服务之花"模型来看，服务开发则包括核心服务和附加服务的开发。但从本质上讲，两者所包含的基本内容是一致的，服务开发是在公司战略与市场战略指导下的一种服务价值创造活动。对航空服务开发内涵的理解，需要把握三个方面。

（1）服务价值是航空公司进行服务开发的焦点。服务价值反映消费者服务需求，是消费者问题或痛点的核心体现。因而在界定和设计面向航空服务市场的特定利益、效用或体验时，必须以服务价值为焦点，确保航空公司坚持以消费者为中心，提升企业服务导向水平；确保航空公司推向市场的服务产品能够得到消费者的积极响应，具有充分的市场吸引力和竞争力。

（2）服务开发必须充分考虑航空公司所面临的内外部条件。开发符合企业发展愿景和使命的服务产品，从内部看，需要考虑发展愿景与使命以及组织资源状况，同时重视开发那些契合组织资源现状的服务产品，不能好高骛远，也不能裹足不前。从外部看，服务市场结构和竞争现状是服务开发所必须考虑的因素。服务市场的需求饱和程度、主要竞争对手的竞争策略及竞争力等因素，是进行服务开发需要考虑的外部条件。

（3）航空服务开发可能是计划性和系统性的创造活动，也可能是偶发性和非系统性的创造活动。服务开发作为航空公司进行服务价值创造的重要环节，受企业战略的指导，面向消费者服务需求和服务市场竞争，因而是一系列有意识、有组织的系统活动，同时，服务开发也可能是在一种偶然情境下展开的非系统活动。

（二）航空服务开发的重点

航空服务产品开发包括从产生新服务产品构想到服务产品最终上市的整个经营管理活动，需要着重关注以下四个方面。

（1）以满足消费者需要为中心。航空公司应设置专门的产品开发部门，在分析调研市场和旅客特性的基础上，开发贴近市场的产品。

（2）配合整体目标开发。产品开发部门应进行跨部门的协作，保证服务产品的一致性和整体性。产品开发部门以服务产品开发设计为主，业务部门以业务的具体执行为主，二者从不同的职能角度共同对航空公司的服务产品进行改进和提高。

（3）开发服务产品整体。即从服务产品本身、品牌、包装、售前售后服务等整体出发，使消费者得到全面满足。

（4）获取长期合理利润。服务产品开发与设计必须进行必要的成本考量，并预计出可能带来的收益。

（三）航空服务开发的基本类型

服务开发作为针对特定利益、效用或体验的界定与设计活动，其本质是航空公司对服务价值的创造。根据对服务产品所蕴含服务价值的变化，服务开发的基本类型可以分为以下四种。

（1）开发全新服务。即航空公司采用新的方式或流程创造出全新的消费者价值，满足消费者的服务需求或解决消费者的特定问题。对航空公司而言，全新服务的开发具有革命性，伴随着较大的市场风险及市场回报。

（2）开发全新市场。即航空公司将某些已有的服务引入新的市场，为新市场中的消费者群体带来新的服务价值。

（3）服务改善。即航空公司核心服务，以及便捷性和支持性附加服务的功能进行完善，提升服务品质，以增强消费者感知服务质量。服务改善是服务开发类型的主要部分，大多数航空公司均会根据消费者反馈、市场竞争现状以及企业资源状况变化等因素，持续地对服务产品进行质量改进，以保证航空公司市场竞争力的持续性。

成都航空的"麻辣航班"特色服务

（4）服务拓展。即在核心服务不变的情况下，航空公司增加支持性附加服务，以拓展服务产品的整体价值。例如，航空公司为了增加航空服务的竞争力，提供针对旅客的市内班车接送服务，或者提供送票上门等服务；票务代理公司为旅客提供目的地旅游的全套解决方案以及景区游览建议等。

二、航空服务蓝图

由于服务的无形性等特征，服务开发很难像有形产品开发那样，在产品进入市场以前准确地了解产品的各项指标、性能特征，以确保产品开发的效果。服务开发的关键点是能够客观地描述关键服务过程的特点并使之形象化，这样航空公司的管理者、服务人员及消费者都会知道服务的本质是什么，以及每个参与者在服务实施过程中所扮演的角色。服务蓝图便是应对和解决在开发无形的服务产品过程中所遇到困难的有效工具。

（一）服务蓝图的含义

服务蓝图（service blueprint）是详细描绘消费者经验和服务系统的过程地图，它是一种同时描绘服务过程、接待消费者地点及服务中消费者可见服务要素的可视技术。服务蓝图最初是由利恩·肖斯塔克于1987年提出，随后融合工业设计、决策学、计算机图形学等学科的专业知识，逐步成为从服务过程可视化视角进行服务开发的有效工具。

服务蓝图直观上同时从四个方面展示服务：描绘服务实施的过程、接待消费者的地点、消费者与服务人员的角色，以及服务中的可见要素。服务蓝图借助流程图，通过持续地描述服务过程、服务环节、服务人员、消费者的角色以及服务的有形证据来直观地展示服务。服务蓝图提供了一种把服务合理分解的方法，再逐一描述过程的步骤或任务、执行任务的方法和消费者能够感受到的有形展示。同时，服务蓝图可以识别出消费者与航空公司及服务人员的关键接触点，进而帮助航空公司从这些接触点有针对性地改进服务品质，提升消费者的感知服务质量。

（二）服务蓝图的构成

在服务蓝图中，三条水平线将服务过程描述为四个部分：消费者行为、前台员工行为、后台员工行为以及支持系统。服务蓝图构成如图6-3所示。

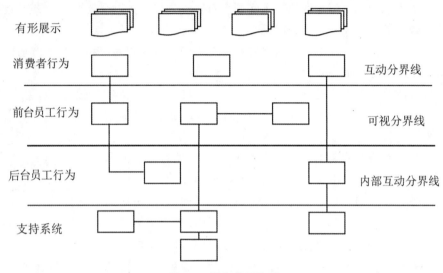

图6-3　服务蓝图构成

服务蓝图中的三条水平线分别如下。

（1）互动分界线，它代表消费者与航空公司或服务人员的直接相互作用。一旦有垂直线穿过互动分界线，则表明消费者与企业或服务人员发生了一次服务接触。

（2）可视分界线，将消费者能够看见的服务活动与无法看见的服务活动进行分离。同时，可视分界线也区分了哪些服务活动是由前台服务人员提供，哪些活动是在后台进行。通过分析可视分界线上下的服务类型与数量，可以识别出航空公司向消费者提供了哪些具体服务，哪些服务能够被消费者感知。

（3）内部互动分界线，也称不可视分界线，将服务人员的活动与其他支持服务的活动区隔开。若有垂直线穿过，表明发生了内部服务接触。

上述三条水平线将服务蓝图划分为四大部分。

（1）消费者行为，包括消费者在购买、体验和评价服务过程中的一系列步骤、选择、行动及互动。

（2）前台员工行为，主要是指那些消费者可以看见，或者与消费者有接触的服务人员行为。

（3）后台员工行为，主要是指那些消费者无法察觉，但对前台员工行为产生必要支持的过程和活动。

（4）支持系统，是指服务传递过程中支持服务人员行为的各种内部服务过程及系统。

此外，在服务蓝图的最上部分，每个消费者接触点的上方都列出了服务的关键有形展示。它表示在服务传递过程中，消费者在每次服务接触时，在每项服务体验步骤中所看到的或所接受到的服务的有形证据。

（三）航空服务蓝图的设计步骤

航空服务蓝图不仅是一种可视化的服务开发工具，更为航空公司深入理解服务过程、改善服务品质、拓展服务类型提供了主要的路线指引。服务蓝图对指导航空公司的人员管理、运营管理、营销管理等活动均具有重要价值。因此，服务蓝图的设计不是服务运营部门管理者及一线服务人员能够独立胜任的工作，设计全面、科学的服务蓝图，需要航空公司各关键职能部门的通力合作，并遵循严格的操作步骤。服务蓝图设计主要包括六个步骤（见图6-4）。

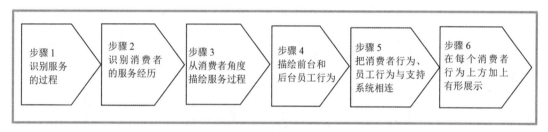

图6-4 设计服务蓝图的步骤

资料来源：范秀成. 服务管理学［M］天津：南开大学出版社，2006.

（1）识别服务的过程。指按照时间逻辑或服务逻辑对航空公司向目标消费者提供服务产品的基本过程进行梳理，明确服务传递过程中的各个关键点。服务过程的梳理为服务蓝图的设计划定了基本的逻辑顺序和行动框架，因而是服务蓝图设计的基础。

（2）识别消费者的服务经历。如果说识别服务的过程是从航空公司的视角对服务时间及空间逻辑进行梳理，那么识别消费者的服务经历则是从消费者的角度对参与服务传递过程的各类利益性、情感性和互动性因素进行理解。由于消费者的服务需求及行为特征有所差异，对消费者服务经历的识别应该针对消费者群体具有普适性和一般性的服务消费行为，以确保航空公司对消费者的服务经历形成客观和全面的总体理解。

（3）从消费者角度描绘服务过程。在理解消费者接受服务的经历后，从消费者服务消费前、中、后期的心理及行为活动对服务过程进行描述。航空公司必须明确消费者如何感知服务过程。从消费者视角描述服务，可以帮助航空公司避免把市场资源或服务焦点放在对消费者缺乏影响的过程或步骤上，同时，避免航空公司及空乘服务人员和消费者双方对服务过程理解的偏差。需要注意的是，航空公司针对航空服务不同阶段消费者需求具有较大差异，需要根据消费者消费行为的差异性对服务过程进行辨别，对不同阶段生成不同的服务蓝图。

（4）描绘前台和后台员工行为。依据可视分界线区分前台和后台服务，并从前后台员工的视角描述服务过程及关键行为。航空服务前台员工（如空乘）行为主要表现为可被消费者察觉和感知到的服务行为，后台员工（如机场地勤、其他系统服务人员）行为主要是不能被消费者直接观察，但对前台服务人员及服务过程有直接支持作用的服务行为。前台和后台员工关键服务行为的界定，对理解消费者互动及服务触点尤为重要，航空公司需要将更多的市场资源投入影响消费者的服务品质判断和服务质量感知的关键过程和领域。

（5）把消费者行为、员工行为与支持系统相连。根据时间顺序或服务逻辑将消费者行为、前后台员工行为及支持系统联系起来。若干条穿过三条分界线的垂直线反映出四个不同部分和界面之间的互动，人员、信息、资金和实物等市场资源在连线之间流动，形成了整体的航空服务过程。

（6）在每个消费者行为上方加上有形展示。消费者的每次行为，特别是与航空公司及服务人员产生直接接触的行为，都是企业展示和传递企业形象、服务理念、服务品牌和服务能力的重要时机。因此，在航空服务蓝图中，每个消费者行为的上方都可能涉及航空公司的有形展示。航空公司需要提供有助于服务传递、彰显服务能力及品质，而且符合服务市场战略和服务市场定位的有形展示，包括飞机标识、空乘服务人员着装、机舱装饰等。

航空服务中，乘客登机前及登机-起飞蓝图如图 6-5 和图 6-6 所示。

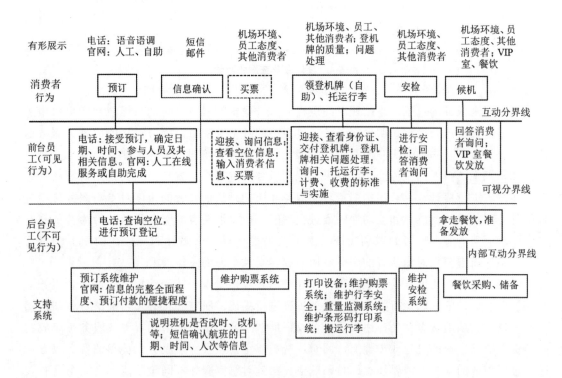

图 6-5　登机前服务蓝图

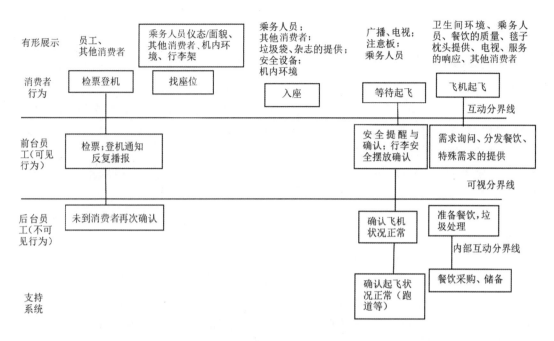

图 6-6 登机-起飞服务蓝图

第三节 航空服务组合策略

服务组合（service portfolio）是企业传递给目标消费者群体的，存在差异化服务价值的一系列效用、体验和利益，它反映企业的业务经营范围，由服务产品线和服务项目构成。通过服务组合，企业可以有效地利用资源，实现服务的差异化。

一、航空服务组合的含义

由于服务需求的多样性及企业发展的内在需要，大多数服务企业向服务市场提供的服务产品不限于一种。服务集合构成了服务组合，航空服务组合是指航空公司传递给目标消费者的，存在差异化服务价值的一系列效用、体验和利益，它反映航空公司的业务经营范围，由服务产品线和服务项目构成。它反映出航空公司向市场提供服务产品的数量和种类，体现其在服务市场竞争中的资源水平。

航空公司的服务产品线是指航空公司向市场提供的一组有关联的服务，这些服务出自同一生产过程，或针对同一目标市场，或在同一销售渠道进行市场推广，或属于同一服务档次。航空公司依托航线设置航班，开展航空服务，一条航线就是一条服务产品线。服务项目是服务组合的一个基本单位，是指服务产品线中不同类型的服务，如一条航线所拥有的航班数就是该条航线的服务项目。航空公司的服务组合就是开航的所有航班与航线的动

态组合,它包括所开航线的数量、每条航线的长度、投入运营的机型、航班次数和运输对象。

在竞争激烈的航空服务市场,航空公司必须根据航空运输市场需求、企业目标、资源以及竞争状况,界定企业的市场范围,决定为服务市场提供的服务内容、结构及数量,即服务组合。航空服务组合主要回答"航空公司向目标市场提供什么样的服务""提供多少种类的服务"等重要问题。航空服务组合本质上是反映航空公司服务产品线的构成,涉及服务组合的广度、长度、深度和关联度四个关键变量。

(1) 服务组合的广度,是指服务组合中所涵盖服务产品线的数目。根据航空公司的航线不同,开设航线的多少(数量)反映了航空公司产品组合的广度。

(2) 服务组合的长度,是指服务组合中服务项目的总数,以服务项目总数除以服务产品线数目,即可对服务产品线的平均长度进行判断。

(3) 服务组合的深度,是指服务产品线中每个服务项目所包含的服务种类。航空公司产品组合的深度表现为各条航线上所投入航班的数量。

(4) 服务组合的关联度,是指航空公司各条服务产品线在核心价值、服务条件、基础、服务人员或其他方面相互关联的程度,它反映航空公司所拥有服务产品线之间的相关水平。航空公司产品组合的关联度表现为各航线需投入机型的互容性。一般可以用航线距离表现航线航班的关联度。机型与航线的匹配是航空公司航班生产的重要原则。

如果一个航空公司经营的航线很多,但航线上投入的航班很少,即航班密度很低,就是只有广度没有深度(见表6-3)。深度还表现为各条航线上运输对象的分类,即旅客构成和货物分类(见表6-4)。旅客的组成成分越多,所运货物的种类越多,就可以挖掘更多的潜在客户,从而扩大航线的容量、增加航班投入。

表6-3 航空公司服务组合广度与深度(一)

广度	航线1	航线2	航线3
深度	航班A 航班B 航班C 航班D 航班E	航班A 航班B 航班C 航班D	航班A 航班B 航班C

表6-4 航空公司服务组合广度与深度(二)

广度	旅客运输	货物运输	邮件运输
深度	国际旅客运输 头等舱 公务舱 经济舱 国内旅客运输 公务舱 经济舱	普通货物运输 快件货物运输 鲜活货物运输 贵重货物运输 动物运输 危险品运输	信件运输 包裹运输

总之，航空公司服务组合的广度、长度、深度和关联度取决于服务市场的需求、竞争环境、企业目标及资源状况等综合因素。一般而言，拓展服务组合的广度有助于发掘和利用更多细分市场，分散市场风险，增强企业收入来源的多元性。增加服务组合的长度，能够增强航空公司的市场适应性，为各细分市场提供更加多样的服务选择。延伸服务组合的深度，可以增加服务的专业性和针对性，强化专业化特征。强化服务组合的关联度则有利于航空公司实施集中化营销策略，提升服务人员及设备通用性，降低单位服务成本，从而获得服务的规模效应。

二、航空服务组合的经营分析

作为参与服务市场竞争的基本工具，服务组合影响航空公司的市场销售额和经营利润水平。因此，需要时刻把握本企业所提供的各种类型服务在市场中的竞争力水平，以及为企业的盈利贡献程度。航空公司需要定期进行服务组合的经营分析，了解不同服务项目的市场表现情况。

（一）航空服务产品线销售额及利润评估

航空服务产品线销售额及利润评估，主要是对现有服务产品线及同一产品线上不同服务项目所实现的销售额和利润水平进行分析和评价。

为了对所提供全部服务产品线的经营状况进行深入分析，需要对每条产品线上的服务项目进行进步评估。

（二）服务项目市场地位评估

航空服务项目市场地位评估是指将服务产品线中的服务项目与市场中的同类竞争项目进行比较分析，以判断各个服务项目的市场地位状况。如果说服务产品线销售额及利润评估是一种航空公司内部经营状况分析，则服务项目的市场定位评估则是企业外部市场状况分析。

三、航空服务组合的优化策略

航空服务市场竞争及需求状况在不断发生变化，航空公司的发展目标及市场资源水平也在随着企业成长进行调整。因此，服务组合的持续调整和变化是航空公司在服务组合策略决策中需要经常面对的问题。航空服务组合的优化策略就是航空公司根据服务市场需求、竞争态势和企业目标及资源状况，对服务组合的广度、长度、深度和关联度等方面进行优化。

（一）扩大服务组合

当航空公司需要提升成长速度，或者现有服务组合的销售额和盈利水平出现下降的潜在趋势时，就需要考虑对服务组合进行扩展。当计划期的预期运力有较大幅度的增长时，在维持现有航线航班所需运力后，有较多的运力需要确定投放的方向。投放要视航空公司的战略目标和市场经营状况而定。航空公司若在已进入的新市场上立足未稳，或现有航线网中的"热线"效益很好，则宜采取防御性战略，以巩固现有航线网的航班生产为主。航空公司若能牢固地占据现有市场的主导地位，则可采取扩张性战略，开辟新航线，即使别人已抢先占领了，也可以进行竞争。航空公司对现有航线网内经营不善的航线不能轻易放弃，这有关公司的整体形象。如果不是经营失措而是市场客观原因使该航线经营效益不高，则可以从经营效益不高的航线撤出航班，投向效益高的航线。

根据衡量服务组合的关键因素，航空公司可以从以下几个方面对现有服务组合进行拓展和深化。

（1）拓展服务组合的广度，即增加新的服务产品线。制定新航线，向企业还没有经营的地区进展，实现市场的拓展。扩大航线覆盖面，增强本公司的市场影响力。

（2）增加服务组合的长度，即增加新的服务项目。航空公司在保持现有航线的前提下，丰富各航线的服务项目，比如专线机、货运、冷链运输等，能够增强企业的市场适应性，深耕现有服务细分市场，为各细分市场提供更加多样化的服务项目。

（3）延伸服务组合的深度，即强化现有服务产品线中服务项目的便利性附加服务，增加支持性附加服务。在原有航线的城市之间设置直达航线，增加航班密度，增加航站吞吐量。

（4）强化服务组合的关联度，即提升现有服务及新服务对服务基础条件及人员等市场资源的共享程度，强化各类服务项目的内在一致性，通过共用服务营销渠道、服务场景及服务支持设施，共享服务人员培训及相关服务资源等方式，增加航空公司运营的规模效应和协同效应。

（二）缩减服务组合

当航空公司内外部环境发生变化，可能会考虑对现有服务组合进行精简，退出一些服务细分市场，削减一些服务产品线或服务项目，或者简化一些服务项目的附加服务等。当计划期的预期运力小于维持现状运力时，说明航空公司生产能力萎缩。如果萎缩是暂时现象，航空公司可以减少航班密度较高的航线上的航班投入而维持整个航线网的运转；如果运力萎缩不是暂时现象，航空公司只能从销售率低或收支状况不佳的航线撤退，集中精力经营效益高的航线。当有如下情况出现时，可做退出航线市场的选择。

（1）航线市场供应增加，竞争激烈，本企业在竞争中处于不利地位，市场占有率低。

（2）地面运输方式的改进和规模扩大使航空运量锐减。

（3）航线运营收不抵支，且有继续恶化的趋势。

（4）企业的发展战略出现重大调整，市场资源配置方向发生重要改变。

（5）市场管制政策发生重大变化。

第四节 航空货运服务过程

航空货物运输包含除旅客之外的符合国家法令法规的所有物品运输活动。它不仅提供专门用于货物运输的飞行，即定期和不定期航空货运航班，而且还利用定期和不定期客运航班进行货物运输。

一、航空货运的运输方式

航空货物运输不仅包括空中运输，还包括与之相关的部分地面运输。

（1）普通运输。普通运输就是没有特殊要求，通过空运方式将货物送达目的地。

（2）急件运输。急件运输是指货物托运人要求以最早的航班或在限定的期限内将货物运达目的地。这种方式的货物运送业务需要承运人同意才能受理。

（3）特种运输。特种运输是指需要特殊处理的空运货物，如鲜活易腐物品、动物、贵重物品、危险品等的运输。

（4）包机货运。货物托运人包用整架飞机的吨位运送货物，这种方式称为包机货运。

（5）包舱货运。货物托运人包用飞机的部分吨位（货舱）运送货物，这种方式称为包舱货运。

（6）货主押运。由于货物的性质特殊，需要货主在运输过程中派专人随机监护运送，这种方式称为货主押运。

至于采用什么运输方式，承运人与货物托运人或货主之间必须达成运输协议，包括运价，才能交运或受理。

二、航空货运服务链的特点

航空货运服务链描述的是在航空货物运输服务中，以客户（货物拥有者）为中心，从货源的组织开始，经过地面运输服务、机场货站服务以及空中运输服务，最终将货物送到客户（收货人）手中，由货运销售代理企业、地面运输企业、机场货物处理企业、航空货运企业及客户所组成的一个有机的网络整体。在这个有机整体中，各企业之间的关系并不是一一对应的，而是网状的（见图6-7）。

通过这个服务链可以有效地实现货物的流动、货物保管责任的转移以及相互之间信息的交流。从航空货运服务的作业流程来看，航空货运服务可以看作一个从货物运输计划开始，到货源的组织、货物出港、空中运输、货物进港、货物储存及最终的货物配送的完整作业服务链（见图6-8）。

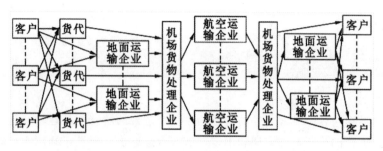

图 6-7　航空货运服务链

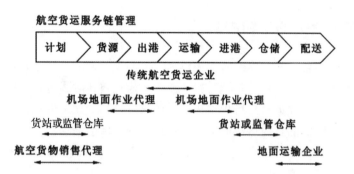

图 6-8　从作业流程角度描述的航空货运服务链

如果从企业价值的创造与实现来看,航空货运服务链就是由众多航空货运服务企业所组成的一条价值链,一条增值链(见图 6-9)。在这个价值链中,各企业共同合作,通过一系列的主要作业活动与辅助作业活动,在保证服务链中各企业服务效益获取的同时,实现客户效益的最大化。

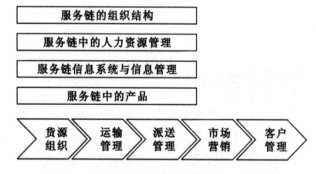

图 6-9　从价值链角度描述的航空货运服务链

因此,从上述定义来看,航空货运服务链具有以下特点。

(一) 复杂性

航空货运服务链之所以复杂,主要有以下原因。首先,服务链是由众多的独立企业组成的,各企业之间的服务与被服务的关系比较复杂。譬如说,对于货源的组织,客户、航空货运企业及货运销售代理企业之间,当航空货运企业自己销售的比例较小时,它就必须更多地依靠货运销售代理企业,因而与客户的接触就必然减少;相反,当航空货运企业自己销售的比例较大时，它对货运销售代理企业的依赖就要小得多，与客户的接触也就多了起来。其次，服务链中服务对象的种类繁多。既有快件，也有普通货物；既有危险品，也有冷藏品等。最后，服务链不但要实现实体的转移，还要实现保管责任主体的转移及信息跟踪等，必然造成了货运服务链的复杂性。

（二）动态性

动态性也称"牛鞭效应"，是指在服务过程中，由于中间环节的作用，处于服务链条末梢的节点发生的一些变化被放大后传递给服务链中的核心企业，可能使核心企业产生较大的变化。在航空货运服务中，各环节之间是紧密联系的，对于服务链中的核心企业——航空货运企业来说，客户需求的细微变化，传递到航空货运企业时，就可能产生很大的需求变化。同样，航空货运企业在服务方面的一些即使是细小的差错，表现在客户面前，也可能是一个较大的差错，甚至可能会导致服务的失败。譬如说，客户托运的是一件贵重物品，但是销售代理企业为了获得较大的利益，而采取普通的包装方式，并且在交运时未进行说明，如果航空货运企业在收货时，检验控制不够严格，就有可能收运。这样，一旦出现问题，不仅在经济上对航空货运企业造成较大的损失，还可能会导致航空货运企业失去这个客户，甚至部分市场。

航空货运服务链是一个典型的客户需求驱动式服务链。没有客户，各个环节的服务就没有了对象，也就不能发生。因此，航空货运服务链必然是以客户的需求为中心，直接面向客户的需求来构建的。也就是说，在航空货运服务链中，整个服务活动是从对客户需求的了解和预测开始的。

对于服务链而言，链中的每个节点间的相互关系是相对的。比如说，航空货运企业与机场货物处理企业、地面运输企业与其他航空货运企业等之间的关系，相互之间表现为一种互为客户的关系。

三、航空货运服务过程设计

（一）航空货运服务的含义

航空货运服务指的是航空公司在国内和国际航线上使用飞机、直升机等航空器，按照客户要求，实现货物的空间位移，以及该过程伴随的服务。根据营销学产品理论，航空货运可以分为三个层次：核心服务、便利服务和支持服务（即增值服务），如表6-5所示。核心服务是客户购买货运服务时所追求的基本利益和效用；便利服务是核心服务借以实现的形式；支持服务是客户购买核心服务和便利服务后所期望获得的额外附加服务或利益。

表 6-5　航空货运服务的层次

服务层次	服务内容
核心服务	货物的空间位移
便利服务	载运飞机机型、舱位 按里程收费 电话订舱服务、办理交运手续、空中运输、货物查询服务等 货站及代理点的地理位置、内部环境布置、企业职工的着装风貌等
支持服务	中转联运、货物代办进出口手续、门到门运输、优质员工服务、优惠运价等

事实上，便利服务和支持服务的界限并不明确，在某种情况下属于便利服务的可能在另一种情况下是支持服务，如短途运输送货上门在大部分情况下是一种便利服务，而在长途运输中则一般是支持（增值）服务。通常，便利服务是强制性的、必不可少的，因此企业都对其进行精心设计，以之作为一种竞争手段，而支持服务则仅仅是竞争手段。

（二）航空货运服务的开发设计策略

1. 时效性

航空货运业的最大特点就在于其快速、准确的精益服务，航空公司最根本的货运服务目标应该是货物运输的时效性，尽全力满足货主对运输时效的需求，这也是提高货运服务质量的主要途径。因此，要改善整体运输速度，除了提高航班运输效率以外，更重要的是要保证地面操作与空中运输之间衔接的紧密程度，实现"无缝隙"的一体化运输方式，以提高整体的操作时效水平。

2. 增值服务

随着航空运输业的不断成熟，市场竞争加剧，机场到机场的运输服务作为核心产品已经失去吸引力，航空公司的竞争优势必然转移到增值的附加服务上来。

提供增值服务必须遵循两个原则。第一，增值服务必须建立在核心服务优异的基础上。如果连货物及时运达目的地都不能保证，那么再多的增值服务也没有用处。第二，增值服务应与市场定位、核心优势相匹配，在实施增值服务之前必须要考虑具体的增值服务是否适合特定的细分市场，是否在该市场能形成有价值的竞争优势。

3. 服务创新

货运服务创新可以是运输网络的扩展如开辟新的航线，可以是技术的创新如信息系统的运用，也可以是业务上的重大创新如在快递领域实行限时专送，或者形式上的创新如货车采用新的标志、人员配备专用制服等。总之，不断在服务种类上进行创新，使服务内容和竞争者形成差异，可以形成新的品牌，不断提高企业的知名度与客户信赖程度，从而为航空货运企业带来更多的客户。

需要注意的是，有的客户由于不适应变化或者缺乏技能，对服务创新会有所抵触，如采用电子货单和条形码进行货物的检验分类，有的货主可能会认为用原始的手写货单更加稳妥一些，所以对于客户应该进行正确的引导，辅以适当的激励，让他们感知新系统、适应新系统并乐于使用新系统，这是一个成功的服务营销的核心所在。

四、国际航空货运服务的业务流程

随着经济的发展、国际贸易的拓展，国际货物的运输量愈来愈大，为了更好地为客户服务，航空货运代理人必须非常熟悉国际货物运输的业务流程，能够及时地掌握航空运输的全过程，对出现的突发事件能够有思想上的准备，使货物的运输顺畅，能够及时运送到收货人的手中。

国际航空货物运输的业务流程主要包含两大环节：国际航空货物运输的出口业务流程和国际航空货物运输的进口业务流程。

（一）国际航空货物运输的出口业务流程

国际航空货物运输的出口业务流程是指从托运人委托运输货物到航空承运人将货物装上飞机的货物流、信息流的运输组织与控制管理的全过程。

一般来说，托运人采用委托航空运输代理人运输或直接委托航空公司运输两种方式。因此，国际航空货物运输的出口业务流程包括航空货物出口运输代理业务程序和航空公司出港货物的业务操作程序两个环节。

1. 航空货物出口运输代理业务程序

航空货物出口运输代理业务程序由以下若干环节构成：接受托运人委托运输；审核单证；接收货物；填制货运单；拴挂标签；预配、预订舱位；出口报关；出仓单提箱、装板；签单、交接发运；航班跟踪信息服务；费用结算。

航空公司根据实际情况安排航班和舱位。航空公司舱位销售的原则为：① 保证有固定舱位配额的货物；② 保证邮件、快件舱位；③ 优先预订运价较高的货物舱位；④ 保留一定的零散货物舱位；⑤ 未订舱的货物按交运时间的先后顺序安排舱位。

订舱后，航空公司签发舱位确认书，同时给予装货集装器舱单领取凭证，以表示舱位订妥。

2. 航空公司出港货物的业务操作程序

航空公司出港货物的业务操作程序是指自代理人将货物交给航空公司，直到货物装上飞机的整个业务操作流程。航空公司出港货物的业务操作程序分为以下主要环节。

（1）预审 CBA（Cargo Booking Advance），CBA 即国际货物订舱单。

（2）整理货物单据，主要包括已入库的大宗货物、现场收运的货物、中转的散货三个方面的单据。

（3）货物过磅、入库。

（4）货物出港。对于货物出港环节，应重点处理好制作舱单及转运舱单的业务。① 货运舱单（Cargo Manifest）：每一架飞机所装载货物、邮件的运输凭证清单，是每一航班总申报单的附件，是向出境、入境海关申报飞机所载货邮情况的证明文件，也是承运人之间结算航空运费的重要凭证之一。② 货物转港舱单（Cargo Transfer Manifest）：由交运承运人填写，是货物交运承运人和货物接运承运人之间交接货物的重要运输凭证，也是承运人之间结算航空运费的重要凭证之一。

（二）国际航空货物运输的进口业务流程

国际航空货物运输的进口业务流程就其流程的环节来说主要包含两大部分：航空公司进港货物的操作程序和航空货物进口运输代理业务程序。

1. 航空公司进港货物的操作程序

航空公司进港货物的操作程序是指从飞机到达目的地机场，承运人把货物卸下飞机直到交给代理人的整个操作流程。该流程包括：进港航班预报；办理货物海关监管；分单业务，其中，联程货运单交货物中转部门；核对货运单和运输舱单；制作国际进口货物航班交接单；货物交接。航空公司进港货物的操作程序如图 6-10 所示。

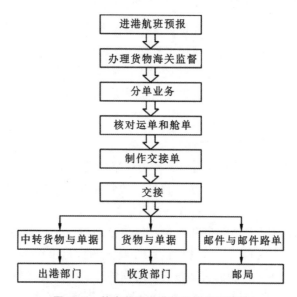

图 6-10　航空公司进港货物操作流程图

（1）进港航班预报。填写航班预报本，以当日航班进港预报为依据，在航班预报本中逐项填写航班号、机号、预计到达时间。预先了解货物情况，在每个航班到达之前，从查询部门拿取航班的 FFM、CPM、LDM、SPC 等电报，了解到达航班的货物装机情况及特殊货物的处理情况。

（2）办理货物海关监管。有关人员将货运送到海关办公室，由海关人员在货运单上加盖海关监督章。

（3）分单业务。在每份货运单的正本上加盖或书写到达航班的航班号和日期。认真审核货运单，注意运单上所列目的港、代理公司、品名和运输保管注意事项。联程货运单交中转部门。

（4）核对运单和舱单。若舱单上有分批货物，则应把分批货物总件数标在运单号之后，圈出舱单上列出的特种货物、联程货物。根据分单情况，在整理出的舱单上标明每票运单的去向。核对运单份数与舱单份数是否一致,做好多单、少单记录,将多运单号码加在舱单上,多运单交查询部门。

(5) 制作交接单。根据标好的一套舱单,将航班号商、分批货、不正常现象等信息输入电脑,打印出国际进口货物航班交接单。

(6) 交接。根据日期、运单号、数量、重量、特种货物打印出国际进口货物航班交接单。中转货物和中转运单、舱单交出港操作部门。邮件和邮件路单交邮局。

2. 航空货物进口运输代理业务程序

航空货物进口运输代理业务程序包括:代理预报;交接运单与货物;货物仓储;整理运单;发出到货通知;进口报关;收费与发货;送货上门及货物转运等业务内容。其中,对于交接运单与货物、收费与发货等业务,航空公司有关部门业务人员应重点做好下列工作。

(1) 交接运单与货物。航空公司的地面代理公司向货物代理公司交接的有:国际货物交接清单;主货运单、随机文件;货物。

(2) 发放货物。① 对于分批到达的货物:待货物全部到齐后,方可通知货主提货。如果部分货物到达,货主要求提货,有关货运部门则收回原提货单,出具分批到达提货单,待后续货物到达后,再通知货主再次提取。② 属于航空公司责任的破损、短缺,应由航空公司签发商务记录。③ 属于货物运输代理公司责任的破损、短缺,应由该代理公司签发商务记录。④ 对于属于货物运输代理公司责任的货物破损事项,应尽可能协同货主、商检单位立即在仓库做商品检验,确定货损程度,避免后续运输中加剧货物损坏程度。

(3) 收取费用。货物运输代理公司在发放货物前,应先将有关费用收齐。收费内容包括:① 到付运费及垫付款;② 单证、报关费;③ 海关、动植检、卫检报验等代收代付费用;④ 仓储费等。

经典阅读6-1

最新数字化航空货运创新将加速全球恢复

2022年2月8日,国际民航组织与联合国欧洲经济委员会(UNECE)制定完成了航空货运数字化技术新规范方面的指导,这将帮助加速向更加安全、具备更强抵御能力的供应链过渡,并为新冠肺炎疫情的应对及恢复工作做出重要贡献。

数字化创新将使航空运输业摆脱长期以来用于便利全球航空货运的纸质文件,从而针对今后的大流行病威胁,促进非接触式航空货运环境并加强跨境贸易风险的抵御能力。

根据国际民航组织理事会航空恢复工作队（CART）的建议，这些规范将帮助减少国际贸易和运输专业人员之间的身体接触，从而更好地保护跨境贸易流动性，使国际运输业务免遭大流行病的相关限制。

国际民航组织秘书长胡安·卡洛斯·萨拉萨尔强调指出："最新的创新体现了国际民航组织对包括航空货物和邮件供应链在内运输政策的综合、协作及多边做法，并且将在应对当前及今后大流行病风险方面发挥重要作用。我们期望它们将帮助应对目前无论是新冠肺炎疫情本身，抑或随之而来惊人激增的国际电子商务对全球供应链造成的巨大双重压力。"

联合国欧洲经济委员会执行秘书 Olga Algayerova 指出："大流行病明确表明了采取协调一致做法的价值，并且进一步强调了加速数字化的重要作用。我对联合国欧洲经济委员会的联合国贸易便利与电子商务中心（UN/CEFACT）支助开发这一实用工具的贡献感到自豪。联合国欧洲经济委员会期待在与国际民航组织进行的这一成功合作基础上开展无缝隙多模式联运及贸易，以推动各国可持续的社会经济恢复工作。"

国际民航组织与联合国欧洲经济委员会开展的供应链数字化协作，是联合国八家机构于 2020 年 9 月签署的《关于国际贸易和供应链对 COVID-19 时期可持续社会经济恢复之贡献联合声明》取得的成果。

这些最新结果将使数字化规范取代以往的纸质航空货运单（AWB）、危险货物申报单（DGD）以及托运物安保声明（CSD）。这些反过来又构成了适用于航空、公路、铁路、海运及内陆水运等多模式联运数据共享的更广泛可交付成果的一部分。

上述规范及辅助材料通过联合国发展议程 COVID-19 贸易与运输项目网站向监管机构、企业以及其他相关利害攸关方免费提供，目前，国际民航组织与联合国欧洲经济委员会将把其重点转向协助各国实施上述规范及辅助材料。

（资料来源：中国民用航空局国际合作服务中心。）

第五节　适应数字化的航空服务产品创新

数字时代下，在竞争越来越激烈的航空运输市场，航空服务产品正在不断更新迭代，开发出更高价值的服务产品是航空公司提升品牌竞争的必要手段之一。本节将主要介绍几种航空公司常见的数字化服务产品创新。

一、自动值机

值机是民航的一种工种,即为旅客办理乘机手续(换登机牌、收运旅客的托运行李、安排旅客的座位)。旅客到机场后,可以直接去机票所属航空公司的值机柜台办理值机手续。出发层大厅里有办票信息系统的大屏幕,旅客需要寻找自己的航班号,然后到相应的柜台去办理手续,持身份证直接去值机柜台办理值机手续即可。然后值机人员会给旅客登机牌,登机牌上有显示座位号和登机口,接着旅客按照机场的指示牌去相应就近的安检区域进行安检。

自助值机是区别于传统机场柜台值机的一种全新办理乘机手续的方式。整个过程完全由旅客自行操作,是一种全新的 DIY 值机方式。可以通过电话、网站、手机、机场自助值机设备获得。

一般来说,自助值机分以下五种。

(1) 机场自助值机设备。自助值机的旅客无须在机场值机柜台排队等候服务人员打印登机牌和发票、分配座位,取而代之的是旅客可以通过特定的值机凭证在自助值机设备获取全部的乘机信息,并根据屏幕提示操作选择座位、确认信息并最终获得登机牌和发票。整个过程完全由旅客自行操作。

(2) 网上值机。网上办理登机手续,是一种方便快捷的登机手续办理方式。如果旅客无须托运行李,那么通过网上办理登机手续并将登机牌通过 A4 纸的形式打印出来,就可以直接通过安检登机,无须到机场服务柜台排队办理登机牌,这样可以节省旅客的时间。

(3) 短信值机。短信值机是指旅客通过发送和接收短信息的方式办理值机手续,一般航空公司都有统一呼叫热线。

(4) 电话值机。可以通过拨打服务热线电话进入"电话乘机登记"服务就可方便办理乘机手续,提前选择一个自己喜欢的座位。

(5) 手机值机。下载航空公司手机客户端 App,可方便地在手机终端轻松完成值机,办理时限一般为航班预计起飞时间前 24 小时开始办理,航班预计起飞时间前 90 分钟停止办理。

贵阳机场
T3 航站楼
自动值机
智慧升级

以上值机方式如需托运行李,旅客必须在机场柜台截止办理时间前抵达人工办理柜台,各地机场规定不同,需要旅客根据自己的实际情况咨询始发当地机场。

二、航空休息室

(一) 航空休息室的发展

航空休息室已成为众多旅客出行中不可或缺的休息场所,它的发展经过了几十年的历程,如表 6-6 所示。

表 6-6　航空休息室的发展

时间	事项
1939 年 12 月 2 日	全球第一家机场休息室由美国航空创立，休息室起名为海军上将俱乐部（Admirals）
20 世纪 40 年代	美国航空的休息室实行邀请制，受邀人一般是美国航空的常旅客，且对航空事业和美国航空有极大的兴趣。休息室邀请函是连同美国航空手册和美国航空会员卡一起发放给会员的。受邀人也可以邀请自己的亲朋好友享用美国航空的休息室
1970 年左右	英国航空率先引入"协和"概念，使旅客能够从机场休息室直接登机
20 世纪 90 年代中期	休息室仅仅是为了一小部分人使用，比如航空公司的会员、两舱旅客和特殊的合作伙伴
1997 年	星空联盟创立，星空联盟的初创成员包括美联航、北欧航空、泰国航空、加拿大航空和汉莎航空。星空联盟对符合条件的会员设立联盟内成员休息室。星空联盟允许成员间相互使用休息室
1998 年	香港环亚贵宾厅开业，它是第三方休息室的杰出代表。第三方休息室更为现代化、更加时尚，为乘客提供更加美味的餐食。总部设于香港的环亚机场服务管理集团，业务网络超过 160 个服务点和全球 41 个国际机场
1999 年	寰宇一家成立并开设精英会员休息室
2000 年	天合联盟成立并开设会员休息室
2004 年	航空休息室迎来里程碑的一年。德国汉莎航空港在法兰克福机场开放为头等舱旅客和高端会员专用休息室。休息室有 200 名员工，每天为 300 名旅客提供舒适的服务
2008 年	国泰航空设立到达休息室赏心堂（The Arrivals）
2013 年	首家美国运通休息室在麦卡伦机场开业。目前全球有 13 家休息室，其中包括中国香港的运通休息室
2020 年 6 月 18 日	携程在三亚凤凰国际机场设立"携程 VIP 商务服务中心"。它是国内首个对预订机票、旅游、酒店、租车、景区门票等产品用户免费开放的机场休息室。凭 15 天内有效的携程订单或确认短信，即可到位于三亚凤凰国际机场候机楼综合体六楼的服务中心，免费享受专享服务

（二）机场休息室分类

国内机场休息室经过多年的发展，已经开始兴起，机场休息室从性质上一般分为三类。

1. 航空公司自建休息室

这是为公务舱和头等舱或者航空公司精英会员提供服务的休息室,航空公司从贡献度和客户分级管理角度又将休息室分为头等舱(或者商务舱)休息室、精英会员休息室。大部分城市机场把两舱休息室和精英会员休息融合到一起,比如深圳南航 V3 休息室,东航在上海、北京、青岛等机场都有自己的休息室。一般来说,大的航空公司在自己的枢纽机场或者航线比较多的机场都会建休息室。

2. 第三方出行服务商

龙腾和 PP(或者 LoungeKey)是最为典型的休息室整合方,它们在机场并没有自己的休息室,只是通过商务采购方式跟这些休息室和银行等组织合作,消费者通过银行等组织使用它们的休息室。在合作的机场休息室前会看到这样的提示牌,上面有龙腾和 PP(或 LoungeKey)标志。旅客可以通过银行卡配发的龙腾和 PP 卡进入这些休息室,此外还有中国移动的高端用户能在移动 App 中根据会员等级享有龙腾休息室使用权益。

3. 机场集团休息室

国内休息室一般都有机场集团参与。北京、上海、广州和深圳的上市机场集团均成立专门的商旅公司负责贵宾服务业务,它们是机场集团全资子公司,负责机场内商户的运营。就机场集团而言,收入来源主要包括休息室采购费和招商冠名费这两大业务收入:主要从航空公司和第三方出行服务商采购,第三方出行服务商采购居多;休息室冠名费,常见有来自银行、电信运营商冠名。

航空公司除了自建休息室外(如广州白云机场 T2 两舱和南航金银卡),由于成本和政策等原因,还会购买机场集团的休息室使用权,比如,一家休息室被几家航空公司或者第三方服务商一起使用。它们可以看成机场自营的休息室,其最初是为了给那些在本机场没有自建休息室的航空公司提供两舱服务,例如在虹桥机场如果乘坐吉祥航空的飞机,它的两舱分别是虹桥 V1 休息室及虹桥机场的自营休息室。

另外从休息室所处的位置又分为安检内和安检外两种,大部分的航空公司自建休息室一般都是在安检内,机场自营或者第三方运营的休息室则可能在安检内或安检外。

(三)个性化休息室

为满足不同乘客的个性化需求,结合现有信息手段为旅客提供更具有个性化的服务,各大航空公司都在与机场合作通过升级软硬件服务设施,改善旅客出行体验。

有特色的
航空休息室

三、数字客舱

随着全球航空业由增量市场向存量市场转变,数字化成为产业的新价值增长点。航空业数字化已成趋势,对航空公司而言,业务数字化可以实现服务效率、品牌和收入的提升;对于乘客,可以享受更加方便、快捷、多元的出行体验,满足娱乐、工作等个性化上网需求;对于线上平台,可以通过解锁乘客的"飞行时间",提供服务获得回报。

2022年，民航局发布了《智慧民航建设路线图》，明确将打造智慧民航运输系统。其中智慧出行指的是，通过大数据等手段，深化无纸化、生物识别、电子身份证等应用，实现旅客从买票到抵达目的地的全流程便捷出行，包括无感安检、快速通关、便捷签转、行李服务、机上 WiFi、"航空＋"服务等。

（一）航空公司数字化面临的挑战

一是目前客舱数字化通信链路的方案在带宽、覆盖、资费方面互有优劣，未来路线有不确定性。二是数字客舱建设期高昂的停场成本、硬件成本和时间成本给航空公司带来压力。三是目前数字客舱的娱乐资讯内容类别较少，热度不佳、个性化不足。四是当前数字客舱的运营模式和支撑技术均相对滞后，面临生态资源未整合、业务协同待优化、流程复杂、更新缓慢等问题。五是变现技术如支付功能待完善等。

（二）航空公司数字化转型的路径

1. 构建数字客舱板块

数字客舱板块是消费互联网助力航空产业互联网的桥头堡，但存在建设成本高、通信链路方案不明确等问题。航空公司在布局客舱数字化过程中，可采用技术方案搭配的方式。比如，让局域网与天地互联并行，视财务与运营状态逐步调整通信链路方案的比例；使用机载缓存方案弥补公网带宽小、时延高的短板，提高服务质量。同时，客舱数字化是多方合作的结果，航空公司可以积极引入流量商、设备商、广告运营商和互联网企业，聚合各方力量共同建设、共同收益。

数字客舱只是航空产业链条的一个环节。从飞行开始到飞行结束，整个过程涉及航线调度、移动办公、航空维修等多个业务单元，而这些业务都需要数字化。

首都航空
首架"数字客舱"
航空起飞

2. 构建个性化的内容供给

航空公司需满足消费者的个性化需求，实现内容多元化、精准化。通过消费者画像，可以为消费者推荐个性化内容。丰富的影音、综艺、音乐等内容，形成全面的内容支持；精准的大数据分析能力，可以自动为不同航班展示定制化内容；同时依托成熟的安全技术、WiFi 连接能力和线上支付技术，打造安全、便捷的连接场景。

例如，至 2022 年 6 月，成立于 2020 年 5 月的飞享互联航空科技（海南）有限公司，已投入运营 124 架搭载飞享互联数字客舱系统的飞机，互联数字客舱通过数字化建设打通并融合"平台＋内容＋支付"，借助腾讯先进的离线 CDN（离线内容缓存和分发网络）技术为乘客提供准实时的信息流、音视频、游戏、广告、电商等多元娱乐出行服务。

南航率先推出
全新"数字客舱
服务平台"

四、电子行李标签

行李牌（Luggage Tag）是指识别行李的标志和旅客领取托运行李的凭证，是带有编号、名字、字母等标识的牌子。行李牌在飞机场、铁路站等公共场所都有使用。

电子行李牌又称电子行李标签，是航空托运行李时纸质行李条的电子化替代品。目前市场上的电子行李牌主要有两类。

（1）Bagtag 电子行李牌。Bagtag 电子行李牌集合了蓝牙传输、RFID 射频与条形码识别技术，以电子墨水屏进行显示，可以固定在行李箱上长期使用。它相当于行李的专用"身份证"，旅客可以通过数据网络，随时掌握自己的行李信息。电子行李牌具有可提前办理、可重复使用、可追溯追踪、识别率高、防水耐用等优点。

（2）无源电子行李牌（Electronic Bag Tag，EBT）。EBT 基于无线射频取电芯片，结合电子墨水显示技术，能够以数字化方式显示旅客的航班信息，会像传统行李牌一样显示条形码，能够与现有基础设施兼容。通过手机内置的 NFC 模块感应获取电量，旅客只需通过相应航空公司 App 办理自助值机手续和简单的自助行李托运信息录入，用手机 NFC 模块或蓝牙功能与电子行李牌进行数据交互，就可完成行李信息绑定、行李条打印粘贴等传统动作。行李牌无需内置电池，可反复使用，不易损坏，可做到永久使用，更加环保、安全、可靠。此外，通过航空公司 RFID 行李全流程追踪系统的支持和全球行李控制中心的后台支撑，旅客可以通过 App 实时获取和查看行李的位置信息。

天津航空的智慧民航建设

本章小结

航空服务产品是指航空公司利用航空器实现旅客位移之前、中、后的整个过程中，一切旅客所能直接感知的有形和无形的属性的总和，具体的航空服务产品可以分为三类，分别是地面服务、客舱服务、远程服务。根据格罗鲁斯的服务包模型，可以将航空服务产品分为核心服务、便利服务和支持服务。其中，附加服务作为核心服务的重要补充，有不同的类型。根据"服务之花"模型，附加服务分为八种类型，分别是信息服务、咨询服务、订单处理、接待服务、保管服务、额外服务、账单服务和支付服务。

航空服务开发是航空公司根据组织内外部条件，围绕消费者的服务价值界定，设计面向服务市场的特定利益、效用或体验。服务蓝图将服务过程描述为消费者行为、前台员工行为、后台员工行为以及支持系统四个部分。根据服务组合的广度、长度、深度和关联度四个关键变量，航空公司可以有效地利用自身资源，实现服务的差异化。

数字航空服务营销

在航空运输市场竞争越来越激烈的数字化时代，航空服务产品需要不断更新迭代，航空公司需要开发出更高价值的产品和服务，才能提升自身竞争力。

为航空公司的飞行降落服务过程绘制出服务蓝图。

1. 请结合航空服务，运用服务包模型阐述服务产品的基本层次。
2. 附加服务包括哪些服务？举例说明航空服务的附加服务有哪些？
3. 简述航空服务开发的内涵、重点以及基本类型。
4. 简述服务蓝图的概念与主要构成。
5. 航空服务组合的关键变量是什么？如何优化服务组合策略？

复习思考题答案

【航空报国 忠诚篇3】
机长陈世刚：
敬业，是我的人生底色

第七章
航空服务品牌

航空服务品牌是指航空公司用来区别于其他企业服务产品的名称、符号、象征或设计，是吸引消费者重复购买服务产品的一个主要的决定性因素。塑造航空服务名牌，是航空公司提高规模经济效益的一项重要措施。因而，航空公司应重视服务品牌的研究，通过创名牌来树立自己独特的形象，以建立和巩固企业特殊的市场地位，在竞争中保持领先的优势。本章将对航空服务品牌的内涵、品牌价值、品牌塑造以及数字时代品牌营销趋势和建议进行详细讨论。

学习目标

1. 理解航空服务品牌的概念、构成要素和价值。
2. 掌握航空服务品牌价值塑造方法。
3. 理解航空服务货运品牌建设策略。
4. 认识数字化航空服务品牌营销趋势与策略。

本章引例

港航：更年轻，很香港

2012 年底，彼时的港航面临香港本地强大的竞争对手——全球排名前三的航空公司，无论从机队、航线、软硬件服务、品牌知名度、美誉度方面都无法与对方抗衡。另一边，港航经营大陆航线 6 年有余，却在大陆市场几乎无知名度、美誉度。当下亟待解决的问题是，如何以小博大，找到与竞争对手的差异点，同时在大陆市场迅速打开知名度。

基于更年轻、很香港的品牌定位，港航签约赞助的 TVB 年度大戏《冲上云霄Ⅱ》于 2013 年中上映。

更年轻，意味着彼时成立仅仅6年的香港航空，拥有比竞争对手更加积极、更有活力的品牌态度，意味着更加灵活、创新的管理理念，更意味着它拥有世界上最年轻的机队之一，拥有更青春、热情的一线工作人员。很香港，则意味着这是一家香港本地注册的航空公司，其管理风格、员工构成，以及通过其传递给消费者的服务体验，无不透露着浓浓的港式风味，而机舱餐具、餐食、营销设计等可实际感知的视觉、触觉触点，则让消费者不断强化对港航打造"空中香港"的品牌认知。

在TVB首播后，该剧创2013年度最高首播收视，之后继续全线飘红，最高收视达35点，观众占有率97%，真正创造了"万人空巷"的收视奇迹，在香港、内地都掀起一股航空热。

作为TVB最拿手的职业题材剧之一，港航深度植入该剧集的拍摄，除了提供机场柜台、机舱供剧组拍摄外，更受剧组邀请，在剧集创作过程中由港航机师及空服团队给予专业指导，传递积极向上的航空服务理念，将"更年轻，很香港"的理念融入剧情之中。

无论是"更年轻"还是"很香港"，2013年的香港航空，从服务内容、品质，到传播策略、营销活动都紧紧围绕着这一主线，以清晰的品牌定位和落地操作，迅速在香港、内地市场打开知名度，引爆业界。这一年，也成为香港航空的品牌元年。

（资料来源：https：//mp.weixin.qq.com/s/UqkMoiVwjJJd2UAiTy0Vrg。）

课堂讨论：
1. 港航是如何实现品牌知名度提升的？
2. 说到航空品牌，你第一个想到的航空公司是哪一家？

第一节　航空服务品牌概述

品牌是同质化竞争中企业实现差异化的关键手段，是构建顾客关系和消费者忠诚的重要基础，是影响消费者消费决策及行为的核心因素。品牌所蕴含的符号、利益和情感等综合因素，成为撬动企业营销管理和消费者消费行为的重要市场力量。对于航空公司来说，服务品牌是其为航空公司创造服务价值的核心载体之一，是企业重要的竞争资产。

一、服务品牌与航空服务品牌

美国营销学会将品牌定义为"一个名称、专有名词、标记、符号或设计,或者上述元素的组合,用于识别一个供应商或一群供应商的商品与服务,并由此区别于其他竞争者的商品与服务"。品牌有狭义和广义之分,狭义层次的品牌就是品牌名称、标记、符号,或其他可以识别本公司产品并将之区别于竞争产品的一系列有形物的组合。广义品牌是指企业的产品或服务在消费者心目中建立起来的品牌意识和品牌联想,以及由此引起的消费者对产品或服务的感觉、评价和购买等的总和,或者说品牌就是消费者对产品或服务及其供应商的所有体验和认知的总和,即"大品牌"概念。

航空服务品牌(aviation service brand)是指航空公司用来区别于其他企业服务产品的名称、符号、象征或设计,它由服务品牌名称和展示品牌的标识语、颜色、图案、符号、制服、设备等可见性要素构成。航空公司的名称是品牌的核心,如英国航空公司。但是企业名称不是所供品牌的全部,陪衬性的语句、标记等也是品牌重要组成部分,如"空中快车"。此外,航空公司飞机的颜色、空姐和机组人员都是其品牌的组成因素,如英国航空公司的制服和标准的服务制度。品牌是吸引消费者重复购买服务产品的一个主要的决定性因素。品牌的基本职能是把本企业的产品和服务同其他企业区分开来。品牌能使消费者通过其提供的有效信息来识别特定的企业及服务和产品,在服务营销中,服务品牌是形成企业服务特色、取得企业竞争优势的重要手段。

航空服务品牌是航空公司服务水平、经营业绩和影响力的综合表征。航空公司的品牌不是由某一单一元素或者单元构成,而是一个包含企业价值观、经营理念、人力资本应用、服务能力以及消费者价值的多要素的综合概念。卓越的品牌在消费者心中具有良好印象,能够直接为航空公司带来经济效益。在消费者心中建立良好的品牌形象,是航空公司打造核心竞争力的有力手段,是在激烈的市场竞争中保持活力的必要一环。品牌的建立和运营应该成为航空公司构建持续发展战略计划中的关键环节之一,建立优质的品牌也应该是航空公司战略管理中的必要组成部分。

航空公司如何建立品牌符号?

二、航空服务品牌构成要素

服务品牌的构成要素包含两类:有形要素和无形要素。有形要素是指能够展现在消费者面前,看得见、摸得着的可传播、可识别要素,如品牌名称、品牌标志及场景装饰风格等。无形要素是指蕴含在有形要素中的,体现品牌独特性的内在要素,如品牌认知、品牌联想、品牌形象及情感属性等。具体而言,服务品牌的构成要素包括以下几种。

(一)品牌名称

品牌名称是指服务品牌中可以用语言称呼的部分,通常由语句和图像构成,它是品牌概念的形成基础,如南方航空、中国国际航空、春秋航空等。品牌名称应该易于发音,容易识记,同时与服务产品有比较清晰的内在关联。

(二) 品牌标志

品牌标志是服务品牌中可以被消费者识别,但无法用言语进行表达的部分,即品牌中的颜色、符号、图形或其他独特的视觉设计。品牌标志是品牌的"视觉语言",它能够帮助消费者分辨和识别该品牌与其他品牌之间的不同,体现航空公司自身的特性。例如,中国国际航空公司的品牌标志,它以英文"VIP"艺术变形构成的大红色凤凰为核心图案,既蕴含着中国传统文化元素中吉祥、幸福的寓意,又与航空飞行的业务属性紧密关联,能够留给消费者独特的印象。

(三) 品牌联想

品牌联想是指消费者根据服务品牌的名称和表示联想到的特定功能、属性和利益,它是品牌认知的重要部分。服务品牌的品牌联想帮助航空公司构建品牌与特定功能及情感利益之间的关联,将品牌与特定属性进行联系,强化服务品牌在目标消费者心目中的功能认知。例如,当提及南方航空公司,就使人联想到南方人的温婉细腻,正如南航的飞行和服务给人的舒服的感觉。

(四) 情感属性

消费者在对服务品牌认知的过程中,会将品牌的利益认知转化为一定的情感认知。同时,消费者在服务消费过程中,会将服务的功能利益转化为特定的情感属性。服务的品牌联想更多地与服务的"客观"属性、效用、利益等相联系,而品牌的情感属性则主要与消费者的"主观"感知(如喜欢、信任、忠诚等)相联系。例如,东方航空公司的空中 WiFi 服务可以转化为"在这可以令人感觉十分方便"的主观感受。

如何在品牌中注入情感?

(五) 个性形象

服务品牌的个性形象强调本品牌与其他服务品牌的区别。无论消费者是否看到本品牌的标志和字体,都能意识到本品牌所代表的利益和形象。服务品牌的个性形象越突出,消费者对品牌的认知越深刻,越能够在竞争激烈的服务市场占据有利位置,例如厦门航空的"一鹭高飞"传递着厦航"与乘客相伴蓝天"的个性形象;反之,如果消费者对服务品牌的认知比较肤浅或模糊,便无法引起目标消费者足够的注意力。

三、航空服务品牌的价值

航空服务品牌是航空公司创造服务价值的重要载体,是其参与服务市场竞争的重要工具。航空公司的品牌对企业发展具有深远影响,主要可以归纳为增强企业凝聚力、提升企业的吸引力和提高企业市场竞争力三个方面。

（1）增强企业凝聚力。好的企业品牌建立能够在企业内部形成更强的共同愿景，能够使企业员工产生更高的工作成就感和自豪感，强化员工对企业文化的认同，减少企业员工流动率。好的企业品牌能促进提高企业员工素质，给企业员工以主人公意识，形成一种企业员工与企业间的命运共同体氛围，使得员工更愿意和努力为提升企业竞争力而奋斗。

（2）提升企业的吸引力。一个好的企业品牌形象，能够在社会上形成一种令外人向往的情况。一方面能够吸引更优秀的人才来公司就职，另一方面也在不断吸引投资人的注意，吸引更多的合作伙伴。这样能使企业员工质量逐步提高，企业资源得到更高效的配置。

（3）提高企业市场竞争力。企业品牌是企业的一股无形力量，是企业活力、潜力以及可持续发展能力的集中体现。好的企业品牌能够让企业在众多同行中脱颖而出，为航空公司带来更大的客流量，直接带来经济效益。好的企业品牌更能够应对市场波动，当市场震动时好的消费者印象能够让航空公司具有更强大的生命力。

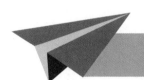

第二节 航空服务品牌的塑造

服务品牌塑造是服务品牌给予企业某种定位，并为此付诸行动的过程或活动。品牌塑造是一个系统长期的工程，品牌知名度、美誉度和忠诚度等是品牌塑造的核心内容。航空公司可以通过品牌塑造来建立品牌优势，从而刺激消费者的购买冲动。

一、航空服务品牌命名

确定品牌名称是塑造服务品牌的第一步，服务品牌的名称既要容易识记，又要突出服务特色，还要易于传播，服务品牌命名是航空公司品牌塑造需要面临的首要工作和重要任务。

（一）航空服务品牌的命名

品牌名称是品牌中可以用语言表达的部分，通常由文字、数字组成。名称是品牌的第一要素，品牌命名在品牌塑造中处于首要环节，好的名称有助于品牌的建立和传播。航空服务品牌命名是指航空公司为了更好地塑造品牌形象、丰富品牌内涵、提升品牌知名度和美誉度而为服务品牌确定名称的过程。航空公司要塑造优势服务品牌首先要确定一个好的名称。

令人印象深刻的航空公司名称

（二）服务品牌命名的原则

品牌命名不仅要考虑行业特征、服务属性、品牌联想，还要考虑政治法律、社会文化及价值观、风俗习惯、民族情结与信仰等因素。一般来说，服务品牌命名需要遵循五个原则。

一是受法律保护原则。品牌名称受到法律保护是服务品牌被保护的根本前提，服务品牌的命名应该首先要考虑品牌名称是否侵权，能不能注册成功并受到法律保护。

二是简单易记原则。品牌名称应该简单明了、易被消费者辨认和识别，易于发音和记忆。简单的名称比较容易编码和储存，能够起到促进记忆的效果，一些企业还运用英文字母缩写塑造简洁的品牌名称。

三是新颖独特原则。品牌命名应该在现实服务的品质或利益的前提下体现自身特性，因此新颖性和独特性是服务品牌命名的重要原则。

四是暗示功能属性原则。好的服务品牌名称应该能够与服务功能、特征或优点结合起来，通过服务品牌名称能够直观地让消费者感知到服务的功能或利益特征，使消费者形成品牌名称与服务类别的心理关联。

五是符合文化习俗原则。不同国家或地区的消费者因地域文化、风俗习惯、语言文字、民族文化等方面的差异，对同一品牌名称的认知和联想可能截然不同，因此，服务品牌命名需要适应目标市场的文化习俗，避免引起不必要的误会。

二、航空服务品牌的定位

定位就是以受众心智为出发点并在消费者心中寻求独特的位置的过程。对服务品牌进行精确定位，是航空公司在诸多同质或同类的服务中有效突出自身、区别于竞争者的重要方式，是航空服务品牌塑造的基础环节。

（一）服务品牌定位的内涵

服务品牌定位（service brand positioning）是指企业为了在目标消费者心目中占据独特的位置，而对企业所提供服务及其形象进行设计的行为。通过为服务品牌找到一个独特的位置，服务品牌才能够给目标消费者群体企业所期望的感觉。服务品牌定位是消费者感受到的一种结果，如服务的档次、特征、个性等。为了更加清晰地理解服务品牌定位这一概念，需要厘清它与五个相关概念的关系。

北欧航空：
品牌定位
重塑品牌价值

1. 服务品牌定位与服务市场定位

服务市场定位是航空公司根据内外部组织条件在市场上采取的竞争性定位，借此占有特定资源并在服务市场建立竞争优势；服务品牌定位关注的是如何创造与改变消费者对航空公司所提供服务的感知过程。相对于服务市场定位关注航空公司自身及其竞争者的客观态势，服务品牌定位更加关注品牌在消费者中的概念。

2. 服务品牌定位与服务定位

服务定位是航空公司在进行服务开发前，明确目标消费者是谁，从而做到与竞争对手相比，在服务功能、效用及传播方式等方面的差异化的过程。服务品牌定位不仅仅是为了实现服务差异化,它是利用消费者服务消费时的关键影响因素,以及为消费者带来的功能情感利益来塑造独特的、有价值的形象,以期占领有利的消费者心理。服务定位是服务品牌定位的支撑和依托,服务品牌定位则是服务定位的外在体现和形式。

3. 服务品牌定位与服务品牌联想

服务品牌联想是基于消费者主观认知,在大脑记忆网络中与服务品牌直接或间接联系的信息结点的总和。这些信息可能与服务品牌本身相关,如服务品牌的定位、功能、评价、消费经验等,也可能是服务品牌之外的,如服务品牌的消费者群体、服务消费的时空等。服务品牌联想是服务品牌定位长期执行和具体化的结果之一,是服务品牌塑造的重要结果。

4. 服务品牌定位与服务品牌形象

服务品牌形象是消费者对服务品牌的总体感知,是由各种品牌联想以某种有意义的方式组织在一起而给消费者留下的总体印象。服务品牌定位是服务品牌形象的重要基础,好的服务品牌定位能够使服务品牌形象更为鲜明,更具影响力和号召力。因此,有效的服务品牌定位是构建良好服务品牌形象的前提和基础。

(二)服务品牌定位

航空公司可以通过消费者洞察、企业分析、竞争者分析和品类决策四个步骤,为其寻求具有吸引力的服务品牌定位。

1. 消费者洞察

发现消费者的显性或隐性需求,并理解需求动机的本质原因,能为航空公司发现新的市场机会、寻求新的服务市场战略战术提供条件,为航空公司寻找到合适的服务价值、凝练服务品牌内涵提供有效途径。

消费者洞察的基本范围包括以下两个因素:一是洞察消费者的外部因素,影响消费者进行品牌认知的外部因素主要包括文化因素、社会阶层和参考群体三个方面;二是洞察消费者的内部因素,包括消费者的个性与情感两个方面。

2. 企业分析

企业分析主要是指对航空公司的市场资源状况及服务品牌现状进行系统分析。

(1)企业市场资源状况分析。服务品牌定位是建立在企业现有资源和能力基础之上的,因此需要分析企业的市场资源现状,判断其是否能够有力支撑预期的服务品牌定位。

(2)服务品牌现状分析。要求对企业的服务品牌在目标消费者心目中的基本认知进行客观、全面的了解。航空公司可以通过传统的问卷调查、深度访谈等了解消费者内心对品牌的真正感受,也可以通过联想、隐喻等非语言方式洞察消费者对本企业服务品牌的观点、感觉和情感。

3. 竞争者分析

航空公司需要利用服务品牌定位图(见图7-1)对服务市场中各竞争品牌的定位进行比较分析。服务品牌定位图是一种直观、简洁的定位分析工具,一般采用包含品牌认知度、品牌识别度等指标的平面二维坐标图进行直观比较，以解决有关服务品牌定位的问题。

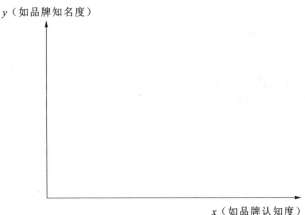

图 7-1 服务品牌定位图

服务品牌定位图的制作包括两个步骤：一是航空公司通过市场调查等方式明确影响服务消费的关键品牌因素，如品牌知名度、美誉度、品质认知等，筛选几个重要性较高的关键因素；二是在定位图上确定服务品牌的位置。选取关键因素后，根据消费者对各个服务品牌在关键因素上的表现进行评分，再确定不同服务品牌在坐标图中的各自位置。通过服务品牌定位图的对比分析，可以明确不同品牌之间的差异性和竞争性，为服务品牌定位提供决策信息。

4. 品类决策

航空公司在进行服务品牌定位时，需要明确到底是在原有服务品类上与已有品牌进行竞争，还是开创一个新的服务品类。

打造服务品牌较为有效、快捷的方法就是创造一个新的服务类别，使自身品牌成为这一全新服务类别里的第一个品牌。因此，有效的服务品类决策是服务品牌定位的重要方式，是建立差异化服务品牌需要重点考虑的方面。

三、航空服务品牌识别

航空服务品牌识别是指航空公司刻意创建的，能够引起目标消费者美好印象的各类联想物，如品牌标志、品牌名称、吉祥物、标志性建筑、代表人物等，它暗示着航空公司给予消费者的某种服务承诺、服务利益或效用。

（一）服务品牌视觉识别

服务品牌视觉识别也称为服务品牌一维识别，通过服务品牌立意或服务概念表现出来，即这个服务品牌的样子是什么。服务品牌立意是指服务品牌的基本内涵或意义，如快乐的、稳重的、时尚的；服务概念是指服务的本质属性，反映服务针对的特定市场痛点或消费者服务需求，是服务利益或效用的概括。服务概念是品牌立意的基础，而品牌立意是服务概念的外在体现，两者必须实现协调一致。对于航空公司来说，可以通过公司的LOGO、飞机涂装、飞机内饰、乘务员形象等，表达自身的立意。

（二）服务品牌主张识别

服务品牌主张识别也称为服务品牌听觉识别，即告诉目标消费者群体，服务品牌能够给他们带来什么。服务品牌主张作为一种营销思想，体现出服务品牌的一贯立场，是企业给服务市场及目标消费者群体的服务承诺，它集中表现在航空公司极力推广的服务"卖点"。服务主张是一面旗帜，它让目标消费者认识到服务品牌存在的价值；同时，服务品牌主张也是一种文化，或宣传口号。因此，它传递着服务品牌的精神内涵和价值诉求。对于航空公司来说，可以通过能够突出航空公司特色的"slogan"来体现其营销思想，比如深航的"任何时候，自然体贴"。

（三）服务品牌体验识别

服务品牌体验识别也称为服务品牌象征识别，它反映一种主观的、内在的消费者认知。作为一种高级别的服务品牌心理认知，服务品牌体验识别是服务品牌在目标消费者心目中的综合意义的理解。服务品牌识别的主要来源包括消费者在服务消费过程中的感官体验、情感体验、行为体验和思维体验四个方面。强调服务品牌体验识别使服务营销管理回归到营销的本质，即满足消费者作为人的直觉需求，而不是理性推断。因此，对于航空公司来讲，无论是线上的官网、App、微信、OTA展示等页面交互，还是线下的值机、安检、登机、摆渡车等各个环节，都应该营造出一种用起来舒适的感觉，以此形成对航空公司的品牌认知。

经典案例7-1

新加坡女孩，助推新加坡航空

新加坡航空公司（简称"新航"）成立于1972年，2004年成为全球最盈利的航空公司，销售收入70亿美元，利润达8.25亿美元。更重要的是，新航拥有优质的消费者群体，2003年以来已经获得500多项大奖。例如，2003~2006年，新航连续荣膺《商旅》（Travel & Leisure）杂志评选的"全球最佳航空公司"称号。目前，新航已成为世界上最有价值的航空公司之一，其国际航班线路被欧亚美三洲的媒体杂志评为"最佳航线"。新航的成功与它优越的服务体验和极具特色的品牌有形展示是分不开的。

自成立伊始，新航就强调优质服务，使之与其他航空公司形成差异化。公司在广告中推出了闻名世界的"新加坡女孩"形象标识，也已成为温馨和友善服务的符号，令消费者相信它是"最佳飞行方式"（A Great Way to Fly）。几十年来，该广告语一直没变。新航因为强调飞行服务、使消费者满意而声名远扬。

关注细节,对空乘人员衣着、化妆有严格要求。新航空姐制服只有一种颜色或两种颜色搭配,而深蓝色系小圆领是新加坡航空空姐制服的标准特征。20世纪 90 年代后期,新航甚至将空姐使用的香水标准化,从而使整个机舱都弥漫着同一种香味。关注视觉和嗅觉上的每个细节确保了消费者每一次乘坐对新航都会产生一致的服务体验。这样的做法有利于消费者对新航的品牌形成比较一致的印象,提高品牌联想率,从而使享受过新航服务的消费者在选择航空服务时最先回忆起的品牌就是新航。

(资料来源:王海忠. 品牌管理[M]. 北京:清华大学出版社,2014.)

第三节 航空货运服务品牌建设

在货运航空公司之间差异性不明显的买方市场条件下,货运航空公司想要从众多的竞争对手中脱颖而出,可以通过具有鲜明个性和特点的产品与服务建设自身的独特品牌,使企业与竞争对手区别开来,完成企业品牌建设。

一、航空货运服务品牌的作用

在航空货运的服务营销中,航空货运服务品牌的作用主要表现在以下四个方面。

(1)进行产品区分。品牌是航空货运产品进行广告和展示的基础,也是消费者区别和选择产品的重要依据。通过品牌,消费者就很容易对不同企业产品的品质、特色进行区分、识别,最后做出购买与否的决定。

(2)创造附加价值。品牌体现了企业产品的品质和信誉,可以使消费者产生心理价值,在消费者心理上,通常认为名牌产品比其他同类型非名牌产品的价值要高。因此,不同品牌的航空货运产品,在货主心理上产生了不同的价值观念。

(3)进行市场控制。品牌是企业控制市场的有力武器,消费者购买航空货运产品,往往是按品牌选购,这样航空货运产品之间的竞争,往往体现为品牌间的竞争。某一航空货运产品的品牌越有声誉,就越能对该类产品的市场有效地加以控制和影响。

(4)提升产品声誉。品牌的声誉,也可以使产品在定价上得到保障,同一类型的航空货运产品,品牌声誉高的,定价也会高些,反之则会低些。

二、航空货运服务品牌建设的建议

航空货运服务品牌建设可通过以下四个方面来进行。

(一) 以质量创造品牌

质量是品牌的本质,更是其灵魂。因此,货运航空公司要开展品牌建设,首先应保证自己所提供的服务具有优异的质量。具体可通过以下四个方面予以实现。

1. 努力从货主的实际需要出发来推行服务

货主是货运航空公司服务优劣的检验者与宣传员,航空公司设计服务时,就应从为满足货主需求的角度出发来提供高于其满意预期的服务。

2. 及时掌握货主对质量要求的变化趋势

随着经济的发展,货主对服务的要求是不断变化的。因此,要想永远让货主忠诚于自己的公司,就必须时时进行市场调查和消费者心态分析,去了解他们的需要和期望,并根据分析结果对自己的服务进行持续改进,在别的航空公司尚未做出动作之前行动。

3. 服务的人性化和区别化

航空公司提供的服务应当人性化和区别化,因此,要注重服务的细节,从货主方便的角度着手,改进自己的服务同样也是高质量服务的一个表现。

4. 倾听货主的意见以利改进

虚心接受货主的意见并进行切实的改进,让货主感受到尊重与信任,其对航空公司的满意度与信任度也会大大提升。反之,对货主的投诉与建议不闻不问,或者进行冷淡处理,货主对公司的满意度自然会大打折扣。需注意的是,在接受货主意见时,还需从公司本身的管理与运营角度出发,结合各方面实际情况推出可行性方案。

(二) 以服务支撑品牌

为货主提供优质、完善的服务是航空公司打动货主的最捷径途径,也是企业品牌树立的途径。"海底捞火锅"从一个四人小店发展为现在的全国知名连锁品牌,每晚吃饭时消费者要排几小时队等座吃饭,成功的秘诀其实就是其无微不至且超出消费者预期的服务。事实上,服务也正是品牌组成所不可缺少的重要部分。对于一个货运航空公司来说,一定要看到航空公司品牌背后的企业服务,除了传统意义上的地面与空中服务之外,这些服务还应包括售前调研、搜集资料、征询意见、售中咨询、售后反馈、投诉与建议处理,特种服务提供等。这些服务作为品牌的强力后盾,将有力地推动品牌的成长。

(三) 以"形象"树立品牌

品牌形象反映了品牌实力与品牌实质,是赢得消费者忠诚的重要途径。因此,针对自己的消费者群做好、做准定位,抓住一个独特的卖点,树立独特的品牌形象是航空公司建

立品牌的关键。例如，顺丰曾疯狂刷屏线上线下，打出"顺丰领先，不止于快"的品牌形象，为顺丰航空货运树立了快速、高品质的服务质量形象。

（四）以执行力夯实品牌

航空公司要想保证航班安全、正点以及货物的完好无损，首先要保证机务保障工作及运控保障工作的执行落实到位，而这便需要企业员工具有出色的执行力。因此，通过诸如建立合理的双向沟通体制、建立合理和可行的服务规范与指导书、建立条例明晰的激励制度、向一线员工予以授权等具体方法，促进执行力的提升，保证品牌建设。

事实上，航空公司的品牌建设，绝不是一个单一、孤立的事物，货运航空公司所提供服务的质量、机构管理能力、企业创新能力、广告宣传、公关处理能力、企业形象塑造以及企业文化的辅助都是必需的要素。一个货运航空公司的品牌建立只有综合运用这些因素，有计划、有步骤、有目的地进行运作才有可能成功。

经典案例7-2

中原龙浩创出本土航空货运"自主品牌"

2021年5月5日，随着满载10余吨高价值货物的全货机从越南河内飞抵郑州，中原龙浩航空有限公司（以下简称中原龙浩）在郑运营航班已达5000架次，货运量突破50000吨。作为河南唯一国有本土货运航空公司，用不到3年的时间交出一份亮眼答卷，创出本省航空货运的"自主品牌"。

2019年，河南航投重组成立中原龙浩，旨在充分利用区位优势和本土基地货运航空公司的航权优势，与卢森堡货航互促互补，推动"空中丝绸之路"和郑州国际航空货运枢纽建设。两年多来，中原龙浩孜孜以求，不断取得新突破。在开通郑州—法兰克福、郑州—布鲁塞尔、郑州—马尼拉、郑州—河内、郑州—东京、郑州—首尔等航线的基础上，中原龙浩与俄罗斯空桥、卢森堡货航等国际一流企业探索开展"一单到底"国际中转业务。2021年7月，顺利完成郑州机场首票国际换单模式空空中转业务，实现了国际航空货运中转业务类型的新覆盖，进一步丰富了"空中丝绸之路"的建设内容。

同时，中原龙浩还立足河南区位特色，抢抓RCEP协议生效的历史机遇，加快郑州国际航空枢纽网络布局，织密以郑州为中心的"空中丝绸之路"。目前已开通至11个RCEP成员国的国际航线25条，通达曼谷、东京、首尔、大阪、马尼拉、吉隆坡、河内等RCEP主要枢纽城市，航线网络从点对点向轴辐式发展，以郑州为中心"东进、南至"航线网络构建基本成型。其中，2022年新开深圳—胡志明市、烟台—大阪、广州—河内、济南—东京4条国际货运航线，实现"一月增一线，线线促畅通"；货物品类涵盖邮件、跨境电商货物、电子产品、生鲜水果、民生物资以及防护服、口罩等防疫物资，进一步擦亮了河南"不临海不沿边，一条跑道飞蓝天"的开放"自主品牌"。

下一步，中原龙浩将抢抓货运发展"黄金窗口期"，持续优化航线布局、畅通货运通道，加快融入国内国际双循环新发展格局，为做大做强"空中丝路"、推动开放强省建设贡献新的力量。

（资料来源：https：//mp.weixin.qq.com/s/YuQoM9qAMhPI1mMcOqGTmg，有删减。）

第四节　数字化的航空服务品牌营销

为了适应当今数字时代背景的影响，航空公司品牌营销也在与时俱进地迭代更新。本节在现有航空公司品牌营销策略的基础上，结合新时代背景合理推测航空公司品牌营销可能的发展趋势，并提出了系列品牌营销的策略。

一、数字时代的航空公司品牌营销趋势

（一）品牌国际化营销

数字时代下，全球联系日益紧密，航空公司不仅要关注国内市场还需要把视野放宽到全球范围内。国际化的品牌营销不仅取决于航空公司的国际营销能力，也取决于航空公司的运营保障能力。在航空运输市场全球化的今天，航空公司应该开始构建自己的国际品牌运营能力，开始建设国际品牌运营基础设施，如国际品牌营销要注意人文特征，完善消费者价值体系建设，为未来更好地适应全球化步伐做准备，从而使品牌的发展具有持久的生命力。

（二）基于新媒体的品牌营销

互联网深刻地影响了我们的生活，甚至改变了我们的生活方式。尤其是移动互联网重塑了新媒体的结构，从最初的 SNS（全称 social networking service，即社会网络服务）社交时期的微博流量，到微信公众号，再到今天的短视频，尤其是抖音短视频月活跃用户已经突破 8 亿。在这种时代背景下，需要深入发展基于新媒体的品牌营销。新媒体时代背景下品牌营销的发展可以从营销内容优化并精准定位客群、拓宽新媒体宣传渠道、粉丝营销以及打造客服式消费者交流四个方面考虑。

（1）营销内容优化并精准定位客群。随着社会的不断发展和国民经济水平的持续增长，现在年轻人是航空出行的主力军，同时他们追求一种性价比更高的生活、出行模式。航空公司可以针对年轻人这个消费者群体，推出一些更迎合年轻人需求的策略和活动。如航空公司可以特别针对年轻群体打造全新的具有"年轻、活力、时尚"的品牌个性化标签，在年轻的消费者群体中留下好的印象，也可以结合年轻群体关注的当下热点话题推出品牌宣传片，通过这样的方式来宣传、强化航空公司品牌在消费者心中的印象。这种有针对性的优质营销措施能够在短时间内拉拢部分消费者，对于小的航空公司来说可以提高企业品牌知名度，对于大的航空公司来说可以强化品牌印象和消费者黏度。

（2）拓宽新媒体宣传渠道。在考虑品牌营销深度的同时，也应该考虑如何尽可能地多渠道宣传品牌价值。面对纷繁复杂的新媒体平台，应该积极在多个主流新媒体平台上宣传品牌价值。如南方航空公司在微信、微博和移动App上经营公司账号。在此基础上可以考虑一方面拓展宣传品牌价值的平台数量，如同时入驻几个短视频平台（抖音、快手、火山等），另一方面要在多个宣传品牌进行协同优化，增加品牌曝光度。

（3）粉丝营销。针对现在乘飞机出行的主要群体为年轻人这一特征，航空公司可以考虑找明星当品牌代言人，从网红/明星的网络直播带货的销售力度可以看出这种粉丝营销的特有传播效果。比如韩国某航空公司的中韩航线请宋仲基代言，开通"宋仲基号"航班，飞机内饰也和明星相关，下飞机后乘客还能获得明星亲笔签名的T恤一件。通过这种方式能帮航空公司俘获追星一族，也可以给年轻消费者群体留下品牌时尚、年轻化的印象。

（4）打造客服式消费者交流。目前航空公司正在经营的网络营销平台中，大部分是单向的，即只是在向消费者"述说"航空公司品牌价值，但是缺少了"倾听"消费者声音的环节。未来航空公司的品牌营销可以重视增强企业与消费者间的沟通，通过对消费者意见的关注与解答可以提高消费者对品牌的参与感，可以让消费者感受到品牌对其的关注。建议航空公司设置网络平台消费者意见反馈岗位，实现高质量的在线双向沟通，能够有效提高航空公司品牌传播的效果。

（三）重视品牌公关

航空公司相对于其他行业更应该重视突发事件的处理，因为几乎每个航空公司都会有因航班延误或者取消而遭到投诉的问题。进一步，在信息技术高度发达的今天，信息的传播速度快、范围广。为了把类似于航班延误事件对航空公司品牌的影响尽可能降低，航空公司有必要制定一套有效的应对突发事件的机制，组建专业的公关危机处理团队。特别是要正确处理网络舆论，避免陷入舆论漩涡。

总之，受当今市场全球化、互联网时代背景的影响，为了强化航空公司市场竞争力，保持航空公司生命力，航空公司的品牌营销方面应该关注到品牌国际化营销建设，应该深入发展基于新媒体的品牌营销策略，同时重视品牌公关。

经典案例7-3

南方航空公司的数字化品牌运营

南方航空公司的数字化品牌运营工作主要包括微信端、微博端以及移动端App。

微信端。用户关注官方微信公众号后，可以在微信公众号平台了解有关机票信息、航班动态、改签、行李办理以及最新的南航促销活动，并且可以在这里获得选座服务、人工客服和航班服务。南方航空公司的微信公众号在一定程度上实现了一站式服务。从表7-1中可以看出，该公众号具有较大的阅读量，并且能够加大公司活动的传播力度，增强了企业与用户的沟通。

表7-1 南方航空官方微信公众号单月内容分析情况

	总条数	平均阅读量	平均点赞数	平均可见评论数
情况说明	0	0	0	0
优惠产品	18	72514	158	5
航线信息	1	100000+	157	10
品牌宣传	0	0	0	0
活动宣传	3	75446	92	26
娱乐信息/旅游资讯	14	60122	176	15
招聘信息	1	100000+	211	7
便捷服务	6	40064	146	25
总计	43	/	/	/

微博端。中国南方航空公司在微博端设有"南航官方网站""南方航空-乘务安全员招聘""中国南方航空"等多个账号，其中"中国南方航空"是官方微博账号，截至目前其拥有超100万粉丝。该账号通过发布一系列关于公司的消息，来让用户了解到公司的最新动态。并且，微博有留言互动功能，这直接拉进了航空公司和乘客的距离，加强了公司与乘客的沟通。值得一提的是，该账号在多次公共事件中代表中国南方航空公司发声，并且对于该账号留言中的负面评论积极及时回应，这对于维护和建立品牌形象意义重大。

移动端App。随着便携式电子设备的普及，移动端用户在急速增长，这吸引着企业利用移动端App作为新的品牌营销渠道。南方航空公司的移动端App取名"南方航空"。南方航空App包含广告、航班信息查询、推广信息、热门活动以及专属权益等多个功能模块，这给乘客带来更方便的乘机体验的同时也为航空公司带来更大的经济效益。通过在App上的界面、服务设置能够加深用户的品牌认知，提高用户的品牌忠诚度。

总体来看，尽管南方航空公司在数字化营销领域已经做了很多工作，但是我们不难看出其主要目的是在于促进和方便消费。我们应该清楚地认识到，目前的不足在于缺乏直接的品牌宣传，都是间接地强化品牌印象，没有体现出南方航空公司的文化软实力。此外，我们还能看到现在航空公司品牌营销正积极和数字化需求更高质量地结合。

二、航空公司的数字化营销策略

在品牌价值不断凸显的市场环境中，航空公司需要更深入了解自己的消费者，以消费者为中心，抓住消费者的需求才能建立起核心竞争力，才能在竞争中制胜。航空公司需要转变思维，进行数字化营销。积累消费者数据，搭建企业私域流量池，利用技术手段实现精准营销，打造以消费者为中心的场景，与消费者建立更直接、更有温度的连接，从而降低营销成本，提升营销效果。

（一）建立整合式传播应对信息碎片化

因互联网的快速发展，航空公司的品牌能够更迅捷地被消费者感知和触摸，并因此具有了更大的商业价值。数字化时代下的品牌传播呈现出平台性、互动性、快速性和传播与购买相容性特征，消费者受众则呈现出高度"碎片化"的特征，主要表现为媒介形态碎片化、受众选择碎片化、信息离散碎片化、受众需求碎片化等。

为了应对受众"碎片化"的信息接收，航空公司需要对航空旅客市场进行细分，了解需求并制定产品，然后采用聚合性品牌传播来应对这种碎片化。整合营销要求航空公司制定出统一凝练的品牌定位作为聚合性信息内核，以统一的内容向外传播，最终通过多种形式的多媒体公共平台传送到各个消费者。虽然信息传送呈现碎片化，但消费者可以通过网络互动感知到碎片化信息背后的航空公司品牌内核，通过整合碎片化的沟通元素，企业品牌得以更完整地传递给消费者。当前，新媒体平台支撑下的传播媒介众多，如微博、微信、视频网站等，消费者可以通过这些社交载体与品牌零距离接触并获得立体的品牌体验。航空公司可以制定长远的品牌传播计划，在品牌形象、品牌核心价值、品牌口号等战略要素上进行统一的设计管理，通过建立新媒体营销矩阵（marketing matrix），进行高效、集中的传播，以网络式的渗透将消费者进行筛选，然后捕获那些对自身品牌感兴趣的消费者。

东航融媒体
生态矩阵

（二）创新品牌营销活动

创新品牌营销活动，例如网红营销。网红营销（influencer marketing），是指依靠有影响力的关键意见领袖（key opinion leader, KOL）通过网络传递产品和品牌信息，来吸引潜在消费者并获得转化。

旅客体验《当你被
幸运砸晕了头》

网红营销是数字营销中利用社交和内容进行品牌传播的一种形式，通过 KOL 对品牌的体验和评价，引起消费者的共鸣与参与，形成双向沟通反馈和传播。

（三）积极开展公益活动

近几年，随着社会的进步和发展，人们对社会公益、公德等方面的活动越来越关注，对航空公司而言，组织一些有针对性的公益活动是一种既能加强品牌与消费者联系，又能提高品牌社会形象、品牌形象、公众影响力的手段。航空公司正面、阳光、积极的品牌形象能瞬间拉近与旅客的距离。因此，航空公司利用新媒体进行品牌传播，要注意传播内容的真实性和正能量。航空公司参与公益活动，在宣扬企业社会责任的同时，还可将传播内容的情感性、社会性向公众进行表达。

南航品牌微电影《梦想，从心出发》

（四）品牌联合营销

品牌联合营销（co-branding）是指两个或两个以上品牌在资源共享、共担共赢的原则下，向合作品牌开放营销资源，借以优势互补，实现促进销售、提升品牌的目标。两个价值取向相同的品牌协调合作可以创造巨大的和谐力，并能够为双方提高收益率和品牌价值。

海航功夫熊猫系列彩绘飞机

本章小结

航空服务品牌是航空公司用来区别于其他企业服务产品的名称、符号、象征或设计，它由服务品牌名称和展示品牌的标识语、颜色、图案、符号、制服、设备等可见性要素构成，在强化企业凝聚力、提升企业的吸引力和提高企业市场竞争力方面发挥着重要作用。

航空服务品牌的塑造主要包括品牌命名、品牌定位以及品牌识别三个方面。其中，航空服务品牌名称的命名应当遵循法律保护、简单易记、新颖独特、暗示功能属性和符合文化习俗等原则；品牌定位可以通过消费者洞察、企业分析、竞争者分析和品类决策四个步骤来确定；航空服务品牌识别应当刻意关注服务品牌视觉识别、服务品牌主张识别、服务品牌体验识别三个方面，以引起消费者的美好印象。

数字时代下，航空公司品牌营销需要重点关注品牌国际化营销、新媒体品牌营销和品牌公关。通过建立整合式传播应对信息碎片化、创新品牌营销活动、积极开展公益活动和品牌联合营销等方式，提升营销效果。

复习思考题

1. 简述航空服务品牌的概念及构成要素。
2. 航空服务品牌的主要作用有哪些？
3. 航空服务品牌命名有哪些原则？
4. 航空服务品牌定位包括哪些步骤？
5. 数字时代航空服务品牌营销的趋势有哪些？你有哪些品牌营销的建议，请简要说明。

复习思考题答案

【航空报国　奉献篇1】
机坪的女飞机监护员们

第八章
航空服务价格管理

价格是营销组合重要组成部分之一,是其中能够增加企业收益的关键因素。航空服务价格是否适当,定价策略是否正确,往往直接影响航空公司服务在市场中的竞争地位和所占份额。因此,根据定价目标和策略确定好合理定价,做好航空服务收益管理,对于航空公司收入和利润有很大影响。本章将围绕航空服务定价依据、目标、策略以及收益管理等核心内容展开讨论。

学习目标

1. 理解航空服务定价的依据、目标和策略。
2. 理解航空服务收益管理。
3. 掌握航空货运定价的影响因素和定价策略。
4. 认识数字时代价格管理的新挑战和新特征。

本章引例

"随心飞"产品为疫情中的民航运输市场注入"强心剂"

2020年,在疫情的影响下,民航业面临的巨大危机不言而喻,仅一季度三大航的净亏损总额就超过了140亿元。有数据显示,2020年的2月至4月,国内民航客机闲置率达60%以上,国内航空公司的宽体客机日利用小时不足2小时。而部分航空公司因巨额亏损直接破产,据统计,2020年1月—6月,全球已有40多家商业航空公司破产。

各航空公司不断在自救路上摸索，山东航空曾在直播中推出过9.9元抵100元经济舱机票券、199元机票通兑券等特惠产品，但是效果不大。直到东方航空的一句"只要3322元，周末随心飞"在社交圈刷了屏。

随后，各大航空公司也集中推出了各类"随心飞"产品，"南航快乐飞""海南航空嗨购自贸港""春秋航空想飞就飞"等产品陆续上线，类别和内容也丰富了起来。

例如海航集团旗下的首都航空，在其转场大兴机场一周年系列活动中，发布了"首航京兴飞·京华无限游"产品，购买此产品的消费者可不限次搭乘首航北京大兴进出港国内航班。春秋航空则推出了"儿童畅飞卡"，售价不足百元，以此来吸引许多亲子家庭用户购买产品。

东方航空发布的年度数据显示，"周末随心飞"产品一经推出，销量一天内突破了10万。购买了东航"周末随心飞"权益的消费者，每周都会兑换出十余万张机票，航班由大量取消变成全部满员，为满足暴涨需求，东航将窄体机换成原本执行国际航班的宽体机。据估计，仅东航一家，2020年的"随心飞"就带动了大约270万人次出行。

据国际航协统计，2020年10月份中国国内航空客运量同比降幅仅为1.4%，已经全面恢复至2019年同期水平，是全球恢复程度的最好的国家之一。这个数字得益于国内疫情控制迅速，以及为促进经济恢复展开的一系列折扣政策。这其中，"随心飞"产品带来的出游刺激有着不小的功劳。

（资料来源：整理自"'随心飞'发布年终总结，这款创新产品成绩怎么样？"，2021-01-14，见https：//www.163.com/dy/article/G0A39BOJ0524CO0U.html。）

课堂讨论：
从航空服务定价的角度思考航空公司为什么要推出"随心飞"？

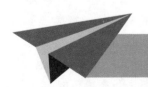

第一节　航空服务定价的依据

在服务市场中，服务价格传递着服务价值的信息。航空运输价格，是决定航空服务销路的重要因素之一。航空服务价格是否适当，定价策略是否正确，往往直接影响航空公司服务在市场中的竞争地位和所占份额。在市场营销因素组合中，航空运输价格是增加航空公司收益的关键因素。因此，航空运输价格对于航空企业收入和利润有很大影响。

一、航空运价的概念和特点

（一）航空运价的概念

航空运价（aviation freight）是指在航空运输中，承运人对其载运的消费者及其限额内的行李和货物所收取的从始发站机场到目的地机场的运输价格，不包括支付给代理人其他辅助服务的价格。它是航空消费者对运输服务的支付价格，是民航运输服务价值的货币表现。

（二）航空运价的特点

航空运价有以下几个特点。

第一，不包含中间价格，只有一种价格形式。提供航空运输服务的最初价格就是最终价格，也就是说提供航空运输服务的价格只有一种形式，称之为销售价格。

第二，运价制定受到严格约束。运价是国家掌握的基本物价之一，运价的波动关系到整个市场物价的波动。国内运价要受国家政策法律的严格约束，各国皆然。我国国内运价由政府运输行政主管部门和物价主管部门直接控制。

第三，航空运价按航线而定，以客或千克作为基本计算单位。运输价格理论，以单位周转量（客公里或吨公里）作为基本计量单位，称为运价费率。某一批货物的运输量乘以运输距离再乘以相应的运价费率得到该批货物的运价。

第四，消费者和货物作为运输生产过程的劳动对象，不构成运输服务的实体，因而没有原料支出，货物本身的价值不加入运输价值，对消费者运输来说，更不存在这个问题。

第五，航空运输企业的资金有机构成较高，物质技术装备是运输能力的决定性因素，固定资产损耗对运输价值影响很大。

第六，客流构成在方向、时间上的不均衡性。运送条件、运输路径、自然条件等因素，对运输劳动消耗有不同程度的影响。

第七，航空运输生产，按其作业过程可以分为始发和到达作业、运行作业及中转作业三个环节，始发和到达作业费用与距离远近无关，运行和中转费用与距离成正比，因此，单位运输服务价值量存在递增递减的规律性。运价与距离有密切的关系。

航空运价的
制定

第八，航空运输服务的价值以它的使用价值为物质承担者。

二、影响航空运价的因素

影响服务定价的因素有很多，具体来看分为企业、竞争者、消费者以及政府四个方面。

(一) 来自企业的影响因素

(1) 服务成本。服务成本是航空公司定价需要考察的首要因素。企业进行生产和经营的最终目的是获取最大的收益,其基本内涵就是"产出—投入",因此成本是定价的基础。如果服务的价格制定过低,不仅投资者无法得到应有的回报,甚至企业的经营都无法维持。航空公司服务成本的高低在定价时是一个重要的影响因素,如春秋航空以低成本为战略,便可制定较低的运输价格。

(2) 定价目标。企业在对其服务制定价格时,会有意识地设立要达到的目的和标准。定价目标是指导航空公司进行价格决策的主要因素,也是选择定价策略的主要依据。不同定价目标和策略下,企业的价格制定不同。

(二) 来自竞争者的影响因素

服务的无形性决定了消费者在进行服务消费决策时会选取各种参照物,其中竞争者的同类服务就是最佳参照之一。

(1) 竞争者的可能反应。航空公司按某一价格出售座位时,其他航空公司的反应。航空公司如果能在事先对竞争者的可能性反应做出预测,不仅可以使自己避免被动,还可以使服务具备较长时间的竞争优势。

(2) 性能差异。性能差异主要包括功能差异和质量差异。功能差异主要来自技术差异,在航空器制造商集中的情况下,航空公司之间基本不存在技术差异,因而质量差异成为航空公司之间的主要性能差异。

(3) 成本差异。成本是企业定价考虑的主要因素。了解竞争者与自身成本的差异,可制定出更有竞争力的价格。

(4) 替代品的替代程度。这里的替代品主要是指火车、汽车对飞机的替代程度,这个值越低,说明民航运输业越有竞争优势,定价也就越有优势。此外,替代品的数量越少,对航空公司服务定价越有利。

(三) 来自消费者的影响因素

(1) 消费者的收入水平。消费者的收入水平会引起对服务的需求的变化。当消费者收入水平提高时,需求的收入弹性变小;反之,变大。需求收入弹性是指因收入变化1%而引起的需求量变化的百分比,民航客运业该弹性数值约为2。

(2) 消费者的需求度。消费者的需求程度简称需求度,用来描述消费者对服务的需求程度。消费者对服务的需求度越高,服务的定价越有利。通常说来,消费者对生活必需品的需求程度大且比较稳定,而对非生活必需品的需求程度小且不稳定,此种情况下服务的需求价格弹性较大。

(3) 消费者的认知度。消费者的认知价值是指消费者在购买或使用服务过程中对服务的性能、外观、价格和售后服务等的感受。消费者的认知度是指消费者的认知价值相对于企业创造的价值而言,对服务价值的认知程度。认知度越高,对服务定价越有利。

(4) 消费者的偏好。消费者偏好受到多种因素的影响,如机运价格、服务质量、飞机型号等。此外，航空运输市场目前正处于高速增长期，早已出现了供过于求的局面，在载运率比较低的情况下，价格的高低在很大程度上决定了能否吸引更多的消费者，能否进行市场规模和企业规模的扩张。

（四）来自政府的影响因素

一国政府在行业或企业的发展中扮演着无可替代的作用。政府对某行业或某类企业的政策制定、调控措施直接关乎该行业或企业的发展。政府的调控包括规定最高、最低限价，限制价格的浮动幅度或者规定价格变动的审批手续，实行价格补贴等。

W 航空公司的票价

以上各影响服务定价的因素，构成航空运输价格的定价依据，见图 8-1。

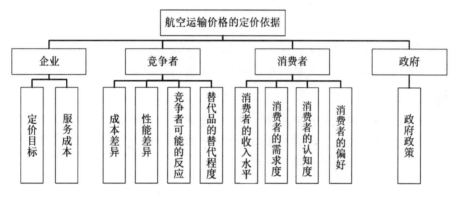

图 8-1　航空运输价格的定价依据

三、航空服务的定价方法

服务定价的主要方法与有形产品的定价方法类似，但在定价过程中需要根据服务的特性来决定。总体来讲，航空服务的定价方法主要有成本导向定价法、需求导向定价法和竞争导向定价法三种。

（一）成本导向定价法（cost-oriented pricing）

成本导向定价法是以服务的成本为中心，制定对企业最有利的价格的一种定价方法。对于航空公司来说，可以根据原材料和劳动力，加上间接成本和利润最终确定服务的价格。成本导向定价法的基本公式为：

$$价格 = 直接成本 + 间接成本 + （边际）利润$$

也就是说，航空公司只有将运价覆盖到所有成本之上才能保证盈利。一般来讲，常用的成本导向定价法有成本加成定价法、盈亏平衡定价法、投资回报定价法、目标效益定价法四种。

1. 成本加成定价法

成本加成定价法是一种最简单的定价方法，即在服务的单位成本的基础上加上预期利润以此作为服务的销售价格。售价与成本之间的差额就是利润。由于利润的多少是有一定比例的，这种比例就是人们俗称的"几成"，因此这种方法就称为成本加成定价法。采用这种定价方式，一要准确核算成本，二要确定恰当的利润百分比（即加成率）。依据核算成本的标准不同，成本加成定价法可分为两种：平均成本加成定价法和边际成本加成定价法。

（1）平均成本加成定价法。单位平均成本是企业在提供单位服务时所花费的固定成本和变动成本之和，在单位服务的平均成本上加上一定比例的单位利润，就是单位服务的价格。用公式表示为：

$$单位服务价格 = 单位服务平均成本 + 单位服务预期利润$$

（2）边际成本加成定价法，也称为边际贡献定价法。即在定价时只计算变动成本，而不计算固定成本，在变动成本的基础上加上预期的边际贡献。用公式表示为：

$$单位服务价格 = 单位服务变动成本 + 单位服务边际贡献$$

成本加成法的优点是计算简便，特别是在市场环境基本稳定的情况下，可以保证企业获得正常利润。缺点是只考虑了服务本身的成本和预期利润，忽视了市场需求和竞争等因素。因此，无论是在短期还是在长期都不能使企业获得最佳利润。

2. 盈亏平衡定价法

盈亏平衡定价法即根据盈亏平衡点原理进行定价。盈亏平衡点又称保本点，是指一定价格水平下，企业的销售收入刚好与同期发生的费用额相等，收支相抵、不盈不亏时的销售量；或在一定销售量前提下，收支相抵时的价格。

3. 投资回报定价法

企业开发服务和增加服务项目要投入一笔数目较大的资金，且在投资决策时总有一个预期的投资回收期，为确保投资按期回收并赚取利润，企业要根据服务成本和预期的服务销量，确定一个能实现市场营销目标的价格，这个价格不仅包括在投资回收期内单位服务应摊销的投资额，也包括单位服务的成本费用。利用投资回报定价法必须注意服务销量和服务设施的利用率。

4. 目标效益定价法

目标效益定价法是根据企业的总成本和估计的总销售量，确定一个目标收益率，作为定价的标准。

（二）需求导向定价法（demand-oriented pricing）

在市场营销理念中，消费者是企业营销管理活动的中心，需要用营销组合来体现消费者的主要地位。在航空运价的制定中，根据市场的需求状况和消费者对服务感知价值的差异来确定价格的方法，叫作需求导向定价法。需求导向定价法不以成本为基础，而是以消费者对服务价值的理解和需求程度为依据，包括感知价值定价法和需求差异定价法。

1. 感知价值定价法

感知价值定价法是企业以消费者对服务价值的感知为定价依据的服务定价方法。具体而言，航空公司通过各种服务营销策略和手段，影响消费者对服务价值的认知，形成对本企业有利的价值观念,再根据服务在消费者心目中的价值来制定服务价格。

感知价值定价法的关键点和难点是航空公司需要获得消费者对服务价值感知的准确信息。如果企业高估消费者的感知价值,服务定价可能过高,难以达到应有的销量;反之,若企业低估了消费者的感知价值,服务定价可能偏低,带来不必要的利润损失,进而影响企业的销售收益。因此,航空公司必须通过广泛的市场调研,了解消费者的需求偏好,根据服务的功能效用、品质、品牌等要素,判断消费者对服务价值的感知,制定服务的初始价格。然后在初始价格条件下预测可能的服务销量,分析目标成本和销售收入,在比较成本与收入、销量与价格的基础上确定最终定价方案,制定服务的最终销售价格。

2. 需求差异定价法

需求差异定价法是将消费者不同的需求放在首要位置,而将成本补偿放在次要位置的一种定价方法。需求差异定价法会将同一服务在同一市场制定两个或两个以上价格,该方法最大的优点是可以使服务定价最大限度地符合市场需求,促进销售,从而使企业获得最大的效益。具体来说有以下几种形式。

(1) 以消费者为基础的差别定价,即针对不同消费者制定不同的价格。例如新消费者和老消费者、男性消费者和女性消费者、成人和儿童等。

(2) 以地点为基础的差别定价,即根据地点或位置的不同制定不同的价格。例如航班的不同座位。

(3) 以时间为基础的差别定价,即同一服务随着季节、日期甚至钟点的不同收取不同的价格。例如白天和晚上的票价,节假日和工作日的票价。

(4) 以交易条件为基础的差别定价,即根据交易量的大小、交易方式、消费频率、支付手段等制定不同价格。例如交易量大的价格低,交易量小的价格高。

需要注意的是,需求导向定价法的使用必须满足:第一,对于消费者而言,服务需求必须有明显的差异;第二,对于企业而言,实行不同服务价格的总收入要高于统一价格;第三,对于竞争者而言,无法使用低价格策略来进行对抗。

(三) 竞争导向定价法 (competition-oriented pricing)

竞争导向定价法以市场上相互竞争的同类服务价格为定价基本依据,以随竞争状况的变化确定和调整价格水平为特征,主要有通行价格定价法、主动竞争定价法、密封投标定价法等方法。

1. 通行价格定价法

通行价格定价法是竞争导向定价方法中广为流行的一种。通行价格定价使服务的价格与竞争者服务的平均价格保持一致。这种定价法的目的是:第一,平均价格水平在人们观念中常被认为是"合理价格",易为消费者接受;第二,试图与竞争者和平相处,避免激烈竞争产生的风险;第三,一般能为企业带来合理、适度的盈利。

2. 主动竞争定价法

与通行价格定价法相反,主动竞争定价法不是追随竞争者的价格,而是根据服务的实际情况及与竞争者的服务差异状况来确定价格。一般为富于进取心的企业所采用。定价时首先将市场上竞争服务价格与企业估算价格进行比较，分为高、一致及低三个价格层次。其次，将企业所提供服务的性能、质量、成本、式样、数量等与竞争企业进行比较，分析造成价格差异的原因。再次，根据以上综合指标确定企业服务的特色、优势及市场定位，在此基础上，按定价所要达到的目标，确定服务价格。最后，跟踪竞争服务的价格变化，及时分析原因，相应调整企业服务价格。

3. 密封投标定价法

密封投标定价法主要用于投标交易方式。投标价格是企业根据竞争者的报价估计确定的，而不是按自己的成本费用或市场需求来制定的。企业参加投标的目的是希望中标，所以它的报价应低于竞争对手的报价。一般说，报价高、利润大，但中标机会小，如果因价高而招致败标，则利润为零；反之，报价低，虽中标机会大，但利润低，其机会成本可能大于其他投资方向。因此，报价时，既要考虑实现企业目标利润，也要结合竞争状况考虑中标概率。最佳报价应是使预期利润达到最高水平的价格。此处，预期利润是指企业目标利润与中标概率的乘积，显然，最佳报价即为目标利润与中标概率两者之间的最佳组合。

运用这种方法，最大的困难在于估计中标概率，这涉及对竞争者投标情况的掌握，只能通过市场调查及对过去投标资料的分析大致估计。

经典案例8-1

价格歧视：航空公司通用的定价手段

众所周知，飞机由于运量较小、建造和使用成本高等特点，属于交通运输的"奢侈品"。即便如此，飞机票也有便宜的时候。飞机不像铁路运输采用政府垄断定价的固定价格模式，而是根据市场变化，浮动定价。同一条航线，不同的航空公司、飞行时间、不同的舱位、航班时间都会影响到机票价格。

航空公司一般会采用价格歧视的定价手段。所谓价格歧视，就是销售同样的商品或服务，但对不同的人收不同的价。对于飞机票，每个消费者都有可承受的价格上限（具体上限值因人而异），一旦票价超过这个上限就会放弃购买。比如很多消费者就认为京沪线的机票价格不能超出京沪高铁太多，否则乘飞机不如坐高铁。

对航空公司来说，采用价格歧视的定价手段能做到将经济利润最大化。价格歧视是指根据不同市场的消费者、不同的供求状况来区别定价，比如节假日机票价格往往都会上涨。航空公司会先想办法把高价位的座位塞满，再把剩下的乘客填到低价位座位去。为了让能买高价票的乘客心甘情愿地买高价票，航空公司会制定各种各样的"游戏规则"，最典型的是订票时间差异化，例如想放假回家的大学生往往会提前一个月就订票，而商务人士则有可能上午才买下午的票。注意，因为突发事件或有某种需求急需乘机的消费者也属于能接受高价票的消费群体，

这时他们为了顺利到达目的地愿意掏钱,这正是节假日时飞机票价格疯涨的原因。除此之外,低价票还常常附加诸如不退票、不改签等限制。这些正是航空公司"制造差异化"的表现所在。

(资料来源:来源于"在云端航空"微信公众号,有删减。)

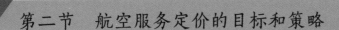

第二节 航空服务定价的目标和策略

航空服务的定价目标,是航空公司在对其服务制定价格时,有意识地要求达到的目的和标准。定价策略是航空公司提高竞争力所采取的一系列手段。定价目标是指导航空公司进行价格决策的主要因素,是航空公司选择定价策略的主要依据。航空公司的定价目标越清晰,越能制定出合理的策略,从而获取更高的利润。

一、航空服务定价的目标

航空公司定价的目标大致有以下五种。

1. 保生存

航空公司如果遇到供应能力过剩而市场竞争激烈或需要刺激消费者需求时,要把维持生存作为主要目标,利润比之生存要次要得多。此时必须制定一个低价,并希望市场需求对价格是敏感的。价格可以低到完全成本以下,能够收回可变成本弥补一部分固定成本,能够维持住企业,并保持企业活力即可,以图渡过难关,东山再起。

欧美航空
公司价格战
渡过难关

2. 获取利润最大化

获取利润是航空公司从事经营活动的最终目标,具体可通过服务定价来实现。获取利润目标一般分为以下三种。

第一,以获取投资收益为定价目标。投资收益定价目标是使航空公司实现在一定时期内能够收回投资并能获取预期的投资报酬的一种定价目标。采用这种定价目标的航空公司,一般是根据投资额规定的收益率,计算出单位服务的利润额,再加上服务成本作为销售价格。但必须注意两个问题。一是要确定适度的投资收益率。一般来说,投资收益率应该高于同期的银行存款利息率,但不可过高,否则消费者难以接受。二是与竞争对手相比,该航空公司的服务具有明显的优势。

第二,以获取合理利润为定价目标。合理利润定价目标是航空公司为避免不必要的价

格竞争，以适中、稳定的价格获得长期利润的一种定价目标。采用这种定价目标的航空公司，往往是为了减少风险，保护自己，或限于力量不足，只能在补偿正常平均成本的基础上，加上适度利润作为服务价格。其条件是航空公司必须拥有充分的后备资源，并打算长期经营。

第三，以获取最大利润为定价目标。最大利润定价目标是企业追求在一定时期内获得最高利润额的一种定价目标。利润额最大化取决于合理价格所推动的销售规模，因而追求最大利润的定价目标并不意味着企业要制定最高单价。最大利润既有长期和短期之分，又有企业全部服务和单个服务之别。有远见的企业经营者，都着眼于追求长期利润的最大化。当然并不排除在某种特定时期及情况下，对其服务制定高价以获取短期最大利润。追求短期利润最大化，可能会使航空公司急功近利，行为短期化，给消费者、企业本身以及社会都带来严重的后果。

3. 维持或提高市场占有率

市场占有率目标也称市场份额目标，即把维持和提高航空公司的市场占有率（或市场份额）作为一定时期的定价目标。市场占有率是一个企业经营状况和企业服务在市场上竞争能力的直接反映，关系到企业的兴衰存亡。较高的市场占有率，可以保证航空公司服务的销路，巩固企业的市场地位，从而使企业的利润稳步增长。

在许多情形下市场占有率的高低比投资收益率更能说明航空公司的营销状况。有时，由于市场的不断扩大，航空公司可能获得可观的利润，但相对于整个市场来看，所占比例可能很小，或本企业占有率正在下降。无论大、中、小企业，都希望用较长时间的低价策略来扩充目标市场，尽量提高航空公司的市场占有率。例如，莱客的"天空列车"运价和美国的西南航空企业的运价。以提高市场占有率为目标定价，企业通常有两种定价路径。

1) 定价由低到高

在保证服务质量和降低成本的前提下，航空公司服务入市时的定价低于市场上主要竞争者的价格，以低价争取消费者，打开服务销路，挤占市场，从而提高企业服务的市场占有率。待占领市场后，企业再通过增加服务的某些功能，或提高服务的质量等措施来逐步提高服务的价格，旨在维持一定市场占有率的同时获取更多的利润。

2) 定价由高到低

航空公司对一些竞争尚未激烈的服务，入市时定价可高于竞争者的价格，利用消费者的求新心理，在短期内获取较高利润。待竞争激烈时，航空公司可适当调低价格，赢得主动，扩大销量，提高市场占有率。

4. 适应价格竞争

航空公司对竞争者的行为都十分敏感，尤其是价格的变动状况更甚。在市场竞争日趋激烈的形势下，航空公司在实际定价前，都要广泛搜集资料，仔细研究竞争对手服务价格情况，通过自己的定价目标去应对竞争对手。根据航空公司的不同条件，一般有稳定价格目标、追随价格目标、挑战价格目标三种。其中，稳定价格目标是以保持价格相对稳定，避免正面价格竞争为目标的定价；追随定价目标是指企业有意识地通过跟对行业头部企业定价来给自身服务定价，以应付和避免市场竞争；挑战定价目标则是如果航空公司具备强大的实力和特殊优越的条件,可以主动出击,通过稍高的价格来挑战竞争对手,获取更大的市场份额。

5. 服务质量领先地位

树立服务市场保持质量领先地位的目标。一般要收取较高的价格来弥补成本,航空公司的服务质量能达到竞争对手难以模仿的水平时,求名、求美心理可能会使消费者接受按需定价,例如,美国圣路易斯的第一航空企业只经营头等舱业务就是一个典型的优质高价模式。

二、航空服务定价的策略

定价策略是指企业在营销活动中,根据自身条件变化结合市场环境的具体情况,运用价格来实现取得在市场竞争中的有利地位的一种手段。定价策略的宗旨在于使服务价格既能为消费者乐意接受,又能为企业带来较多的利润。企业在确定和实施定价策略时,必须遵循四个基本原则:一是必须在国家政策规定范围内进行,必须遵守国际有关的协定和公约;二是必须以正当合法的手段进行价格竞争;三是必须兼顾企业营销的近期目标和远期目标;四是必须主动考虑消费者的长远利益。常见的航空公司定价策略有以下四种。

(一) 新服务定价策略

航空公司开辟一条新航线、销售一种新的客舱等级、吸引一个新的消费者群体、承运一种新的货物种类、提供一种新的服务项目都可以视为开发新服务。新服务能否在市场上站住脚,并给企业带来预期收益,定价起着重要作用,决定该服务的市场前景,也决定了企业的市场竞争能力。通常新服务定价策略有三类。

1. 撇脂定价

"撇脂"原意是指将牛奶上的那层奶油撇出,市场撇脂定价是指新投放市场时,在短时期内采用高价,获得高额利润的定价策略。新服务刚上市时,需求弹性较小,消费者对服务价格的反应不敏感,竞争对手也较少,因而可能在短时期内获得较大的利润。

撇脂定价策略的优点是利润大,可及时回收成本投资。高价位也有利于树立高质量的服务形象,并给航空公司留有一定的降价空间,以吸引对价格敏感的消费者。但是,如果最初定价太高,则不利于开拓市场,也会引来大批竞争者的加入,因竞争激烈而造成利润下降。所以,撇脂定价是一种短期的价格策略,航空公司若想长期使用这种策略,就必须不断地进行服务创新。

2. 渗透定价

与撇脂定价相反,渗透定价策略是指将新服务以低价投放市场,以便尽快扩大服务的销售量,获得较大的市场份额。例如,到新开发的国内旅游景点的航线,或者新开辟的国际航线,就可以先采用低价吸引消费者,待该航线为消费者所认同熟知后,再为这条航线制定较高的运价,把新航线开辟可能带来的市场利润尽可能多地收归本企业。当竞争对手也来加入这条航线时,再把价格明显地降下来。如果企业新加入别的航空公司已经运营的

老航线中去,则可以采用低价渗透策略,为该航线的航班制定较低的价格,以求成功地打入该航线,占据满意的市场份额。

市场渗透定价策略的优点是有利于迅速渗透市场,打开销路,提高占有率,薄利多销,销售量增加,成本下降,从而获得长期收益;也利于排斥竞争对手的介入。其缺点是航空公司的利润偏低,资金回收期长,价格变动余地小,不太可能再降低价格吸引更多的消费者。采用这种定价策略的航空服务,其特点是市场很大,企业生产能力也很强,同时竞争者也容易加入。一般用于以下几种情况:第一,某条航线或某类消费者、某种货物的运输服务需求价格弹性大,低价可以促进销售,固定费用的回收期长;第二,运输成本、销售费用与运输量关系很大,即运输量越大,单位运输成本和费用越低;第三,潜在市场大,竞争者容易进入,渗透定价,利润微薄,成本高者甚至无法获利;第四,购买力薄弱,对航空运输接受程度弱的地区。

3. 适宜定价

撇脂定价与渗透定价策略,是对新服务进行定价的两种极端情况。适宜定价是指在上述两种极端定价之间,采取适宜的价格。这种策略确定的价格对航空公司和消费者都比较公平合理。航空公司根据不同标准进行选择,可以在一定时期内收回成本,多数消费者也可以接受。采用这种策略时,企业将社会或行业平均利润作为确定企业目标利润的主要参考标准,比照市场价格,避免不必要的价格竞争,通过其他促销手段扩大销售,推广新服务。

(二) 折扣与折让策略

折扣与折让策略是一种在交易过程中即时运用的价格策略。在销售时,把一部分价格转让给消费者,以此来争取更多的消费者。

(1) 现金折扣:消费者以现金付款或提前付款时给予一定比例的价格折扣优惠。如提前 10 天付运费者给予 2% 的折扣,提前 20 天付运费者给予 3% 的折扣。采用这种策略,可以促进确认成交,促使消费者现金付款和提前付款,从而加速资金周转。

(2) 数量折扣。消费者托运货物批量大、购买客票数量多可给予折扣优惠。这一策略鼓励大量购买,购买量越大,折扣越大。数量折扣又分为累计数量折扣和单次数量折扣。累计数量折扣是规定在一定时期内,购买达到一定数量所给予的折扣优惠。采用这一策略,可以鼓励消费者经常乘本企业的航班,委托本企业运货,从而使其成为可以依赖的长期消费者;同时,有利于掌握市场需求和销售规律,稳定和扩大市场占有率。单次数量折扣是规定每次购买达到一定数量即给予的折扣。采用这种策略,既鼓励大量购买,增加盈利,又可以减少交易次数和时间,从而节约人力物力等各项费用。

(3) 回程或方向折扣。在回程和运力投放明显大于需求的航线航向上,给予销售折扣可争取货源,以使原先可能放空的运力得到利用。

(4) 季节折扣。运输生产的季节性很强,在运输淡季时给予销售折扣,刺激消费者的均衡需求,以适应运输生产的供应均衡。

（5）回扣及津贴策略。航空公司根据中间商在销售促进中所做的贡献，从销售款中返回一部分款项或给予一定的津贴，作为酬谢或资助，其目的在于调动中间商的积极性，发挥其作用。

（三）心理定价策略

任何一项服务都能满足消费者某一方面的需求，其价值与消费者的心理感受有着很大的关系。这就为心理定价策略的运用提供了基础，使得企业在定价时可以利用消费者心理因素，有意识地将航空服务价格定得偏高或偏低，以满足消费者生理的和心理的、物质的和精神的多方面需求。通过消费者对企业服务的偏爱或忠诚，扩大市场销售，获得最大效益，这就是心理定价策略。常用的心理定价策略有声望定价和分级定价。

（1）声望定价。声望定价是指航空公司利用消费者仰慕知名航空公司的声望所产生的某种心理来制定服务的价格，故意把价格定成整数或高价。声望定价即针对消费者"便宜无好货、价高质必优"的心理，对在消费者心目中享有一定声望，被公认为有安全保障、航班准点、服务优质等特色的服务制定高价。这些信誉好、口碑好的航空公司的定价可略高于其竞争者，以示区别，以显声威。当然，采用这种价格策略要以高质量作为保证，否则消费者会大失所望。

（2）分级定价。分级定价是定价时把同种运输分为几个等级，不同等级不同价，能使消费者产生货真价实、按质论价的感觉，因而比较容易接受。采用这种策略，等级划分不能过多也不能过少。否则，会使消费者感到烦琐或显不出差距而起不到应有的效果。

（四）调整定价策略

航空运价制定以后，主客观情况的各种变化都会影响到定价，因而需要调整价格。调整价格有主动调整和被动调整两种情况。

（1）主动调整。市场供求、成本变动等使企业感到需要调高或调低自己的运价。

调低价格策略主要适用于三种情况：一是运力供应过于需求，飞机日利用率下降，客座率、载运率低，为了摆脱困境，在采用其他策略无效的情况下，只能采取降价策略；二是运输市场竞争激烈，本企业的市场占有率逐渐降低；三是本企业成本降低，具有较强的成本优势。企业可利用该策略以扩大市场占有率。采用调低价格策略的优点是容易摆脱困境，提高市场占有率。缺点是会打乱企业原市场营销组合的协调，需要花大力气调整，建成新的营销组合，同时也可能导致同行竞争加剧，以致给企业带来损失。

调高价格适用于：一是运力供不应求；二是运输成本提高。成本提高可能是企业经营管理不善造成的，也可能是燃料、人工等成本要素价格上涨造成的。只有后者才能使企业调高运价。调高运价策略掌握得好，对于增加企业盈利有明显效果。缺点是往往引起消费者的不满而抑制需求。所以，提价必须注意：一要限制提价幅度，二要及时说明提价原因。在确定调价以后，要做好调价计划。调价后，要注意分析企业的市场环境和经营状况的变化，尤其是消费者和竞争者对调价的反应，以及企业市场占有率和收入利润的变化。

（2）被动调整。在竞争对手率先调价后，本企业怎么办？必须对此做出明确反应，是抵制还是跟着调整，或者等等看？对竞争对手的调高或调低价格要区别对待，做出不同的应答，正确的反应建立在知己知彼基础之上。

一般来说，对于调高价格的反应较容易。如果竞争者具备某些差别优势或专业优势，考虑到提价带来的不利，没有把握不提价。若本企业也具有相似的优势，则可以考虑提价，现有竞争者率先提价，正好跟进。如本企业不具备差别专业优势，则不易紧随，待大部分企业提价后，本企业再提较妥。对于竞争者率先降价，本企业反应要慎重。通常有三种反应：一是在竞争者降价幅度较小时置之不理；二是在竞争者降价幅度稍大时，增加销售服务的内容和销售折扣，但价格不变；三是在竞争者的降价幅度较大时，降到与竞争者相同的价位。

总之，由于被动调价会影响企业的利益，为了在被动中争取主动，就必须在调查研究的基础上，做出正确判断性预见，以便在被动对策中取得较好的效果。

第三节　航空服务收益管理

收益管理是保证航空公司能够更好地利用其服务设备和后备服务生产力，为更具支付能力的消费者群体提供服务的一种手段，在服务价值创造过程中扮演着重要作用。在不同的价格体系下管理好供需需要很复杂的方法。为了实现"收入最大化、利润最大化"，航空公司需要能够在一个季度、一个星期或一天的不同时间段，根据消费者对价格的敏感程度和不同细分市场的服务需求来调整服务产品的价格。

一、收益管理的基本含义

（一）航空收益管理的概念

航空公司只有在航班管理中让平均票价和客座率达到一种均衡状态，才能使其收益最大化。收益管理的核心之一是价格定制化，即价格歧视或价格细分，根据消费者不同的需求特征和需求弹性向消费者执行不同的价格标准。简单地说，收益管理就是航空公司通过对服务市场的分析预测，把适当的服务产品，以适当的价格，在适当的时间，传递给适当的消费者群体。因此，服务产品、价格、时间和消费者群体是收益管理的四大基本要素。

收益管理与传统的价格及销售理念具有显著的区别，主要表现在五个方面：一是收益管理的重点是价格而非成本；二是收益管理采取消费者导向定价法，而非成本或利润为导向的定价法；三是市场细分是收益管理的基本前提和基础，在细分市场中寻找提高收益的机会；四是收益管理的决策是建立在对市场供求关系的预测以及消费者购买行为的客观分析上,而非主观判断;五是收益管理是一个动态管理过程,需要不断地重新评估收益管理的机会,不断调整策略。

(二)收益管理系统的计算机化

航空公司座位库存控制问题的规模和复杂性要求航空公司必须使用计算机化收益管理系统。最早的收益管理系统,研发并实际应用于 20 世纪 80 年代早期,可从航空公司订座系统中抽取历史预订模式,并收集和存储完成这项任务所需的数据。当时的收益管理功能为收益分析人员提供了大量历史数据,但并没有提供任何决策支持与辅助,如为提升航空公司收益应从限制销售数方面采取何种行动的建议。因此收益管理分析人员只能对库存控制策略做出自己的判断。

典型的第三代收益管理系统具备如下功能。一是基于航班和订座舱位收集与维护历史订座数据。二是基于航班起飞天数和订座舱位,预测未来需求。三是通过在飞机座舱(即大舱位,如头等舱、商务舱或经济舱)层面,优化超售水平及针对座舱内每个订座子舱位的限制销售数进行优化的方式,利用数学模型最终优化预期的总体航班收益。四是为收益管理分析人员提供交互式决策支持,允许分析人员审查、接受或拒绝系统提出的超售和限制销售数的建议。

所有的第三代收益管理系统,在整个航班预订的过程中,都会定期(或随时通过手工启动)地对其给出的预测和限制销售数结果进行修订,很多情况下是每天调整一次,比较未来航班的实际订座情况和系统产生的需求预测之间的差异。一旦发现预订情况偏离预期,系统将重新预测需求并重新优化限制销售数。运价组合优化带来的相当部分收益增量都来源于限制销售数动态调整。在非正常环境下(如某些特殊事件造成的需求激增),需要人工干预或调整系统给出的限制销售数建议;然而大多数情况下,航空公司基于人工判断对限制销售数所做的干涉都可能变成"过度管理",并会使收益管理系统带来的收益增量减少。根据航空公司和专家学者所做的各种各样的实证研究和模拟实验,如能正确地使用,收益管理系统可为航空公司带来 4%~6% 的收益增长(Belobaba,1989;Smith,Leimkuhler 和 Darrow,1992)。

除了能带来明显的收益增长之外,使用收益管理系统还能改善航空公司需求和供给之间的战术配合程度。在紧俏航班(需求量大)上对较低价格舱位设置限制销售数可以使低价需求向需求较少的空闲航班上转移,从而使客座率分布更加平均。

计算机化的收益管理系统基于数学模型和数据库系统,管理航空公司的可利用座位库存,目标是解决以下三类不同的问题。

(1)超售。航空公司一直会接受超过飞机容量的座位预订请求,目的是降低旅客单方面、不可预料的 noshow 行为导致的收益损失(Rothstein,1985)。随着收益管理系统的开发与应用,超售也被纳入这些系统的座位库存控制功能之中。

(2)票价舱位组合。收益管理系统中最常用的技术是确定每个未来起飞航班航节上订座(票价)舱位的座位可利用性的收益最大化组合。实际上所有的航空公司收益管理系统的研发都将优化票价舱位组合的能力作为其主要功能目标。

(3) O-D控制（第四代收益管理系统）。该能力目前仅限于最先进的收益管理系统具备，并被具有大型枢纽网络连接的航空公司所使用。

（三）收益管理工作主要内容

一般来说，国内航空公司的收益管理工作由两类岗位人员负责：航空公司总部的市场部设有收益管理中心；其航线管理员负责在总部对航班收益进行总体控制；航空公司在各地设立的营业部，其销售经理等负责了解当地市场，协助总部航线管理员做好收益管理和控制工作。其工作内容主要有以下几项。

一是制定销售预案。销售预案是航线管理员进行航班收益管理的前提，一般在销售季度或销售月份前45～60天制定。销售预案的主要功能涵盖了数据收集、分析、预测判断等职能，是收益工作开展的前期要求。销售预案包括整体市场销售预案、区域市场销售预案、航线销售预案、特殊微观季节销售预案等。

销售预案的主要内容有：还原历史同期销售情况，主要包括历史客流、历史舱位、历史销售进度、历史团队信息等；预测本期客流情况，包括客流拐点、客座率等。根据历史信息，结合目前实际销售情况，制定未来整个季度（月份）的航班销售策略，如本期开舱计划、航班最低折扣、团队计划量、提前销售量等。

二是实时调整航班舱位。销售是一个动态的过程，各种信息都在不断变化，航线管理员要根据销售预案，结合实际的市场实时情况，在不同时段对不同的舱位进行监控，决定在航班起飞前几天内重点销售哪个舱位，也就是收益管理要求的在合适的时间销售合适的舱位，合理控制舱位的开放，以确保航班收益最大化。一般来说，起飞前3～7天的重点在团队销售上，主要关注点在对团队位的判断和超订上；0～3天内重点在散客销售监控上，必须增加舱位调整次数。当发现某个低舱销量加快时，应马上锁低舱位进行高舱位销售。一般依据以下两个方面调整舱位。一方面，根据销售进度调整，将航班销售进度与历史同期销售进度进行对比，对销售速度快、销售舱位低的航班，应采取提高散客舱位、压缩团队位等形式控制销售节奏。对销售速度慢的航班，应立即主动出击，采取降低舱位等措施，以争取提高航班销售的速度。另一方面，参照竞争公司进行调整。根据本公司航班和竞争公司航班的时刻间隔、舱位的开放程度及销售情况进行舱位调整。总的来说，和外航航班时刻相隔越近，在开放航班舱位时，就越应注意外航航班舱位开放情况。

三是团队的接收。对于大部分航线尤其是旅游航线，顺利和合理地接收团队是销售高舱位的保证，也是整体航班收益的保证。航线管理员根据预先制定的团队价格和团队位进行团队的接收。在有几个团队需求同时提交时，一般优先接收有名单的团队，非常规团队视情况处理；团队的接收要避免因团队占位但最后没有出票形成的虚耗。目前有很多航空公司都实行了网上团队提交、审批和出票，大大提高了团队接收的效率和收益。

四是清理航班虚耗。在航班各个舱位进行开放销售时，出于方便销售的考虑，允许销售者对某个舱位进行占位，这就不可避免地出现航班舱位资源存在虚占并虚耗的问题，这不仅影响航线管理员对航班真实情况的判断，而且会延误销售时机，而航线管理员从航班收益最大化出发，需要坚决避免座位虚耗的问题，以减少不必要的收益损失。在实际操作中，一般有如下处理程序。①占座的处理：当某个舱位销售完毕后，要根据航班销售情况，检查 HK 状态订座记录，决定是否马上根据多舱位订座规定将其取消掉，还是继续保留其至出票日期由代理人出票或自己取消。② 恶意虚订的处理：要定时通过 RC 指令检查订座是否匹配，防止因恶意占座或无意占座情况的出现，而影响航班销售。

五是航班超售。由于各种原因，有部分旅客有可能在没有通知航空公司或办理退票的情况下，没有到机场乘机，而出现空位情况，为了减少这种情况的出现，在国际上，航空公司一般采取航班超售的方式，即订座的数量可以适当地大于航班实际可利用座位数，以避免出现空座位的情况。超售是收益管理中实现航班收益最大化的一种手段。由于超售存在着风险，即所有的旅客都到机场乘机，这时航空公司需要对被拒绝登机旅客（deny boarding）进行赔偿和相关安排，因此航线管理员必须对要超售的航班的 noshow 旅客（即未在机场出现的旅客）的数量和概率有了解，同时要了解该航班平时的 goshow 人数（即到机场买票或候补乘机人数），再准确测算，避免不必要的超售并控制超售数量，将超售风险减到最小。

六是价格联盟。价格联盟，指为了稳定并提高航班销售价格，争取市场销售的主动性，与竞争公司积极协商，通过价格联盟的方式共同稳定价格水平，避免价格战，提高航班收益，达到共赢的目的。价格联盟谈判是航空公司各地营业部和航线管理员日常工作的重要内容之一。价格战是价格联盟的反面，企业往往会先进行价格战而后形成价格联盟。航空公司在其本地市场一般都具有较强的市场优势地位，能够左右市场价格的上涨和下降，而那些小公司则只能被动地跟在大公司的后面，见机行事。

七是航班的优化。对于收益特别差的航班，航线管理员需要做出取消或调整的选择，以避免不必要的损失。一般来说，如果航班收益预计不能覆盖变动成本，原则上都可以取消或调整。

 二、设计价格栅栏

价格定制化是收益管理的核心概念，即针对不同消费者对相同或相似服务制定不同价格，让消费者按照他们赋予服务的价值来支付价格。企业必须在高价值消费者和低价值消费者之间设置一个"栅栏"，避免高价值消费者从低价格中获利。设置合理的价格栅栏就能够避免出现消费者既想要低价格，又想要得到高价值的情况。价格栅栏允许根据服务的特征和支付意愿来进行消费者划分，并帮助航空公司将较低价格仅仅提供给那些愿意接受一定购买和消费限制的消费者。

价格栅栏可以是有形的，也可以是无形的。有形的栅栏是指与不同价格有关的具体产品差异，如剧院的座位安排、酒店的房间大小，或者不同的服务组合（如头等舱和经济舱）。与之相对，无形的栅栏是指消费、交易或消费者的各项特征，根据不同的特征对消费者群体进行细分。即使是消费同样的服务，不同特征也能够区分出不同的细分群体。例如，购买三折机票和购买八折机票乘坐经济舱享受的服务是一样的，但两者的区别在于机票购买的时间不同，如提前一周购买还是提前一天购买，机票使用的限制条件是否一样，如是否能免费取消或变更航班。总之，通过对消费者需求、偏好和支付意愿的全面了解，航空公司可以综合地设计服务产品。

以航空服务为例（见图8-2），根据消费者对飞机座位的需求，以及购买机票的不同价格及限期条件，可以将飞机上的舱位划分为不同的"库存桶"。航空公司进行收益管理的目标则是希望将每个"库存桶"完全填满，即确保每类服务产品均能够销售给相对应的消费者，确保飞机在起飞之前尽可能地实现"满员"，减少消费者剩余，从而实现航班运营收益的最大化。

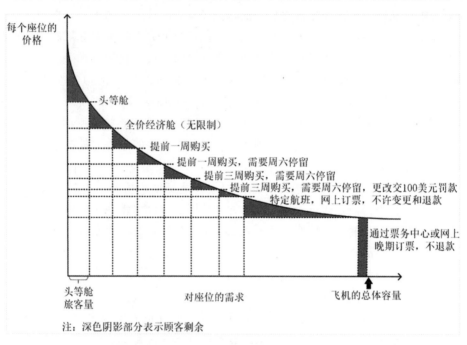

图8-2　价格"木桶"与需求曲线的关联

资料来源：Wirtz, lovelook C. Services Marketing：People, Technology, Strategy［M］. 8th ed. New Jersey：World Scientific, 2016：333.

三、航空运输市场收益管理的作用

收益管理的直接效果是在现有成本不变的情况下，通过有效配置现有资源而提高航空公司的经济效益。收益管理不仅仅是一个能提高收益的工具或一个管理软件，而是管理理念的创新，能给航空公司市场营销和管理带来新的理念和业务流程的重组。

（1）有助于提高落后的管理水平。收益管理要求相关部门在收益管理思想的统一指导下相互配合、协同行动，其意义不仅在于增加经济效益，还在于更新现有的市场营销观念，提高人员的素质，提高企业的整体凝聚力和运作效率，使组织机构更加合理。

（2）有助于改善航空公司的经济效益。收益管理战略的实施，使航空公司能将潜在的客源转换为现实的乘机消费者，使航空公司的收益最大化，有效提升航空公司利润水平。收益管理对于提高航空公司的经济效益已被国内外多家航空公司实践所证实。

（3）为市场营销提供科学依据。收益管理战略的实施，使航空公司市场人员能更认真细致地研究市场，研究消费者的消费行为，通过科学预测，贴近市场需求，把握市场脉搏，并制定出正确的营销策略，确保航空公司在激烈的市场竞争中掌握先机，从而有效提高航空公司的核心竞争力。

（4）有助于提高企业创新能力。收益管理要求航空公司不断评估需求、不断预测市场，做出不断变化的新决策，从而激发员工的积极性、创造性，使企业充满活力与创新精神。

（5）为其他决策提供辅助作用。收益管理系统产生的大量宝贵数据不仅仅适用于系统内部，而且可以为航空公司其他决策提供重要的辅助决策作用。

第四节　航空货运服务定价

定价是航空货运企业服务营销的重要因素之一，直接关系到整个市场对于其服务的选择和接受程度，影响企业的市场需求和企业利润。合理的定价策略不仅能使企业吸引和保持消费者资源，增加市场份额，还能使企业达到最佳的市场效益。

国际国内
货物定价标准

一、影响航空货运定价的主要因素

航空货运定价是指承运人运输每一单位重量（1千克）或单位体积（6000立方厘米）的货物所应收取的从始发站机场至目的地站机场的费用，不包括地面运输费及承运人或代理人向托运人收取的其他费用。航空货运定价的公布以始发国家的货币为准，同时采用始发国家的计量单位，如千克或磅。影响航空货运定价的主要因素有定价目标、运输成本、区域竞争、市场供需情况、货物自身属性等。

（1）定价目标。航空货运企业进行定价首先要考虑价格制定要达到的目的。因此，航空货运企业期望获得的利润越大，则定价越高。

（2）运输成本。随着航油价格的上涨，许多航空企业开始考虑低成本运营。民航货运的主要成本来源于开发新航线、货物运输、货物仓储等。

（3）市场供需情况。航空运输的货物一般具备若干特性要求，如货物运送的时间要求、安全要求等，就某一个区域来看，如果某种货物只能通过航空运输，而且货源不断，其价格可适当拔高，反之则应降低。

（4）货物自身属性。民航运送的货物除了普通货物之外，还有较多特种货物，如活的动物、贵重物品、鲜活易腐货物等，不同的货物其仓储运输的适用条件亦有所差别，价格的高低也应有所不同。

（5）区域竞争。很多航空企业认为，在相同的服务水平上，降低价格即可获得竞争优势，飞机货舱只要还有盈余空间，就可以将价格不断下调。而某些货物价格弹性较小，即使定价再低，货源也不会增加，这就导致区域内的恶性竞争加剧，对于航空货运的发展毫无裨益。

二、航空货运的定价策略

目前的航空货运企业大多采用以成本为中心或以产品生命周期为中心的定价方法,可考虑采取以需求和竞争为中心的定价策略。

(一) 以需求为中心的定价策略

在经济学中有一个需求法则：当物品价格上涨时,需求量会减少；当价格下跌时,需求量会增加。对某些物品而言,需求量对价格变动具有较大的敏感性,某些物品的需求量对价格变动的敏感性较小,需要一个衡量需求量对价格变动敏感性的变量,经济学称为需求的价格弹性。

价格弹性是指某一种物品需求量发生变化的百分比与其价格变化百分比之间的比率,是衡量由于价格变动所引起需求量变动的敏感度指标。当弹性系数为1的时候,需求量的上升和价格的下降幅度是相抵的。0~1的弹性意味着价格上升将使得收益上升,而价格下降使得收益下降,我们说这类物品的需求是相对缺乏弹性的,或者说价格不敏感。大多数食品的需求弹性较小,而大多数奢侈品的需求弹性相对较大。

把价格弹性理论应用于航空货物运输的服务销售中,可以指导航空货运定价。在航空货物运输中,航空企业提供的服务是飞机的舱位,而货主交运、待运的货物对服务又具有不同的需求弹性,如表8-1所示。

表 8-1　航空运输货物的服务需求弹性

价格变化	服务需求弹性大 (服务本身价值较高)	服务需求弹性小 (服务本身价值较低)
舱位价格上升	影响较大	影响较小
舱位价格下降	影响较大	影响较小

航空货运的定价不只是取决于航空货运中舱位价格的变动,主要取决于货主交运货物的服务需求弹性大小。根据需求曲线特征制定价格,需要具体分析市场特点和所运送货物的服务需求弹性大小。航空货运企业除了应当对市场价格与销售量做长期观察外,还必须经常分析航空运输服务舱位需求对于消费者的重要性、舱位价格、运输费用占据货主所托运货物价值的比例问题等。

(二) 以竞争为中心的定价策略

随着航空市场的逐步放开,美国联邦快递、德国邮政等国外知名航空货运企业陆续进驻中国市场,中国的航空货运企业面临着与国外企业竞争的局面。国外货运企业以低价格、高服务的优势抢夺中国市场,航空货运市场一般采用竞争为中心的定价策略。在航空货运市场中,决定货运价格的因素很多,但是最根本的因素不外乎成本与消费者货主两个主要因素,可以采取"成本＋竞争"和"消费者＋竞争"两种策略模式。

1. 成本+竞争的定价策略

该定价策略的流程为计算出货运平均成本，调查竞争对手的定价情况，结合预计目标估算利润，制定出货运价格。这个流程简单易行，能够很清楚地知道企业能否按照既定目标实现利润，而且能很好地观察竞争对手的情况。但其缺点在于没有将消费者货主的情况考虑在内，会导致将飞机货舱定价过高，民航货运企业的服务滞销、造成空载现象；也可能出现货舱定价过低，导致货主所要运送的货物不能及时运出的风险。

2. 消费者+竞争的定价策略

该定价策略的流程为调查竞争对手的定价情况，调查在各种价格变动时消费者货主愿意以何种价格接受，考虑既定利润目标，制定最终价格。

该定价策略以货主潜在心理接受价格为出发点，以竞争对手为参照，因此在飞机舱位销售、货物运送时间、所提供的服务等方面均以货主的需求为出发点，并时刻注意区别于或跟随竞争对手，因而实现既定目标的各种措施、手段、过程始终都处于可控制状态，能使机舱效率达到最优。但是该定价策略在定价之前必须做大量细致的工作，并且需要大批专业管理人才。

通过两者对比，两种定价策略可以结合市场具体情况具体分析，或者相互结合使用，既考虑成本也考虑货主的心理接受价格底线，但最终价格的制定必须考虑全面影响因素。一个企业建立好自身的货运价格体系，不仅可以将其作为有效的市场竞争工具，而且有利于提高市场整体运营效率，同时也能降低社会成本、增加社会福利。尽管价格竞争是市场经济的本质，但是这种价格竞争不是无序盲目的，航空货运市场的价格竞争也应该建立在有序规范化的框架之内。

第五节　数字化价格管理

以大数据、云计算和人工智能为代表的数字技术变革，给民航业服务营销环境带来了全新的机遇和挑战。航空公司与最终消费者之间的距离史无前例地变近，对于消费者而言，机票价格更加透明；对于航空公司来说，了解消费者更加直接。航空公司与消费者之间的博弈关系变得更加微妙，在这样的环境下，航空公司价格管理面临全新的挑战和机遇。

一、数字时代航空价格管理的新挑战

互联网发展浪潮对民航业产生了深远影响。依托于民航业全面电子客票的推广，民航营销领域发生了重大变革：在这样的一个时代，航空公司价格管理所面对的外部环境和内部环境都发生了巨大变化，原有的思维方式逐渐不能满足行业要求。

(一) 经济环境对供求关系的改变

20世纪90年代,民航业较为落后,飞机座位供不应求。进入21世纪,受益于经济全球化,世界民航业以及中国民航业都得到了飞速发展。在全球基础经济水平并没有显著提升的情况下,民航业的机票总收益增长缓慢。但在此期间,民航业运力却一直保持高速增长,导致民航业运力相对饱和,航空公司间市场竞争加剧,盈利难度增大。

在运力饱和情况下,航空公司开始在各条航线上展开竞争,挤压航线收益水平,以往粗犷式经营就能获取高利润的年代已经过去。为保障收益水平,航空公司收益管理人员需要敏锐捕捉竞争对手策略、市场变化、天气、目的地重大活动等多维度的信息,来实时精细化管理航班收益。因此,对于市场反应迟钝、不具备兼容性和不能分析多维度数据信息的传统收益管理系统算法,不再适用于当前场景。

(二) 营销模式的变更带来新的挑战

随着航空业100%电子客票的推行,民航电子商务得以飞速发展。航空公司直销网站、在线旅游服务机构(online travel agency,OTA)、在线旅行社等新的销售渠道成为机票销售主流。中国的民航电子商务发展尤为显著,携程网、阿里、同程等OTA占据着民航机票销售的巨大份额。中国的机票在线销售逐年攀升,其比例从2009年的20%,迅猛发展到2019年底的近90%。

电子商务的发展为航空公司营销带来三个重要变化。

1. 市场竞争透明化成为重要统筹考虑因素

消费者通过OTA电子商务网站,能够更加透明地了解各家航空公司机票价格。当竞争者出现低价时,往往会引发消费者的追逐,破坏原有需求体系,使之前的预测失效。因此就要求收益管理系统建模时,要将市场竞争透明化作为一个重要因素统筹考虑。

2. 要具备对消费者的精细化感知能力

电子商务的发展拉近了航空公司与消费者之间的距离,航空公司有机会在销售预订环节了解消费者购买意向,实现个性化营销。尤其是在互联网背景的营销模式下,航空公司更便于接触消费者。这样的环境给了航空公司针对消费者个体实现精细化收益管理的机会,相关系统需要具备对消费者的精细化感知能力。

3. 要具备支持连续定价的能力

传统的黑屏销售以舱位为基础,机票价格组成离散,无法精准地把握消费者实际需求。通过电子商务渠道,航空公司可脱离舱位概念,将更直观的价格呈现给消费者。航空公司也能够实施连续的运价体系,满足更为精细的消费者需求,这就要求收益管理系统具备连续定价能力。

(三) 航空公司营销内容发生转变

为获取更高收益以及实现更加精细化的管理,传统的全服务型航空公司将原有机票所附带的服务做了拆分,单独形成附加服务产品对外销售,帮助航空公司获取增量收益。以往航空公司销售的产品是航班座位,传统收益管理系统也正是聚焦于此,其决策对象是舱位。在附加服务广泛发展的环境下,航空公司销售的产品已不再只是航班座位,还包括附加服务,以及各项服务与座位的组合产品等,因此用于管理销售策略的收益管理系统决策对象已经发生变化。

附加服务的发展给航空公司收益管理带来新的挑战。随着销售产品种类的增加,航空公司产品销售管理维度呈指数级增长,收益管理更加复杂。在新的环境下,航空公司对收益管理系统有了新要求。收益管理是航空公司实施战略和检验战略的重要工具,但在新的时代面临数字化挑战。

二、收益管理系统的数字化特征

在零售化转型的推动下,航空公司思维模式不断创新,推出了各种新颖的营销方式,如基础经济舱、品牌运价、竞价升舱、"随心飞"、直播带货等。这些新模式的推出使收益管理更复杂,人工决策也更困难,因此也就更需要新的收益管理能力。以品牌运价为例,依据服务的不同,同一舱位等级有不同的价格,就会产生不同的需求曲线。相比传统的一个舱位代表一类需求来说,舱位开放控制决策的复杂度呈指数级增长,原有的按照历史舱位销售数量来预测需求曲线的机制就会失去效用。

未来的收益管理系统与传统收益管理系统的主要差异体现在:一是决策的对象不同;二是实现逻辑的出发点不同;三是预测和决策考虑的影响因素不同。基于航空公司未来业务的要求,数字时代新型收益管理系统将会具有五个特征。

(一)大数据、人工智能等技术手段将广泛应用于收益管理系统

由于技术环境的限制,传统收益管理系统在算法选择和考虑因素上都做了一定的妥协,其预测模型使用的是维度单一、对算力要求不高的线性模型。现如今,计算机技术发生了变革,大数据和人工智能技术赋予了人们更强大的解决问题能力,收益管理系统也因此获得了实现突破的技术基础。

在民航业,供求环境的转变以及电子商务带来的透明化竞争,对收益管理的预测能力提出了更高要求。收益管理系统要想精准预测未来需求,识别消费者意愿,需要综合考虑市场上的事件、竞争对手策略、行业地位、天气等多方面的因素。另外,在信息透明的时代,凭借一套固定不变的算法包打天下已经不切实际,新型收益管理系统需要具备快速迭代更新、适应新竞争环境的能力。大数据和人工智能技术可以综合考虑更多维度的信息来实现更为有效的预测,可以基于市场的形势以及客流的新特征快速训练迭代形成新的算法,将成为未来收益管理系统的技术支撑。

(二)决策内容需要支持零售产品动态定价

航空公司附加服务业务的发展,使其销售的产品更加多元化,附加服务产品如何定价给航空公司带来新的挑战。目前行业内辅营产品普遍还是采用固定定价的模式,比如188元升舱、300元选座等,这些价格不会依据需求热度而有所变动。为实现在合适的时间以合适的

价格将辅营产品销售给合适的消费者，提升航空公司收益水平，一些头部航空公司已经开始考虑辅营产品的动态定价，这会使收益管理更加复杂，需要收益管理系统的支持。

因此，未来的收益管理系统要能够通过敏锐地感知消费者需求，预测未来航班上辅营产品的供需关系，支持辅营产品的动态定价。

（三）以消费者和订单为中心提升消费者维度的预测能力

在以销售渠道为中心的时代，由于信息技术能力的限制，航空公司不具备与消费者多触点实时沟通的能力。传统的收益管理系统都是根据历史各舱位预订的数量来预测未来需求，出发点是舱位级的航班座位布局，缺少针对消费者分析的能力，其预测和优化都是宏观角度的。

随着信息技术的发展，航空公司具备了在营销链条的多个环节近距离实时接触消费者的机会，可以从微观角度去感知具体消费者的需求和购买意愿，据此来提供更为精准的销售和服务，提升收益。因此，未来的收益管理系统需要具备根据消费者特征和订单特征，实现精细化需求预测的能力，感知消费者购买意愿，实现对新营销模式的支持。

（四）动态持续定价实施联动决策

宏观的航班座位布局与微观的个性化调整相结合是动态定价的基本实现逻辑。收益管理并不是为了销售量最大化，而是要通过合理的销售策略，来达成收益的最大化。从个体消费者和订单角度分析能够提供精细化的收益能力，但这个精细化能力需要建立在宏观供需分析基础上。

新的收益管理系统需要统筹宏观与微观的关系：通过需求预测来动态调整航班座位布局，宏观上指导整体销售策略；通过消费者意愿感知实现个性化需求的匹配，在宏观策略的基础上精细化调整，达成按需求动态定价目标。

（五）全流程智能收益支持

航空公司零售化发展拓宽了营销业务的场景，航空公司的产品营销和服务贯穿购买机票到旅程结束的整个链条中，这些活动往往也需要智能化支持，比如邀约升舱需要通过对航班未来需求的预测来确定邀约座位数量，消费者保护需要通过航班供需关系预测以及消费者意愿识别来提升保护方案的质量，消费者服务需要通过识别消费者意愿来提升服务的精准度等。这就要求新的收益管理系统不应当是一个封闭性的产品，而应该具备分层的结构，可以将通用性的能力打造成营销智能平台，用于提升航空公司全流程业务精细化收益管理能力。

航空运输业营销模式的转变不是一蹴而就的，航空公司对新型收益管理系统的接受也是渐进的。新型收益管理系统正处于萌芽期，其核心要以航空公司当前业务发展的瓶颈为着眼点，逐步迭代，构建完整的结构。随着航空公司业务发展方向的进一步明朗，业内将会有更多新型收益管理系统的具体实践。

本章小结

航空运价是在航空运输中，承运人对其载运的消费者及其限额内的行李和货物所收取的从始发站机场到目的地机场的运输价格。运价的制定主要受到来自企业、竞争者、消费者以及政府四个方面的影响。常见的航空服务定价方法有成本导向定价法、需求导向定价法和竞争导向定价法。常见的四种航空公司定价策略为：新服务定价策略、折扣与折让策略、心理定价策略和调整定价策略。

收益管理是航空服务价格管理中最重要的管理方式之一，其是通过建立实时预测模型及对不同细分市场的需求行为分析，优化服务的价格组合，以最大限度满足各细分市场，最大限度提高服务的销售总量和单位销售价格，从而获得最大收益的动态管理过程。数字时代，收益管理的作用将会逐步放大，面对复杂的环境，航空公司需要不断迭代收益管理系统，才能获得持续的竞争力。

综合实训

请同学们自主调查一家航空公司，详细了解其盈利模式及相关的定价策略，写成调研分析报告，分析其定价策略可能的优势、劣势，并提出合理化改进建议。可安排集中汇报分享。

复习思考题

1. 列出航空服务运价的影响因素及其具体内容。
2. 什么是定价目标？航空服务业的定价目标有哪些？
3. 什么是航空新服务定价策略？请列出具体内容。
4. 航空货运定价的主要影响因素有哪些？

复习思考题答案

【航空报国　奉献篇2】
我身边的"雷锋"

数字航空服务营销

第四篇　航空服务价值传递与执行

第九章
航空服务有形展示与服务场景

服务的无形性使得有形展示和服务场景成为航空服务价值传递和执行的载体。航空服务有形展示是指一切可传达航空服务特色及优点的有形组成部分，不仅包括环境，还包括所有用以帮助生产航空客运服务和包装航空服务的一切实体产品、设施以及人员；服务场景则是向消费者传递服务的场所或环境，是特定时空下的有形展示。本章内容将围绕航空服务有形展示和服务场景进行展开。

学习目标

1. 了解有形展示的概念与基本类型。
2. 理解有形展示的作用和内容。
3. 掌握服务场景的设计要素与核心功能。
4. 掌握航空货运服务展示的特色和要点。
5. 认识数字化服务场景思维及其应用。

本章引例

中国南方航空："木棉系"客舱带来感官享受

中国南方航空公司在提升客舱服务与体验方面，结合了客舱服务现有服务产品，不断研究和开发，推陈出新。其中，南航"木棉系"客舱服务创新产品获得了第五届CPASE航空服务奖，该创新型客舱服务为消费者带来了视觉、听觉、味觉和嗅觉全方位的贴心舒适的沉浸式体验，获得了CCTV等媒体宣传报道。

在视觉方面，一是以"美丽客舱"为主题，围绕形象、语言、礼节、举止、出行五个方面外塑南航乘务员高端职业形象，提升南航服务团队辨识度，强化品牌

形象；二是推行"木棉国际"理念，打造有国际辨识度及影响力的服务；三是围绕传统节日营造具有文化涵养的客舱氛围；四是针对生日消费者推出"木棉心意"贺卡，传递祝福；五是面向无陪儿童消费者推出"木棉童飞"项目，陪伴儿童安心飞行。

在听觉方面，以"木棉花语"的文化标签推行微笑广播，传递南航声音。

在味觉方面，结合传统时节和中医养生理念研发"木棉四季"系列饮品，开设"木棉空中茶苑"，融合中式茶艺和西式下午茶。

在嗅觉方面，推行"木棉香薰"，定制化客舱气氛，为消费者带去独具特色的南航气息，强化品牌形象。

（资料来源：https：//mp.weixin.qq.com/s/O38aCzMZ5uqDoMrMluosEw。）

课堂讨论：
你认为航空公司的有形展示有哪些作用？

第一节 航空服务的有形展示

有形展示（physical evidence）是服务市场营销组合策略的要素之一。服务具有看不见、摸不着的特质，消费者在购买之前面临识别的风险，这在一定程度上会抑制消费者的购买行为。而通过诸如服务工具、设备、员工、信息资料等服务线索的引入，可以增强消费者对服务的理解和认识，为消费者做决定提供有形线索。

一、有形展示的概念与基本类型

（一）有形展示的概念

有形展示是指航空公司面对目标消费者时，能够传达服务功能及特色的全部有形要素组合，是服务价值传递的重要载体。在航空服务营销中，航空服务展示是指一切可传达航空服务特色及优点的有形组成部分。它的范围较产品营销中的产品更广泛，不仅包括环境，还包括所有用以帮助生产航空客运服务和包装航空服务的一切实体产品、设施以及人员。

（二）航空服务有形展示的基本类型

对有形展示可以从不同的角度做不同的分类。不同类型的有形展示对消费者的心理及其判断航空服务产品质量的过程有不同程度的影响。航空服务中有形展示可以按照其构成要素以及能否被消费者拥有进行分类。

1. 按有形展示能否被消费者拥有进行分类

根据有形展示能否被消费者拥有，可将之分成边缘展示和核心展示两类。

边缘展示是指消费者在购买过程中能够实际拥有的展示。在航空服务中，比如机票，飞行过程中所提供的食物、杂志和报纸等都属于边缘展示，这些代表服务的物的设计，都是以消费者的需求为出发点，它们无疑是航空公司核心服务强有力的补充。

与边缘展示不同，核心展示在购买和享用服务的过程中不能为消费者所拥有。但核心展示却比边缘展示更重要，在大多数情况下，只有核心展示符合消费者需求时，消费者才会做出购买决定。例如，航空公司的形象、航班的准点率、航线的安排等，都是消费者在购买时首先要考虑的。可以说，边缘展示与核心展示加上其他现成服务形象的要素，如提供服务的空乘人员，都会影响消费者对服务的看法与观点。

2. 按有形展示的构成要素分类

根据有形展示的构成要求，可将航空服务有形展示分成物质环境、信息沟通和价格三大类。这三种展示并不是完全排他的，比如机票价格作为一种独立的有形展示，它必须通过多种具体媒介来实现展示，而后者又展示信息沟通的内容。

1）物质环境展示

物质环境展示由三种因素构成：周围因素、设计因素和社会因素，如表 9-1 所示。

表 9-1 物质环境展示

构成	特点	内容
周围因素	不易引起消费者立即注意的背景条件	·空气的质量（气温、湿度、通风情况） ·声音 ·气氛 ·整洁度
设计因素	消费者最易察觉的刺激	·美学因素：建筑物式样、颜色、尺度、材料、结构、形状、风格、附件 ·功能因素：布局陈设、舒适程度、标识
社会因素	环境中的人	·消费者：数量、外貌、行为 ·服务员工：数量、外貌、行为

（1）周围因素。周围因素通常被消费者认为是构成航空服务产品内涵的必要组成部分，是指消费者可能不会立即意识到的环境因素，如气温、湿度、气味和声音等。它们的存在并不会使消费者感到格外地惊喜。但是，如果失去这些要素或者这些要素达不到消费者的期望，就会削弱消费者对服务的信心。周围因素是不易引起人们重视的背景条件。但是，一旦这些因素不具备或令人不快，就会马上引起人们的注意，比如气温不适和噪声。因此，周围因素对消费者的影响是中性的或消极的。良好的背景环境并不能促使消费者购

买,但较差的背景环境却会阻碍消费者购买。可见,消费者注意到周围因素,更多地会引起否定行为而不是产生接近行为。

(2)设计因素。设计因素是刺激消费者视觉的环境因素,这类要素被用于改善服务产品的包装,使产品的功能更为明显和突出,以建立有形的、赏心悦目的产品形象。比如,候机大厅的设计、航空公司形象标志等。设计因素比周围因素更易引起消费者的注意。因此,设计因素有助于培养消费者积极的感觉,且鼓励其采取接近行为,有较大的竞争潜力。

设计因素可以分为美学因素(如建筑风格、色彩)和功能因素(如布局陈设、舒适程度)。

(3)社会因素。社会因素是指航空服务场所内参与及影响航空服务产品生产的人,包括服务员工和其他在服务场所同时出现的各类人士。他们的言行举止都会影响消费者对航空公司服务质量的期望与判断。

由于消费者一般情况下并不对服务和服务提供者进行区分,航空服务人员的外貌在服务展示管理中显得特别重要,空乘人员和其他服务人员统一着装,训练有素,消费者才会相信他们能够提供优质服务。

经典案例9-1

金鹏航空:传递年轻化的品牌概念

2017年6月,金鹏航空和网易云音乐平台合作推出"起飞吧音乐的力量!"音乐主题专机,在金鹏航空为消费者配备的平板设备中创建了18个精心挑选的特色歌单,并为每位消费者配备了音质优异的专属耳机。同时,结合音乐主题,金鹏航空对于飞机的行李盖板、小桌板进行了一系列年轻化的表述。而在登机前后也会有音乐的快闪的活动,让消费者在出行过程中,沉浸式体验音乐的力量和氛围。

除了音乐主题专机,金鹏航空还联合知名轻食品牌推出过特色飞机餐,把健康和轻食的概念融入出行体验,从每一个环节践行金鹏航空"Fly For Fun!"的品牌理念。

通过一系列年轻概念的有形展示,金鹏航空迅速收到年轻人的追捧。金鹏航空客运总裁杨志华说:"从结果可以看出,这样的创新产品和服务对于收客的提升作用越来越明显,因此类似的创新型的活动也还会继续推下去。"

(资料来源:https://mp.weixin.qq.com/s/zZ4EgIUsgki-nS01r0XzeA。)

2)信息沟通展示

信息沟通是另一种服务展示形式,主要来自航空公司本身以及其他引人注意的地方。比如多种媒体传播、赞扬性的评论、商业广告、消费者的口头传播、企业标识等都属于信息沟通展示。这些不同形式的信息沟通都传送了有关航空服务的线索,影响着航空公司的营销战略。信息沟通展示的形式如图 9-1 所示。

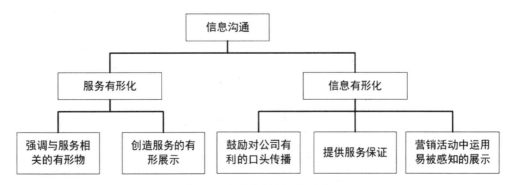

图 9-1 信息沟通展示的形式

（1）服务有形化。让服务更加实实在在而不那么抽象的办法之一就是在信息交流过程中强调与服务相关的有形物，从而把与服务相关的有形物推至信息沟通策略的前沿。

（2）信息有形化。信息有形化非常有效的手段是鼓励对公司有利的口头传播。口头传播可以把粗略的信息转化为有效的交流。消费者往往较容易接受其他消费者提供的可靠的口头信息，并据此做出购买服务的决定。

信息有形化的另一有效手段是广告。航空公司通过广告不仅可以提供服务产品的形象展示，还可以提供服务的量化概念。一则优秀的航空广告既可以让消费者感受到他所能获得的服务类型，而且还可以展示给消费者该企业的品牌形象和独特定位。美国西南航空公司和西部美国航空公司在这方面有出色的行动。

美国航空
公司的广告

3）价格展示

价格在营销组合中的重要性首先体现在它是唯一能产生收入的因素，而其他因素都会引起成本增加。因为服务是无形的，作为可见性的价格因素对于相当一部分的消费者做出购买决定起着重要作用。价格是对服务水平和质量的可见性展示，成为消费者判断服务水平和质量的一个依据。制定正确的价格不仅能获得稳定的收益，而且也能传送适当的信息。过高或过低的价格都有可能会损害企业形象。

我国的航空业由于长期以来政府采取较为严格的管制和保护制度，以往国内的航空公司对客运产品的自主权较小，难以根据市场需求进行定价，航空客运服务产品的价格等于运输成本加上利润和税金等要素构成。运价没有考虑市场的影响，导致有时严重偏离市场需求，企业的竞争能力大大削弱。近年，民航总局为减小这种运价机制的副作用，制定了一系列价格政策，如"一种票价、多种折扣"等，这些措施给航空公司制定运价提供了一定的自由空间，价格展示的效应则更加明显。

二、航空服务有形展示的作用

对于这些有形展示，若能善于管理和利用，则可帮助消费者感觉航空服务产品的特点以及提高享用服务时所获得的利益，有助于建立航空服务产品和航空公司的形象，支持有关营销策略的推行；反之，则有可能传达错误的信息给消费者，影响消费者对服务产品的期望和判断,进而破坏航空服务产品和航空公司形象。有形展示作为航空公司实现其产品有形化、具体化的一种手段,在航空服务营销过程中起到了重要的作用。具体来说,主要包括六个方面。

(一) 构建感官刺激

消费者购买行为理论强调,产品的外观是否能满足消费者的感官需要,将直接影响到消费者是否真正采取行动购买该产品。同样,消费者在购买无形的航空客运服务时,也希望能从感官刺激中寻求到某种感受。有形展示的一个潜在作用是给市场营销策略带来乐趣优势。在消费者的消费经历中注入新颖的、令人激动的、娱乐性的元素,不仅可以改善消费者的厌倦情绪,更能提升消费者的感知价值。

(二) 引导消费者预期

消费者对航空客运服务是否满意,取决于客运服务所带来的利益是否符合消费者对之的期望。然而,服务的不可感知性使消费者在使用有关服务之前,很难对该服务做出正确的理解或描述,对该服务的功能及利益的期望也会是很模糊的,甚至是过高的。不合乎实际的期望又往往使他们错误地评价服务,做出不利的评价,而运用服务有形展示则可让消费者在使用服务前能具体地把握服务的特征和功能,较容易地对服务产品产生合理的期望,以避免因消费者期望过高而难以满足所造成的负面印象。

(三) 塑造第一印象

对于新消费者而言,在购买和享用航空客运服务之前,他们往往会根据第一印象对服务产品做出判断。既然客运服务是抽象的、不可感知的,有形展示作为部分服务内涵的载体无疑是消费者获得第一印象的基础,有形展示好坏直接影响到消费者对企业服务的第一印象。

西雅图-塔科马国际航空港的第一印象

(四) 推进优质服务

服务质量的高低并非由单一因素所决定,"可感知"是其中一个重要特质,而有形展示正是可感知的服务组成部分。与航空客运服务过程有关的每一个有形展示,如客运设施、设备和空乘服务人员的仪态仪表都会影响消费者感觉中的服务质量。此外,有形展示及对有形因素的管理也会影响消费者对服务质量的感觉。优良的有形展示及管理能使消费者对客运服务质量产生"优质"感觉。因此,航空公司应强调适用于目标市场和整体营销策略的服务展示。

(五) 建立企业形象

有形展示是航空客运服务产品的组成部分,也是最能有形地、具体地传达企业形象的工具。企业形象或服务产品形象的优劣直接影响消费

国外机场的"不务正业"

者对服务产品及公司的选择,影响航空公司的市场形象。通过有形展示将服务价值体现在消费者可感知的载体中,提高航空公司提供优质服务形象的可信度。

(六)协助员工培训

客运服务对于消费者来说是无形的,对于客运服务员工来说也是无形的,如果企业员工不能完全了解企业所提供的服务,企业的营销管理人员就不能保证他们所提供的服务符合企业所规定的标准。所以,营销管理人员利用有形展示突出服务产品的特征及优点时,也可利用相同的方法作为培训服务员工的手段,使员工掌握服务知识和技能,指导员工的服务行为,为消费者提供优质的服务。

第二节 航空服务的服务场景

服务场景(service scenario)也称服务环境,是指企业向消费者提供服务的场所,它不仅包括影响服务过程或结果的各种设施,而且还包括许多无形的环境要素。因此,对于航空公司来说,凡是会影响航空服务表现水准和沟通的任何设施都是航空服务场景。服务场景与服务的有形展示存在一定联系和本质区别,服务的有形展示是服务传递价值的重要载体,它既可以存在于服务场所内,如飞机客舱、候机室等,也可以存在于服务场所外,如户外形象广告、企业公关活动等。然而,服务场景特指服务交付过程中的外部环境,是特定时空范围内的有形展示,是企业有形展示的集中体现。

一、服务场景的设计

服务场景作为服务有形展示的核心内容,在航空公司传递服务价值的活动中扮演着重要角色。理想的服务场景是企业增强服务竞争力、建立和维持顾客关系的基础。对于航空客运服务而言,消费者所接触到的典型服务环境主要包括售票环境、候机环境和客舱环境。先进的服务设施、良好的物质环境是为消费者提供优质服务的重要前提,更是航空公司外在形象的直接体现。特别是对于服务水准要求很高的公务消费者来说,安全、舒适、优雅的服务环境是赢得他们信任的首要条件之一。

候机楼服务
场景设计

(一)服务场景的特点

对大多数航空客运公司而言,服务场景的设计和创造并不是一件容易的工作。从服务场景设计的角度看,具有如下特点。

(1)服务场景是环绕(surrounds)、包括(enfolds)与容纳(engulfs),一个人不能成为环境的主体,只可以是环境的一个参与者。

(2) 服务场景往往是多重模式（multi-model）的，也就是说，环境对于各种感觉形成的影响并不是只有一种方式。

(3) 边缘信息和核心信息总是同时展现，都是服务场景的一部分，即使是没有被集中注意的部分，人们还是能够感觉出来。

(4) 服务场景的延伸所透露出来的信息总是比实际过程的更多，其中若干信息可能相互冲突。

(5) 各种服务场景均含有目的和行动以及种种不同角色。

(6) 各种服务场景包含许多含义和许多动机性信息。

(7) 各种服务场景均含有种种美学的、社会性的和系统性的特征。

因此，服务场景的设计关系着各个局部和整体所表达出的整体印象，影响着消费者对服务的满意度。

（二）理想服务场景的创造

设计理想的服务场景并非一件容易的事情，除了需要大量的资金花费外，一些不可控制的因素也会影响服务场景设计。因此，航空公司需要加强关于场景因素及其影响的知识学习及理解，深入了解消费者需求并根据目标消费者的实际需要进行设计，才能达到满意的营销效果。航空服务场景的设计可考虑如下三个方面。

1. 售票服务场景

航空公司目前的售票服务方式多为网上售票和柜台售票。航空公司的售票点设置应考虑目标消费者集中的地区，并非单纯选择人流量大的地区。公司对售票服务的硬件投入可以很大地方便乘客购票，还应该在服务的细微和便利之外多做文章。

深圳航空公司的售票场景

(1) 规范服务。服务的标准化和规范化不仅有利于保证服务质量，而且会使消费者对航空公司留下训练有素、规范的整体印象。公司可以建立一套标准的服务 SOP 程序，使服务标准有章可循，所有的服务人员按照一套标准为消费者服务，从而保证消费者获得稳定的服务质量。

(2) 耐心服务。有些消费者对航空知识了解不多，如有关回程座位是否需要确认、行李托运有何规定等，因此需要服务人员不厌其烦地回答并主动提示。

2. 机场服务场景

机场环境和登机便捷是消费者在进入机场后关注的重点。

(1) 机场环境卫生。机场环境卫生会影响到消费者对航空公司服务质量的评价，机场内外部的环境卫生要保持清洁，包括商业服务场所、消费者座席、洗手间等。

(2) 引导指示标志。消费者进入机场后首先关注的是机场各个指示牌是否清晰，是否可以正确指引消费者到达各自的目的地，所以公司要关注各类指示标志的设置。

(3) 机场服务设施。在机场设置自助设施，推广"快登机"服务，满足消费者对快捷登机的需求，在登机口安装电脑显示屏，提示各种相关信息，以免乘客在咨询时发生拥挤。

安装电脑亭,以供乘客自己打印登机牌、行李托运牌。保证机场运送车数量满足运送乘客的需求。

(4) 细微主动服务。在机场服务环节,提供细微服务对于加深消费者印象、提高消费者对航空公司服务的正面感知十分重要。如乘客换登机牌时,标示并提醒乘客登机口号码,交运行李按照先上先下的原则以减少乘客等待提取行李的时间。在值机柜台前展开队伍管理服务,提高乘客队伍的有序性,并主动协助消费者办理登机手续等。

3. 空中服务场景

(1) 使用先进机型,优化客舱布局。飞机作为航空公司为乘客提供核心服务产品的主要生产工具,其安全性、可靠性和舒适性直接影响客运服务的质量。为此,航空公司必须根据市场需要选择设计和制造技术先进、适合目标消费者特点的机型,确保飞机的安全、稳定、舒适。同时,要根据目标消费者的结构特征优化客舱布局,通过设立头等舱和公务舱,加宽座椅,提供更多的娱乐设备和办公设施,保证为消费者创造充分满足其需求的服务条件。

英国航空公司的智能座椅

(2) 提供特色服务。在旅途中提供旅游景点介绍讲解等服务。航班中可搭配乘客可能用得上的礼品比如精美的杯子、丝巾等进行销售介绍,为旅游或探亲的乘客提供方便。

以上所列是航空服务场景设计中应该关注的部分方面,在进行场景设计时,航空公司必须结合自身情况和目标市场的需求进行设计,使消费者对企业的服务质量有好的评价。同时航空公司必须要意识到,服务人员的外观、行为、态度及处理消费者要求的反应等社交因素对于企业服务质量乃至整个营销过程的影响不容忽视。消费者可以直接判断服务人员的反应性、能否诚心诚意地处理消费者的特殊要求、能否给消费者一种企业服务质量颇具信心的感觉以及服务人员是否值得信赖。因此,航空公司要加强对于员工服务意识的培训。

二、航空服务场景的核心功能

根据环境心理学理论观点,消费者利用感官对有形物体的感知及由此所获得的印象,将直接影响消费者对服务产品质量及航空公司形象的认识和评价。消费者在进行服务消费决策时,会根据可以感知到的有形物体所提供的信息对服务产品做出判断。因而对航空公司而言,借助服务价值传递过程中各种有形要素有助于实现传递服务信息,树立服务形象,构建消费者关系等系列目标。服务场景作为推动航空公司将无形服务可视化和形象化的有效手段,在服务营销管理中占有重要地位,其核心功能主要表现在四个方面。

(一) 包装功能 (packaging function)

包装功能是服务场景的首要功能。与有形产品的包装一样,服务场景也是服务的"包装",并以其外在形象和设计内涵向消费者传递市场信息,即服务场景是服务产品的"脸面",展示服务的关键信息和整体形象,它影响消费者进行服务接触的第一印象。服务场景的包装功能主要体现在以下方面。① 展示服务的整体形象。服务场景就像产品的包装一样,向目标消费者表达服务的综合信息,展示服务的整体形象。例如,整洁、有序的飞机客舱布置和氛围,能够体现出高品质航空服务的整体形象要求。② 体现服务的市场定位服务场景所传达出的信息能够体现航空公司所选择的服务市场定位。例如,VIP 商务候机室和普通候机室的装饰及陈列,体现了不同的服务市场定位及其所服务的目标消费者群体。③ 传达服务的功能信息。服务场景能够体现航空公司向消费者传递服务的基本性能及参数,让消费者对服务产品形成合理预期。例如,客舱的服务场景能够准确地向消费者传递相应的服务内容及标准,是否提供免费正餐等。

(二) 辅助功能 (auxiliary functions)

服务场景可以作为辅助物为参与服务互动的消费者或服务人员提供支持,以实现服务价值的有效传递。因此,服务场景的设计能够促进或阻碍场景内服务传递活动的进行,推动或延迟消费者和服务人员的目标达成。服务场景中,设计良好的功能设施可以使消费者将接受服务视为愉悦的消费经历,服务人员认为提供服务是一件高兴的事情;相反,不理想的服务场景会使消费者和服务人员双方都感到失望。例如,消费者在搭乘国际航班时发现中转的某个机场缺少指示牌,通风条件也不好,没有足够的休息座位并且很难找到用餐的地方,因此消费者会对该机场的服务不满意,同时服务人员也会因为缺乏足够的组织支持而丧失工作积极性。

(三) 交际功能 (communicative function)

由于服务的生产与消费不可分离性,消费者参与及服务互动成为服务价值传递过程中的重要内容。服务场景则是为有效的服务互动提供外部条件,为服务人员与消费者之间、消费者之间及服务人员之间的交流和沟通提供必要场所,即服务场景的交际功能。

服务场景有助于服务人员及消费者双方的互动与交流,以有效传递彼此的期望和关切,推动服务消费行为的达成和顾客关系的建立。同时,服务场景还能够给予服务人员和消费者约束,使双方明确在服务价值传递过程中彼此需要遵守的规则或职责,确保服务传递过程的有序进行。例如,客服中心服务人员进入工作岗位,服务场景中的语音设备及工位陈设等因素使其明确话务人员的工作职责,按照企业要求提供语音服务。因此,服务场景能够从物质和心理两个方面给予场景内的消费者及服务人员有效的服务支持和积极的心理暗示,确保服务互动及参与过程的有序进行。

(四) 区隔功能 (partition function)

服务场景是航空公司差异化竞争优势的重要来源。服务场景的区隔功能体现在竞争区隔与市场区隔两个方面。通过对服务场景的个性化、标签化设计,可以将本企业与行业内提供相同或相似服务的主要竞争对手进行有效区分,进而形成独特的企业及服务形象,即服务场景的竞争区隔功能。例如,不同航空公司座位的舒适性、不同星级酒店的大堂装饰、不同医院的诊室分布,均能够实现服务场景的竞争区隔功能。同时,服务场景也具有区隔细分市场的功能。航空公司通过特定的服务场景设计,表明本企业所指向的具体服务细分市场,从而实现目标市场的区隔,即市场区隔功能。

"潮流开创者"——
新加坡航空公司

第三节 航空货运服务展示

航空货运服务公司与消费者之间往往存在着更加长期的互动关系，货运服务同样需要重视其服务的有形展示。

一、航空货运服务的特点

航空货运服务是连续性的服务，消费者和航空公司之间存在着长期的互动关系，这为航空货运公司与消费者建立良好的关系提供了非常多的机会。航空货运公司一般无法承受消费者流失的损失，因为争取新消费者的费用过于昂贵。航空货运服务有其特殊性，专业航空货运公司提供的服务主要是从机场到机场的航空运输服务，既有对人的服务，更侧重于对货的服务。服务所包含的内容也是丰富多彩的，例如运输速度、员工服务形象、服务产品的分类、高端客户管理、信息处理能力等。

二、航空货运服务的有形展示

航空货运服务与航空客运服务同属于无形服务，在有形展示分类和管理上具有相似性，其基本原理在前面的章节中已经进行了较为详细的分析阐述，下面主要从具体服务有形展示方面进行简单的论述。

（一）采用先进航空货运服务设施

航空公司在考虑运输能力设计的时候，除了根据航线网和客货流量考虑各种机型的承载与航程，还需要考虑有关油耗、跑道长度需求和运营成本等因素。另外，航空公司在选择机型时还要考虑其他两个因素。首先，要考虑飞机主舱门的尺寸和机舱的横截面积，因为它们决定了飞机可以承运的货物的体积。其次，容积也是货物运输能力设计时考虑的一个重要因素。飞机的运输能力指标中不仅包括业载重量的限制，还包括容积的限制。如果飞机的货舱小，飞机在达到业载前，飞机的货舱就有可能装满了。因此，就有形展示而言，提供航空货运服务的航空公司必须考虑其实际情况，提供相适应的飞机。以大力开发货物运输市场为目标的航空公司需要投入充足的运力去适应市场的需求。如果市场中存在充足的需求，航空公司还应当考虑提供全货机服务。

在地面搬运和装卸方面，为了向货物托运人和收货人提供良好的服务，航空公司还需要大量的投资，完善地面搬运和装卸系统，使其地面处理的能力适应需求的发展。例如，装备必要吨位的升降平台、传送带和拖车等。

建立具有适应性的货物预订吨位系统。货物预订吨位系统可以保证托运人所选择的航班。从理论上讲，这个系统应当像客运的订座系统一样，向托运人提供良好的、可靠的服务。

(二) 注重航空货运服务的时效性

客户选择航空货运最重要的原因就在于其快速性，因而航空公司最根本的货运服务目标应该是货物运输的时效性，尽全力满足货主对运输时效的需求，这也是提高货运服务质量的主要途径。通过提高航班运输效率和地面操作与空中运输之间衔接的紧密程度，实现"无缝隙"的一体化运输方式，以提高整体运输速度。

(三) 注重"真诚的瞬间"，抓住"关键时刻"

所谓"真诚的瞬间"，是指客户同航空公司发生交往的那一刻，这是客户最为敏感的时刻。在这"关键时刻"一旦出现质量问题，再采取更正的行动补救就为时已晚。航空货运业务典型的"真诚的瞬间"有客户在装卸货物的时候、客户在交款的时候、客户在咨询的时候等。航空公司要注重抓住这些"关键时刻"将真情融入服务的每一个环节，献给客户一片"真情的瞬间"。

(四) 统一货物运输标识和包装

对公司航班承运的货物统一使用由本公司统一印制的具有宣传货运效果的货运标签、胶带、打包带，外包装使用统一订制包装袋，提高外包装质量和外观的美观性，同时便于识别和运输管理。

(五) 采用先进技术，缩短客户办理各种手续时间

客户满意的基本要求是对企业产品的满意，对于航空货运业来说，产品即是航空公司为客户所提供的托运货物服务，为此客户需要办理相关的手续，而手续时间的长短和简便性对客户的满意度影响巨大，因此航空货运公司要想提高客户满意的程度，就必须缩短客户办理手续的时间和增加简便性。增强货运销售和机场货运离港系统的功能，把货主和货运代理人连接起来，并提供准确、及时的货运信息、舱位预订、信息跟踪和信息服务，同时，采用新的信息技术积极发展网上航空货运业务。

(六) 提高航空货运工作人员的素质

航空公司开展服务营销主要是为了建立和改善与以客户为主的外部人员间的关系，而要很好地做到这一点，就必须首先理顺内部关系，使全体员工真正做好思想上和行动上的准备。为此，就要针对员工开展一系列积极的、营销式的、协同的活动，用积极的营销式的方法激励员工，使他们的工作表现体现"一切为了消费者"的职业态度、服务意识和消费者导向。

第四节 数字时代的航空服务场景

数字技术的发展使得现在的服务场景千变万化,对航空公司的场景敏锐性提出了更高的要求。航空公司在数字化转型过程中,应当善于运用场景化思维模式发现消费者"痛点",并进行数字化改造,增加航空服务场景的数字化应用,提升消费者体验,传递更高价值。

一、数字化转型中的场景化思维[①]

(一)场景化思维的定义

场景化思维即在特定时刻,基于特定使用情景和用户特性而进行定制化设计的一种思维方式。在一些行业,场景化思维已经给企业带来了很多成功的产品设计。基于不同的场景,已经成就了很多互联网公司。

在航空公司的数字化转型过程中,场景化思维同样可以带来价值。事实上,"场景"是无处不在的,特定的时间、地点和人物就存在特定的场景关系。对于航空公司而言,消费者从准备出行、购票、机场乘机,一直到旅行结束,都在形成很多的业务场景;而航空公司内部的员工,例如收益管理员、飞行员、乘务员、地服人员、管理人员等都在很多典型的业务场景中开展工作。因此,对于航空公司而言,数字化转型中的场景思维,就是围绕消费者、员工两个主体,通过数字化手段,在特定的时刻、让主体完成特定的业务活动的一种思维方式。

(二)场景化思维的应用

在飞机飞行过程中,消费者在飞机上就座,他们在飞机飞行场景中需要通过一些活动来打发无聊的飞行时间,这是消费者的"痛点"所在。也正是基于这些洞察,飞机上配备了机上娱乐设备,消费者可以看电影、听音乐、玩游戏等。在数字化转型中,对这一场景还可以进行全新的设计,例如让消费者自带的便携式设备接入机上 WiFi 并联通互联网,让消费者可以像在地面一样消磨时间。在这个场景下,航空公司还可以通过机上商品销售业务的设计和开展来获得收入。

这种针对当下已经存在的场景进行数字化改造,是航空公司数字化转型过程中最常用的一种直接的场景化思维模式。航空公司只需要围绕消费者、员工等行为主体梳理出他们当下已经存在的场景,再分析通过数字化达到提高效率、降低成本、改进体验等方面的可能机会,通过场景支撑信息系统的改造,就可以达成数字化转型的目标。

---

① 主要内容参考自环球旅讯,https://m.traveldaily.cn/article/125996。

航空公司在数字化转型过程中,如果希望能够设计出一些全新的场景,就需要航空公司拥有一些具有创造力的员工。航空业的特点是行业标准很多,任何创新都不容突破这些标准。因此,新场景的构思必须是在丰富的行业知识的基础上进行的。总体来说,员工既对航空公司的业务和行业规范很熟悉,又对当前新技术的发展非常了解,将有机会在构思新场景方面大展拳脚。在思考尚未出现的场景时,从数字化转型的视角看,可以把各项数字化技术列出来作为一个维度,而把航空公司围绕消费者、员工、航空器的业务作为另一个维度,在这两个维度的交叉点寻找构建新场景的机会。

(三)避免场景化思维碎片化

对于已经存在的场景,航空公司需要通过穷举方式来描述出所有的场景。然而,由于航空公司内部组织往往是割裂的(飞行、地服、市场营销等),因此如果只关注于某些点的场景,往往容易遗漏那些跨组织的场景,总结出来的将是一些碎片化的场景,尽管这些场景的数量也不少,但是即使所有这些场景都实现了,航空公司的数字化转型可能仍然没有达到预期的效果。

为了避免这类问题的出现,在所有场景化的设计中,必须提炼出围绕消费者、员工的两大业务主线,设计者需要脱离自身组织去审视完整的业务。总结而言,场景化思维无疑是航空公司数字化转型过程中值得借鉴的一种思维模式,要针对已经存在的场景、尚未存在的场景采用不同的管理方式,同时要围绕消费者、员工两条主线来保证场景设计的完整性。

二、航空服务场景中的数字化应用[①]

作为航空公司提供航空运输服务产品的核心场景,飞机客舱是消费者和航空公司接触时间最长、接受服务内容最多的一个场景,也是消费者经常诟病和吐槽航空公司服务能力和水准的一块短板。绝大部分短途航班的客舱面积狭小,设施功能单一,人员密集,而且客舱环境极易受到飞行状态的影响。航空公司的大部分服务工作是在飞行中开展的,客舱服务人员在服务过程受到飞行状态、各种安全规范的制约,还会受到乘客心理状态的影响。数字化时代,航空公司需要加强信息技术在航班上的应用,采用移动信息技术让飞机客舱更加智能,让消费者感受更为温馨的客舱空间氛围,同时让飞行和乘务人员提供的航班运输服务更加高效。

在航班飞行途中,不同阶段有着不同的特征,客舱中的各种设备、设施均与安全密切相关,操作过程严谨、规范。为确保消费者和机组的安全,航空公司要求服务过程必须符合技术规范,不允许有随意性。航班客舱服务涉及的范围广泛,每个过程与环节均有严格技术规范,导致了当前航空公司的客舱服务千篇一律,同时也桎梏了客舱服务的发展创新。

---

① 主要内容参考自 https://mp.weixin.qq.com/s/ILOyCXFksCgZdVKuXD0Oyw。

（一）客舱布局

对于任何一家航空公司来说，飞机是提供航空运输服务产品的工具和载体，而飞机客舱布局则是在市场中实施差异化战略并取得竞争优势的重要保障。飞机客舱布局则主要包括消费者座位布局（layout of passenger accommodations，LOPA）、设备选型以及内饰等。作为一份工程图纸，LOPA描绘了飞机客舱内部的布局情况，包括但不限于座椅、厨房、厕所、应急设备、飞机出口等位置图示。LOPA是航空公司对飞机内部整体设计的完整定义，体现了航空公司提供的服务水平、经营理念以及品牌文化。作为设计航空运输服务产品的核心，LOPA是航空公司实施发展战略和参与市场竞争至关重要的环节，对其财务业绩影响非常显著。针对不同的经营战略和目标市场，航空公司采用了不同的飞机座舱结构设计。

（二）文化差异

对于飞机制造商来说，为提高现代客舱的舒适性，在设计方面会重点考虑光线、颜色、线条、图案以及材质等因素。对于不同品牌特性的航空公司来说，整个客舱的视觉效果呈现才是它们更为关注的重点；但对于消费者来说，他们在航班飞行途中的独特记忆，特别是在飞机客舱内感官体验（包括视觉、听觉、味觉、嗅觉和触觉）才能形成对整个旅程的综合感受，才是对客舱舒适性的真正感知。但是，身处不同地域、不同文化背景以及不同年龄层次的消费者对客舱服务的要求和评价标准存在巨大的差异。比如在颜色方面，有些航空公司对暖色系情有独钟，有些航空公司喜欢在客舱内选择红色布置座椅，而有些航空公司对冷色系更加偏爱，汉莎、法航、瑞安等航空公司则喜欢将客舱座椅布置成蓝色。对于一个从北京飞往法兰克福的航班来说，航空公司和机上工作人员可能不知道当前这个座位上的消费者来自哪个国家，会说哪一门语言，喜爱哪一种食物，倾向哪一种色彩，以及对何种光线的客舱灯光会更敏感。

（三）个性化需求

正常来说，飞机上的乘务人员会按照既定工作流程，向消费者提供报纸杂志、毛毯、饮料、餐食等服务。但对于一些特殊的消费者（如素食主义者、节食者、宗教信仰者、残疾人等），他们会提前向航空公司提出预订和申请，以便能够提供特殊的客舱服务。对于消费者而言，优质服务不仅是甜美的微笑、温和的态度、体贴入微的关怀，还应该考虑消费者的个性化需求。为了吸引更多的消费者，一些航空公司开始向消费者提供个性化定制的产品和服务。然而，追随个性化服务这一潮流并非易事。虽然现代科技进步为消费者带来巨大的便利性，但个性化服务业也增加了航空公司客舱工作的复杂性。比如无人陪伴儿童、轮椅消费者、特殊餐食预订者等。倘若在一个航班上，有特殊需求的消费者较多，他们不停地呼叫服务，则会造成客舱里的呼唤铃声此起彼伏，乘务人员在整个航班服务中会陷入密集的应答繁忙状态。在如今这样一个渴望被关注和崇尚个性化的时代，消费者的需求千差万别。航空公司的乘务人员如何判断这个座位上的乘客是商务消费者还是休闲消费者，并向他们提供其期望的服务，关注其个性化需求，提供定制化的产品和服务，需要航空公司找到更为高效和可靠的途径。

本章小结

有形展示和服务场景是航空服务价值传递和执行的载体。航空服务展示是指一切可传达航空服务特色及优点的有形组成部分。根据有形展示的构成要求，可将航空服务有形展示分成物质环境、信息沟通和价格三大类。航空服务场景特指服务交付过程中的外部环境，是特定时空范围内的有形展示，是企业有形展示的集中体现，其核心功能包括包装功能、辅助功能、交际功能、区隔功能。

在航空公司的数字化转型过程中，除了需要增加航空服务场景中的数字化应用，还需要善于利用场景化思维为企业带来价值。

综合实训

请以航空公司一个具体的服务场景为例，详细描述该服务场景的主要展示点，分析该服务场景设计的原则和关键性内容。

复习思考题

1. 简述航空服务有形展示的基本概念和主要类型。
2. 航空公司如何进行信息沟通展示？
3. 航空服务场景的设计包括哪几个方面？
4. 航空服务场景的核心功能有哪些？

复习思考题答案

【航空报国　奉献篇3】
助理马瑛：
平凡岗位上的"阳光妹子"

第十章
航空服务中的员工与消费者

航空服务中的人员是服务营销组合区别于传统营销组合要素的三大要素之一,包括服务人员和消费者,在服务价值链中发挥着重要的作用。航空服务人员与消费者之间的关系是服务价值传递的基础,是航空公司高水平经营绩效和竞争力的重要来源。数字时代下,航空服务人员面临更新和更高的要求,如何变革组织属性适应消费者新期望以及应用数字技术重构业务,成为航空公司需要重点关注的话题。

学习目标

1. 理解航空服务人员的分类以及如何进行内部管理。
2. 掌握航空服务中顾客关系管理及其构建与实施。
3. 掌握航空货运中的人员管理。
4. 认识数字时代的组织与顾客关系管理。

本章引例

达美航空:与消费者建立密切联系

从航空运输业发展史看,大多数航企都将自己定位为运输公司,但也有一些航企在利润允许的情况下增加了客户体验和营销方面的投入。达美航空的高管试图说服投资者,将其品牌定位为一个与消费者有着密切联系的品牌。

与星巴克等传统服务行业不同,美国航企通常不受消费者尊重。许多消费者喜欢抱怨航空公司糟糕的服务、拥挤的座位、新的收费项目,有时甚至出现航班

 数字航空服务营销

延误或取消。但达美航空正是认识到这些问题，不再将自身局限于一家航空公司，而是希望消费者将其视为值得信赖的品牌。

达美航空不是 Visa、苹果或星巴克，但在与美国西北航空合并 10 年后逐渐与消费者建立了更紧密的联系。美国西北大学凯洛格商学院市场营销学教授汤姆·奥图尔认为，在 2008 年金融危机和燃油价格飙升后，美国三大航都提高了营销水平，但在 2008 年率先进行合并的达美航空做得最好。他表示："达美航空正在以基本的、可持续的方式建立良好的客户关系，可能带来卓越的客户终身价值。"

即使消费者必须为一次更好的体验支付更多钱，达美航空的消费者仍然喜欢这家公司。与美国同行相比，它的航班准点率更高，航班取消的次数更少，机上与机场产品更一致，豪华客舱备受好评，数字战略运行良好，员工队伍友好。此外，达美航空还实施了一项战略，试图将年轻的消费者转变为忠诚的客户，而且其知道这些消费者与五六十岁的消费者有着不同的期望，因为这个群体做决策的方式截然不同。为吸引 40 岁以下的消费者，达美航空 2018 年优先实现员工的多样化，免费运送高中学生参加反枪支游行，并宣布停止使用一次性塑料用品、餐具、吸管等。

（资料来源：https://mp.weixin.qq.com/s/9Dr2kuJdb48HxGc6d-J8gw，有改动。）

课堂讨论：
说说达美航空为什么能够与消费者建立紧密的联系？

第一节　航空服务人员管理

与有形产品不同，服务是以人为基础的生产，主要通过员工直接向消费者提供服务，因此人员因素十分重要。无论是哪类航空服务人员，都在消费者的服务感知和消费者满意度中起着重要的作用。员工服务的态度和水平也是决定消费者对服务的满意程度的关键因素之一，一个高素质的员工能够弥补由于物质条件的不足而使消费者产生的缺憾。

 一、航空服务营销中的人员

以人为基础的服务生产主要就是通过服务人员直接向消费者提供服务，服务的效果

很大程度上取决于服务人员的表现。服务营销人员是航空服务营销组合的一个重要元素，因为他们是航空服务营销的策划者又是服务传递者。根据服务人员接触消费者的频繁程度不同和参与常规营销活动的程度不同，可把服务营销中的人员分为四类（见图10-1）：改善者（modifier）、隔离者（isolated）、接触者（contactor）、影响者（influencer）。

	参与常规营销组合	不直接参与营销组合
频繁地或定期与消费者接触	接触者	改善者
不频繁地或没有与消费者接触	影响者	隔离者

图 10-1　服务人员分类

1. 改善者

改善者经常与消费者接触，但是并不经常参加常规的营销活动，如飞机控制服务人员、机票销售人员等。正因为他们经常与消费者接触，所以他们需要理解航空公司的营销战略，并且为满足消费者的需求服务。这里员工需要具备发展顾客关系的技能，航空公司需要对他们进行培训，并监督他们的表现。

2. 隔离者

隔离者既不经常与消费者接触也不经常参与常规的营销活动，包括服务企业的很多内部服务部门，如采购、后勤、人事和数据处理部门等。他们应充分认识内部营销的作用，以及他们的工作在整个航空服务中产生的不可或缺的作用，他们的行动支持着服务，影响着整个企业服务业绩。他们同样需要了解整个公司的战略，尤其是采购、人事、数据处理这样的部门。

3. 接触者

接触者既是航空服务的主要传递者，也是航空公司营销活动的主要执行者，如航空公司消费者服务人员等。他们尤其需要理解企业的营销战略，并且对工作有责任感，保持很好的工作质量，积极地响应消费者。

4. 影响者

影响者是指不经常参与消费者接触，但是参与常规的营销活动的人员，如机场战略部人员、市场研究人员等在营销策略制定过程中起一定作用的人。他们应当有很强的消费者意识，能想办法提高消费者接触水平。

航空服务人员应当具备的素质

经典案例10-1

四川航空：为了人民美好航空出行

从立足我国西南的小型航空公司，到如今网络覆盖全国并连通世界的中型航空公司，四川航空以"美丽"著称的空中品牌形象早已被消费者熟知并喜爱。

2021年6月27日，一架熊猫主题彩绘飞机满载消费者从成都天府国际机场起飞，川航成为天府国际机场首家投入商业运营的航空公司。而伴随着天府国际机场投运，川航"两场一体化"运行模式的序幕缓缓拉开。同一天，川航占地2200平方米的两舱休息室品牌旗舰店正式投入使用。熊猫、美食等地域人文元素出现在两舱休息室，传递着美丽川航海阔天空的唯美意境。

在休息室内，川航经典红蓝VI色系以及海燕、海浪元素，展示着川航"美丽"文化的魅力。在艺术长廊上，琉璃波纹、陶瓷熊猫、熊猫主题机模传递着"熊猫文化，世界共享"的理念，彰显着川航"熊猫之路"的格局战略。对消费者来说，川航的两舱休息室不仅是等候飞机的一处宁静之所，更是了解川航美丽蜕变的一个极佳去处。在毗邻休息室的一侧，川航专辟川航天府智慧形象展示厅。厅内，通过交互于一体的全息投影技术，消费者可以看到川航别具特色的机上餐食。此外，还有"数字川航""味道川航""熊猫之路""品牌川航""IP文创"等待消费者去探索。

在万米高空中，川航航班上身着制服的空姐为大家送上美味餐食，总能让人心生愉悦，会心一笑。这既是川航真情服务的体现，更打造了美丽川航的品牌形象。2021年下半年，川航第6代地勤制服全面换新。该款制服延续2018年推出的第7代空乘制服"动静之间，川红"的设计理念，采用红黑经典配色，以飞机机翼为灵感创作，利用点、线、面、色彩的组合设计，展现出地勤人员专业、亲切、热情、沉稳的服务形象。一抹川红从空中延伸至地面，川航地服部以崭新形象开启双流和天府"两场一体"运行模式，将空中"美丽"品牌延伸到地面，绽放新的光彩。

（资料来源：https：//mp.weixin.qq.com/s/RECWlLG84pMO21Vv2j65mQ，有改动。）

 二、航空服务人员的内部管理

航空公司需要想办法留住最好的员工，内部营销的运用是十分必要的，航空公司需要将员工当作消费者对待，为他们提供满意的"工作产品"，在有关人力资源政策、项目和过程的设计和实施决策中，以员工投入和事实为基础，评估员工满意度和采用标杆学习等都是很好的方法。

航空服务人员的招聘

（一）员工满意的重要性

在使消费者满意和建立与顾客关系的过程中，航空服务人员扮演着重要的角色，航空公司的员工，不论幕前幕后，都会影响买方的感知。航空服务人员很大程度上就代表着航空公司的服务，他们构成消费者心中的企业，是航空公司最基层的营销者。航空服务人员不管在不在工作，只要他出现在前台，他就代表着企业的形象。航空服务人员是航空服务产品的具体化，他们直接影响消费者满意度，因此，他们也是航空公司的营销者。

员工满意可以提高消费者满意度，创造企业利润。有研究表明，消费者总体服务质量感知与航空公司的服务氛围高度相关，企业的人力资源管理情况和服务氛围对消费者的航空服务经历有重要的影响。另有企业研究表明，消费者满意度与员工的流动率有关，员工的压力大就会产生低激励和不满意，这样随之而来的是低质量的航空服务，最终导致的是消费者的消极反应。员工较稳定的企业消费者满意度较高；反之，员工流动率较高的企业，消费者满意度要低许多。

从员工的角度出发看服务利润链（见图10-2），我们可以发现内部服务质量、员工满意度及其生产力、服务质量和消费者满意度、消费者忠诚以及企业盈利和收入之间有重要的联系。虽然员工满意未必一定导致消费者满意，但二者之间存在着较高的关联度，并且可以相互反馈。

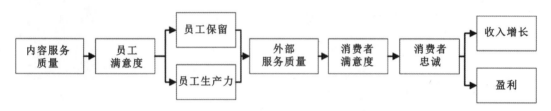

图 10-2　服务利润链

员工行为直接影响服务质量。服务质量有五个维度，即可靠性、响应性、安全性、移情性和有形性。可靠性是指准确可靠地执行所承诺服务的能力；响应性是指帮助消费者及提供便捷服务的自发性；安全性是指员工的知识和谦恭态度及其使消费者信任的能力；移情性是指给予消费者关心和个性化的服务；有形性则是指有形的工具、设备、人员和书面材料的外表。

服务人员如何影响航空服务质量？

（二）管理人员的主导作用

就企业内部而言，管理者所扮演的应当是一个"提供者"的角色。如果航空公司内部的行为规范和价值观和员工们在与消费者交往中的外部行为和价值观不一致，其结果往往是服务质量的下降。在航空公司内部营销中，管理人员起着主导作用。管理人员应当做到以下几点。

（1）与员工沟通，了解他们的工作情况、需要和建议。

（2）尽可能在资金和时间许可范围内为员工提供更多的培训。

(3) 通过修改计划、重新构建工作关系、修改系统和引入新技术方式为员工减轻工作负担。

(4) 给员工以真诚的指导，而不是施压。

(5) 不浪费员工的时间。

(三) 管理者与员工的关系

服务与有形产品生产之间的重要区别在于服务常常需要消费者的参与，因而航空服务人员的表现直接决定了服务质量。为此，对一线服务人员的管理工作就显得十分微妙。管理人员如果加强平时对员工的管理，能够及时发现员工的成绩并立即给予肯定，就会强化员工优质服务的行为，提高员工的工作满意度；同时，一种肯定也是一种及时的反馈，具有明显的激励作用。因此，管理人员在处理与员工的关系时，应当做到以下几点。

(1) 关心员工，帮助员工。这并不意味着管理人员无条件地去关注员工的所有问题，而应关心影响员工工作的主要因素，既包括公事也包括私事，使员工对管理人员产生亲近感。

(2) 让员工了解企业内部发生的事情，如销售、利润、新产品、服务和竞争以及发展情况，使员工对企业的事务更多地参与，并懂得如何更好地参与，还有助于员工灵活处理突发事件。

(3) 尊重员工。管理人员在言行上，时时注意对员工的尊重。
① 注意礼貌用语；
② 记住员工的名字；
③ 尽量不要当众指责员工；
④ 认真倾听并尽力去理解员工的看法；
⑤ 为员工提供干净、适用的设备和工作环境。

航空服务人员的成长规划

(4) 给予员工决定的权力并支持员工做决定。管理人员给予员工充分的支持和信任，会令员工做得更好，下放一部分权力会使员工更加主动、积极地为消费者提供服务。

(四) 企业文化

航空公司企业文化（corporate culture）的建设必须以人的需求和发展为出发点，充分发挥人的主观能动性和积极性，在对人高度关心的基础上寻求实现企业目标的最佳途径。它强调的是以人为中心的管理，因为人是生产力中最活跃的、首要的、决定性的因素。企业管理最终是人的管理，因此，以人为本是航空公司文化建设的出发点。以人为本的企业文化建设可以从两个不同的角度来解释。一是从市场角度出发，认为企业"以人为本"是指一切为了消费者，即尊重消费者、服务消费者、方便消费者；二是"以消费者为本"是企业文化建设的源泉，通过企业文化建设，能提高消费者服务能力，降低内部交易成本，同时建立企业形象便于消费者识别，最终达到"以消费者为本"。

（五）适当放权

消费者真正需要的是员工提供创造性的服务，太严格的规则和程序可能束缚服务人员的创造性。员工不应当只是制度的执行者，还应当是灵活运用制度和弥补制度不足的实践者。适当放权才能扩大员工解决问题的范围。航空公司需要做的是，修改和放弃一些过时的条款，用服务价值观念来取代死板的规章制度，并向员工传递；企业的评价和激励系统中修改部分权重，鼓励与消费者利益相关的创造性和积极性。

（六）激励制度

令人满意的"工作产品"中应当包含激励因素，绩效评估和奖励是肯定员工的好方式。航空公司的激励制度不应当只是"瞄准"产出，还应当包括对员工行为的评估。

一个好的绩效评估系统和标准的要求是具有较好的透明度、时间性和公平性。简单明了的评估标准、持续有规律的评比活动以及公正的评估程序和评估方法才能真实地反映员工的工作状态。公正的绩效评估系统具有以下特征。

（1）评价应与服务水平直接相关，还要根据不同的职务来设计与其工作说明书和工作描述书相适应的评估标准和方式。

（2）航空公司应当为员工提供较公平的学习和接受培训的机会。

（3）评估方法是否适用和是否公正要由服务提供者确定。

（4）评估方法说明到位。

（5）在一定时期内保持较稳定的评估方法，使员工有短期的较稳定的奋斗目标和准绳，如有更改或变动须做说明。

（6）强调集体绩效时，对工作群体中的员工绩效评估统一。

（7）综合运用多种评估方法来提高评估系统信度，多角度观察服务行为。

有效的评估系统真实地展现了员工的表现，利用奖励系统可以强化某些价值观和行为，使员工们知道什么是重要的。奖励的基本准则如下。

（1）用公司形象和策略引导奖励方向，从而引导员工行为。

（2）区别不同性质的奖励，包括对做了某一工作的补偿而给予的奖励和对突出的工作行为进行补偿而进行的奖励，前者称为称职性支出，后者称为奖励性支出。

（3）灵活运用各种奖励方法，除了物质奖励，还可以运用非物质奖励，如假期、评选先进、股票奖励等。

（4）注意情感奖励，如领导轻轻拍拍员工的后背，说一些鼓舞的话等。

（5）持久性的奖励系统和短期的奖励活动相结合。

（6）主要运用正强化手段，基本不涉及负强化，强调积极性。

（7）每个人都有平等的获奖机会。

（8）奖励集体和奖励个人同时存在。

经验表明，有效的激励系统对那些因某种原因工作不好的人、那些工作称职但算不上优异的人和那些业绩突出的人都有很好的激励效果。

数字航空服务营销

第二节　理解航空服务顾客关系

顾客关系是公司与消费者之间价值传递的纽带。在知识经济和服务经济飞速发展的今天，消费者资源已成为航空公司竞争最激烈的宝贵资源和最为重要的无形资产。航空公司只有大力开发消费者资源、整合顾客关系，管理顾客关系来实现消费者资源的价值最大化，才能在国际化竞争中获得生存和发展的空间。

一、航空服务中的顾客关系管理

顾客关系管理是服务企业为提高服务质量的确定性和服务生产力而针对消费者施加行为的过程。在服务营销管理活动中，顾客关系（consumer relationship）可以视为航空公司或服务人员在服务互动过程中与目标消费者建立的互惠关联或纽带，它是服务价值传递的网络基础，是航空公司高水平经营绩效和竞争优势的重要来源。作为一种新的管理模式、业务营销理念和信息技术的前沿产品，通过顾客关系管理，能够有效帮助航空公司建立持久赢利的顾客关系，实现识别有价值消费者、提供个性化服务等功能，从而提升航空公司的核心竞争力。具体来看，顾客关系管理有以下意义。

（一）保持消费者忠诚度

民航运输尚未成为大众的运输方式，很多消费者都希望凭借自己以往在航空公司登记的资料来获得个性化的服务，享受超值的体验。航空公司的顾客关系管理系统恰恰能记录消费者的基本信息和喜好、习惯等，这就使保持消费者忠诚度和消费者终生价值成为可能。

（二）提高服务管理质量

顾客关系管理是促进航空公司飞速发展的新方式之一。公司从领导者到一线的服务人员都需要高度重视顾客关系管理的重要意义，认识到每一位员工都需要站在消费者的角度思考问题，能切身体会消费者心理，把握消费者的需求，为消费者提供定制化的服务，注重服务细节，才能有效地提高服务质量。在民航服务中，从消费者预订开始建立服务关系，直至消费者运送结束，每个环节都应尽善尽美，使消费者有获得超值服务的体验，这有助于增加企业服务价值和形象价值。如此往复地良性循环，航空公司的服务管理质量自然而然得到提高。

（三）使成本收益最大化

为了在竞争中占据有利地位，各航空公司都普遍使用价格折扣优惠手段来最大限度地吸引消费者，虽然折扣价格在一定程度上能够吸引某些消费者，但也有不乏一定数目的消费者,任其他航空公司的机票如何打折,出行时仍选择已经习惯并信任的航空公司,即便该航空公司的机票价格没有任何折扣。这两种类型的消费者就属于美国西北大学教授 Paul Wang 划分的交易型消费者(transaction buyer)和关系型消费者(relation buyer),折扣票价吸引的是交易型消费者,因而公司所获得的利润也非常有限。而关系型消费者则是在心理上与航空公司建立了长期契约关系的消费者,他们在折扣和个性化服务之间必然会选择后者。这种忠诚消费者的数目虽然有限,但优质服务带来的利润却占总利润的很大比例。Reichheld 和 Sasser 于 1990 年对美国 9 个行业的调查数据表明,消费者保持率增加 5%,行业平均利润增加幅度为 25%~85%,由此证明顾客关系管理已成为公司成功至关重要的实施手段之一。

(四) 增强企业竞争优势

顾客关系管理是航空公司成功和更富竞争力最重要的因素。顾客关系管理系统可改变航空公司过去由内而外的业务流程,通过顾客关系管理,了解消费者需求趋向,并满足消费者需求,甚至做到超值服务。当航空公司实现了消费者需要什么服务就提供什么服务时,才真正实现消费者至上。消费者对公司的认可以及忠诚度的建立,必将充分推动航空公司的发展并为其带来明显的竞争优势。

二、航空服务中顾客关系的构建

顾客关系的建立和维持必须依赖有效的服务营销管理策略。不同类型的策略可以建立不同层次和类型的顾客关系。根据顾客关系的基本层次,可以有相应的关系构建策略。

(一) 建立财务联系

建立财务联系是指航空公司制定具有吸引力的服务价格政策或策略,刺激消费者持续进行服务消费以建立较为稳定的顾客关系,是维系顾客关系的首选策略。建立财务联系的优点在于财务刺激启动相对比较容易,又常常能够带来短期利润。但是,由于围绕价格展开的财务刺激方案极易模仿,使用壁垒较低,因而通常无法为航空公司带来长期竞争优势。航空公司建立财务联系主要包括以下方式。

1. 频繁营销计划

频繁营销计划是企业对经常购买或者大量购买服务产品的消费者采用的维持顾客关系的手段。频繁营销计划体现出 20% 的消费者贡献 80% 的企业利润这一事实。例如,对航空公司来说,"积分"是频繁营销计划中最常用的手段。积分是指商户为了维系消费者而在其消费的同时给予一定的积分奖励,这些分值累积到一定数额时,或者在一定的时间周期(如一周年),可以换取奖品,或者抵扣消费者的消费金额,或者兑换特定服务。

2. 交叉和捆绑销售

服务的交叉或捆绑销售也是建立财务联系的重要方式。所谓交叉销售,是指发现现有

顾客的多种需求，并通过满足其需求而实现多种相关服务产品销售的营销方式。简言之，服务交叉销售就是航空公司或服务人员说服或刺激现有消费者购买与当前服务消费相关的服务产品。例如，航空公司在向消费者提供售票服务的同时，鼓励该消费者购买行李托运、座位选择和饮食等其他辅助服务。服务交叉销售建立在企业对消费者多重服务需求的理解，以及能够满足多样化服务需求的基础之上。

捆绑销售是联合营销的一种形式，具体是指两个或两个以上的品牌或企业在销售过程中进行合作，进而扩大双方的市场影响力。其作为一种跨行业或跨品类的新型营销方式，已经开始被越来越多的航空公司重视和运用。例如，航空公司与保险公司联合推出"航空意外险"。

3. 俱乐部会员计划

企业为了与消费者保持更紧密的业务联系，开始建立并实施俱乐部会员计划。从具体形式而言，俱乐部会员身份可以是开放的，即消费者通过服务消费行为自动成为俱乐部会员或在消费前进行注册成为俱乐部会员，比如航空公司的常旅客计划。同时，俱乐部会员身份也可以是限制式的，即消费者必须通过消费一定规模或数额的服务，或者缴纳一定的会费，或者具备特定的资格才能成为俱乐部会员，如高档高尔夫俱乐部、电影院、健身俱乐部、美容连锁店等，开放式和限制式的会员计划具有各自的优缺点。开放式会员计划优点是具有较低的入会门槛，可以最大限度地吸引潜在消费者加入俱乐部，成为航空公司的精准目标消费者；但是，由于缺乏门槛，可能吸引一些服务购买意愿并不是非常强烈的消费者进入俱乐部。限制式会员计划虽然具有一定的加入门槛，但是会费或会员资格条件等因素阻止了那些对服务产品只是暂时感兴趣的消费者加入，并吸引和保留了极具消费意愿的目标消费者，因而对建立长期互惠顾客关系更有价值。

4. 稳定的价格

在价格波动频繁的服务市场，航空公司为了吸引和保留消费者，只需简单地向最忠诚的消费者提供稳定的价格保证或相对于新消费者较低的价格增长。例如，航空公司与物流运输公司建立起长期业务关系，运用稳定的价格，航空公司可以利用节省的费用回馈消费者，并通过长期为消费者提供服务使企业获得稳定的收入增长。

（二）建立社会联系

建立社会联系是指航空公司或其服务人员洞察消费者的服务需求偏好，实现服务的定制化或个性化以满足消费者需求，从而增加消费者的社会利益。尽管航空公司不能依靠社会联系永久地维系消费者，但是融洽的人际关系会鼓动消费者保留在原来的业务关系中，并且这种联系对竞争者来说比价格刺激更难模仿。因此，航空公司或其服务人员应设法与消费者保持接触，并发展双方的社会联系。

（三）建立定制化联系

定制化联系包含比财务刺激和社会联系更丰富和深刻的内容。例如，服务人员并不仅仅依靠与消费者建立的强有力个人承诺和人际关系，同时也依靠系统化的反馈来帮助航空公司提供更具个性化和针对性的服务，以满足持续发展的消费者服务需求。大规模定制是建立定制化联系的内在必然要求。一般意义上讲，大规模定制被视为"使用灵活的流程和组织结构，以标准化和大批量生产条件下的价格水平，生产出可变的甚至是个人定制化的产品或服务"。航空公司实施大规模定制，并不意味着为满足消费者的服务需求而无休止地提供个性化解决方案，而是指希望通过对个体需求施加可控范围内的额外努力来提供具有针对性和个性化的服务。航空公司要想成功有效地做到这一点，就必须有非常复杂的消费者信息系统来进行数据库营销。例如，航空公司运用客户关系管理系统，能够为会员消费者提供满足其特殊需求（如特定座位、特定餐饮、特定阅读爱好等服务需求）的差异化和个性化服务。作为关系营销的重要实现形式，数据库营销具有较强的针对性，是一种借用先进技术实现的"一对一"营销，可以将其视为定制化营销的特殊形式。

（四）建立结构化联系

结构化联系是通过为消费者提供特别设计和量身定制的服务传递系统，或使航空公司和服务人员与消费者之间产生结构性的相依关系而形成的一种联系。因此，建立结构化联系是顾客关系管理中最难的策略，是将财务联系、社会联系和定制化联系围绕消费者价值整合起来，以建立和维持顾客关系的管理策略。通常情况下，建立结构化联系的消费者管理方式都是竞争者难以模仿的竞争手段。因此，通过结构化联系手段建立起来的顾客关系较难被竞争者打破，是航空公司持续市场竞争优势的重要来源。

三、航空服务中顾客关系管理的实施

顾客关系管理可以通过消费者获取、消费者识别、消费者维护、消费者恢复等方面来发现有价值客户，挖掘消费者潜在价值，赢得消费者忠诚，并最终获得消费者长期价值的管理过程。

（一）消费者获取（customer acquiring）

航空公司在部署顾客关系管理战略时，需要获取最真实、有效和大量的消费者信息资料，首先必须确定如何搜集、分析及利用消费者信息，并明晰相关的顾客关系管理类型是否有悖于某些消费者或公司的隐私保护。

航空公司有得天独厚的获取消费者信息资料的优势。一项研究表明，59%的消费者拒绝向公司提供信息。由于民航运输产品是实名消费，航空公司通过消费者提供的有效证件就能够了解掌握其年龄、出生地、住址等真实有效的信息。因此，航空公司可以对各部门所接触的消费者资料进行整理并统一管理，包括对消费者类型的划分，消费者基本信息、消费者联系人信息、消费者乘机记录、消费者状态等。

（二）消费者识别（customer identifying）

在庞大的消费者群中快速识别出最有价值的消费者。帕累托法则（Pareto Principle）指出：20%的消费者会给公司带来80%的销售利润。民航业的消费者最符合帕累托法则。

航空公司在进行顾客关系管理时必须对消费者进行正确识别，充分认识不同消费者价值存在的差异，并根据企业定位找到消费者价值最大的消费者。

1. 消费者生命周期理论

作为企业的重要资源，消费者具有价值和生命周期。消费者生命周期也称顾客关系生命周期，指从企业与消费者建立业务关系到完全终止关系的全过程。消费者生命周期是顾客关系水平随时间变化的发展轨迹，它动态地描述了顾客关系在不同阶段的总体特征。消费者生命周期可分为考察期、形成期、稳定期和退化期四个阶段，如图10-3所示。

消费者的生命周期阶段

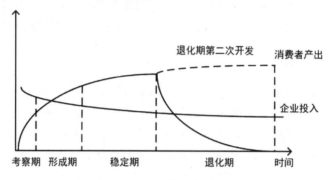

图10-3 消费者生命周期图

2. 识别消费者

航空公司要通过计算出每个消费者的价值，找到最有价值的消费者。在航空公司看来，消费者的价值应该被理解为公司与消费者保持买卖关系全过程中从消费者处所获得的全部利润。根据消费者生命周期价值对消费者进行细分：首先，对消费者即时价值和消费者潜在价值进行评估；其次，按照消费者终身价值大小对消费者进行排序；再次，根据对消费者终身价值的评价结果，划分消费者群；最后，选择具有与本企业满足消费者需求能力相匹配的消费者作为自己的目标消费者。

（三）消费者维护（customer retaining）

培育有价值消费者的忠诚，避免消费者转向竞争对手，造成消费者大量流失。消费者维护是指企业通过努力来巩固及进一步发展与消费者长期、稳定关系的动态过程和策略。消费者维护需要企业与消费者相互了解、相互适应、相互沟通、相互满意、相互忠诚，这就必须在建立顾客关系的基础上，与消费者进行良好的沟通，让消费者满意，最终实现消费者忠诚。顾客关系管理主要在于维持现有消费者，消费者保持比吸引新消费者更能够带来企业的低成本。据统计，吸引一个新消费者所需花费的成本是维护一个老消费者所需成本的5～10倍。

根据消费者价值矩阵，对消费者进行分类管理，企业可针对不同消费者类型设计不同的服务模式，采用不用的消费者维持策略，如表10-1所示。

表 10-1　四类消费者的资源配置和保持策略

消费者类型	消费者对公司的价值	资源配置策略	消费者维持策略
钻石消费者	即时价值高，潜在价值高	重中之重投入	不遗余力保持、发展顾客关系
白金消费者	即时价值高，潜在价值低	重点投入	高水平关系保持
黄金消费者	即时价值低，潜在价值高	适当投入	关系再造
白银消费者	即时价值低，潜在价值低	不投入	关系解除

1. 白银消费者

白银消费者对于企业几乎无利润可言，可以通过互联网渠道，定期向他们发布公司消息和最新产品信息，使用最低的维护成本，有时也可放弃对其进行管理，以降低顾客关系管理的工作量和营销成本。

2. 黄金消费者

对于黄金消费者，不仅可以通过各种渠道定期向他们发布公司最新消息和最新产品信息，而且可以向消费者赠送公司的杂志，杂志中附有购物赠券，鼓励消费者再次购买或向亲友推荐，杂志附带信息反馈卡，允许消费者更新个人资料，询问商品信息，发表评论或提问题，对黄金消费者还可以随机抽样，进行电话交流。

3. 白金消费者

对于白金消费者，除了包括以上对于黄金消费者的保持项目外，还要给予一些特殊待遇，如购买时给予更大的优惠、邀请其参加公司的活动等，使消费者有种特殊的满足感，更愿意与公司保持进一步的联系，为公司的产品和服务提出意见和建议，与公司保持更好的合作关系。如南方航空公司，为企业金、银卡会员提供包括航班售罄时保证经济舱订座、候补优先、精英柜台办理乘机手续、额外免费行李额、贵宾休息室服务、优先登机等众多服务，在提升了消费者满意度的同时使公司得到更多的收益。

4. 钻石消费者

对于钻石消费者进行管理的目标就是要保持此类消费者对公司的长期忠诚。即使有些情况下无法在某些消费者处获得更多的赢利，也要努力保持良好的顾客关系。如国航成立了专门的大客户业务管理部门，依据众多大客户各自不同的差旅模式制定多样化的合作方案，为不同性质及需求的大客户提供更多的选择，使大客户差旅在便捷、舒适与成本支出上达到最佳的均衡。针对大客户的国际、国内差旅采购，国航目前主要有先期优惠、后期折让、累计航段赠送免票以及具体航线特价等个性化合作方案供消费者参考。

（四）消费者恢复（customer restoring）

有效化解企业与消费者之间矛盾，恢复与消费者的良好关系。消费者恢复管理的重点是寻找、研究流失消费者，在已经流失的消费者中，寻找机会恢复原有的顾客关系。消费者流失是指本企业的消费者由于种种原因，转向购买其他企业产品或服务的现象。消费者流失可以是与企业发生一次交易的新消费者的流失，也可以是与企业长期交易的老消费者的流失，还可以是中间消费者（代理商、经销商、批发商和零售商）的流失，甚至是最终消费者流失。通常老消费者的流失率小于新消费者的流失率，中间消费者的流失率小于最终消费者的流失率。

对于流失的消费者可以通过消费者流失率、消费者保持率和消费者推荐率等消费者指标，市场占有率、市场增长率、市场规模等市场指标，销售收入、净利润、投资收益率等销售收入指标，来具体判断消费者流失的情况，并从主观原因（产品因素、服务因素、员工因素、企业形象因素等）和客观原因（消费者因素、竞争者因素、社会因素、其他因素等）两个方面分析消费者流失的原因。对于流失的消费者可以通过访问、再交流等形式争取恢复原有顾客关系。

第三节　货运服务中的人员管理

航空货运服务同样需要高素质、符合有关要求的员工来传递服务价值，达到货主满意。本节就航空货运人员所应该具备的能力和航空货运推销人员的管理展开讨论。

一、航空货运服务人员应具备的能力

航空货运企业需要大量的具备较高的业务能力和知识素养的从业人员，以使企业在激烈的市场竞争中获得最终的胜利。航空货运人员至少需具备如下六种能力。

1. 控制整体航空货运业务的能力

航空货运从业人员必须具备极强的业务操作和控制能力。航空货运从业人员必须掌握每个环节的业务操作情况，才能把货物顺利运输完毕。一名合格的航空货运人员必须要有扎实的货代理业务知识和良好的控制能力，才能安全、顺利地完成整体货物运输。

2. 数字化技术应用的能力

在电子信息化飞速发展的今天，航空货运业务已经由传统的纸质单据的操作，进步到无纸化办公时代。很多大型的货运企业都建立了自己的门户网站，不仅为客户提供各种服务，同时也是公司各部门办公操作的电子平台。熟练应用电子信息系统，如电子数据交换、互联网、全球卫星定位系统、EDI等，已成为航空货运必备的能力之一。

3. 代理国际贸易进出口及报关报检业务的能力

航空货运从业人员经常要为委托人办理各种国际贸易相关的代理工作，如代收货款、代办进出口批准文件等。这些都要求航空货运从业人员掌握一定的国际贸易知识，例如贸易术语的含义与应用、国际支付结算方式、国际货物运输保险等，要求航空货运人员具备更全面的报关报检知识和能力。

4. 航空货运从业人员需要具备相应的专业英语能力

航空货运的工作经常涉及的国际业务，英语是不可缺少的部分，而该行业所需要的英语也有其较强的专业性。在日常的大量业务中经常使用电子书信方式来沟通业务情况，所以航空货运人员也需要具备很强的英语商务函电写作能力。

5. 良好的人际沟通能力和服务行业所需要的服务意识

航空货运在以发货人和收货人为一方、承运人为另一方的两者之间起着桥梁作用。这种技术服务性行业需要从业人员有很强的服务意识，货物的代理人要善于为货方服务。从货方的角度出发，设身处地地为货方着想，在货物运输过程中与货方进行有效的沟通，汇报货物的情况，了解货方的实时需求，使自己的工作取得货方的满意。

6. 货运事故的索赔与理赔能力

航空货运在业务中会遇到一些不可控制的事件和突发事件，极有可能使货物出现损失，因此，处理货运事故的能力是对航空货运人员的必然要求。

二、航空货运推销人员的管理

（一）航空货运人员推销

人员推销可以帮助企业说服消费者购买产品或服务。具体开展人员推销的形式有以下几种。

（1）上门推销。上门推销通过直接走访消费者推销服务，有利于更加详细地介绍服务特点，根据消费者需求提供相应的服务，是最常见的人员推销形式。

（2）柜台推销。航空货运企业通过将固定柜台设立在城市繁华地段、各地机场、各大型物流中心、生产厂商会集地等客户集中的地方，对进入门市的消费者进行服务。

（3）会议推销。航空货运企业通过积极参加航空货运展览会、物流研讨会等会议向参会人员介绍产品或服务。

（二）人员推销的实施流程

1. 明确组织结构

一般来讲，人员推销的组织结构形式有以下四种。

（1）区域结构式，即每个（组）推销人员负责一个地区的推销业务。

（2）产品结构式，即每个（组）推销人员负责某种或某类产品的推销业务。

（3）消费者结构式，即按照消费者的行业、规模等因素对消费者进行划分，并分别分配推销人员。

（4）复合结构式，即将上述三种形式有机结合，混合应用。

航空货运企业通常市场辐射宽广，区域结构式组织形式是最常用的组织结构形式。例如国航货运有北京首都国际机场、成都双流国际机场等多个主运营基地，在全国设有多家分公司。因此，按照"属地化"原则，使用区域结构式来管理销售队伍，更有利于航空货运企业调动销售力量，加强推销员与当地客户及其他公共部门建立良好关系。

2. 明确人员目标

航空货运营销部门通常根据年度、季度企业销售任务，结合市场发货量预测，将企业的货运销售任务分解到每个区域、每个销售队伍，乃至每位推销人员。同时，企业会根据货运舱位的空舱率情况、竞争对手的市场销售策略变动情况，及时调整货运产品的市场定价和市场销售策略，从而辅助推销人员工作。

3. 明确人员工作任务

为了实现推销目标，航空货运企业需要贯彻落实人员推销的工作任务。具体包括：发现新客户；向目标客户传递企业货运的相关信息；推销产品，解决客户疑虑，促成交易达成；提供客户服务，包括咨询、技术支持、售后服务等；长期维系良好的客户关系；搜集市场信息以供企业参考决策等。

4. 人员培训

人员素质往往决定了推销的最终效果。航空货运推销人员需要经过培训才能上岗；同时在岗推销人员，每隔一段时间也要进行培训，使其了解企业新产品、新规划和新营销策略。推销人员培训的内容主要包括企业知识、产品知识、市场知识和推销技巧等。

5. 人员考核与激励

为了加强推销人员的管理，航空货运企业需要对推销人员进行考核与激励。考核的标准要因地制宜，结合企业与市场的具体情况来制定，一般包括完成的航空货运销售额、新增大客户数、大客户评价意见等内容。考核结果既可以作为激励的依据，也可以作为企业人事决策的主要参考指标。在激励方面，采用薪金制和佣金制两者结合的薪酬奖励方式，固定的薪金带给员工安全感的同时，与业绩挂钩的佣金又能发挥较强的激励效果。

第四节 数字时代的组织与客户

数字时代加剧了所有环境的变化和不确定性，也为航空服务人员提出了更新和更高的要求，在航空服务数字化转型的大背景下，如何敏锐地更新组织属性，精准地洞察客户需求，更好地传递服务价值，值得每一个航空公司思考。

一、数字时代的组织属性

数字化时代，组织要实现组织目标一定要依附于有创造力的个体。组织属性发生了根本性改变，改变让组织具有了全新的属性：平台属性、开放属性、协同属性、幸福属性。这四大属性是为了释放人的价值创造，是组织所必备的。

(一) 平台属性

当今时代被管理者的角色变了,他们更在意参与决策、对称的信息交流,以及互动的人际关系。平台属性就显得极为重要了。组织的平台属性,表现为信息共享与责任固化。

(1) 信息共享。互联网重塑了社会与组织,切切实实地改变了人们的生活和工作方式,最大的改变是组织中的个体生存方式发生了根本改变,因为通过钉钉、企业微信以及其他社交网络等平台大量协同信息,创造力得到进一步提升,个体显现出更加独特的价值能力。

(2) 责任固化。互联网改变了个人与组织的关系,改变了个人与组织的力量对比,也同样改变了指导者与被指导者的力量对比。今天的组织,更像是蜂巢,CEO只是一个象征性的存在,犹如蜂巢中的蜂王,每一个成员都高度自治,自我承担职责,组织甚至不再能够界定核心员工,每个成员都需要发挥各自岗位的关键作用。

(二) 开放属性

互联网深远地影响着消费者与生产者之间的关系,这使得互联网不仅仅是一种全新的渠道,也不仅仅是一种广告媒介,或者一种新的交易方式以及便利性的获得,互联网对于每一个企业而言,它是一种全新商业秩序的基础,也是一种全新价值链秩序的基础。

一方面,互联网授予了消费者前所未有的权力,在消费者的需求驱动下,任何一个组织都不得不开放自己,融合在互联网缔造的全新价值网络中,重新界定企业的价值。另一方面,互联网授予了个体前所未有的能力,在个体价值实现目标的驱动下,任何一个组织也不得不开放自己。

(1) 动态组合。数字化时代,成员之间是一种网络的关系,各个点之间互联互通,成为一个有机的生态圈,成员既独立又包容,因此,开放、合作、共享是互联网组织形态的基本生存法则。企业与企业之间、企业内部成员之间形成各自独立、彼此互依、互动交流的有机体。在互联网情形下的成员,都是如德鲁克所言的"知识型员工",这些知识型员工因其能力与知识,一定会要求组织开放边界,让他们能够在组织中感受到独立与价值创造的可能。

(2) 价值网络。组织如何解决资源向承担绩效的人倾斜,向消费者倾斜,这是今天企业应对快速变化的核心问题。大部分情况下,很多企业无法面对外部的变化,是因为企业的内部资源集中在少数人手里,集中在与市场和消费者非常远的地方。

要让资源汇集到一线和消费者端,首先需要高层管理者和企业家能够沿着流程授权、行权、监审来实现权力下放,要有真正对一线和消费者端的重要性认知,要能够控制自己拥有权力的欲望。企业在打造内部价值网络的同时,需要构建外部价值网络,对于今天的企业而言,开放结构而非建立壁垒是极其重要的组织管理要求。能够适应市场变化与技术变化的企业,都会让自己融入一个生态系统中,你中有我,我中有你。

(三) 协同属性

在互联网出现之前,组织中的个体并不是独立的个体,而是具有组织的属性;但是互联网出现之后，组织中的个体是独立的个体，同时具有组织的属性。组织一方面要尊重个体的独立性，不能简单采用管控的方式，另一方面需要协同人们的行为，让个体与组织能够融合，做到这两点需要流程重组与目标导向。

（1）流程重组。流程最大的作用是可以发挥促进作用以便获得必要的努力。如何促成组织中每一个成员的努力，是组织管理需要付出极大努力的职责。这主要体现在以下两个方面：一是促使成员与组织建立协作关系；二是促使成员加倍贡献力量。组织管理如果要得到这方面的效果，就要做到巴纳德所强调的两点：第一，引发成员对于组织的兴趣，使他们加入组织；第二，想方设法地采取各种措施和手段提供条件与帮助，使成员能够同组织建立协作关系，力图使其成员为组织加倍地贡献力量。

（2）目标导向。目标的制定和分解是组织决策过程中的一项重要工作，同时更是经理人员理所当然要承担的重要责任。除此之外，目标还是协同大家一致行动的根本要素。经理人员不仅要制定目标，还要设法让组织的所有成员都接受这个目标，经理人员在制定目标的时候，一方面自己要承担责任，另一方面要将部分工作授权给其他管理人员来完成。这样可以减轻经理人员的工作负担，更重要的是会使组织的其他管理层以及一线工作人员能够对组织目标有更清楚的了解和认识。制定目标毕竟只是一种手段，制定目标的初衷就是让其能够实现，最终能促进组织的发展。

（四）幸福属性

传统的人力资源管理方式已经逐渐对员工频繁跳槽、人际冲突、工作倦怠等问题失去效力，变得无能为力。如何对员工进行有效的管理，激发其工作积极性与主动性，成为所有企业需要思考的问题。管理者首先要了解员工的需求及工作的动机，才有可能采取合适的管理措施。今天，幸福感已经成为影响人们工作热情和积极性的重要指标。提升员工的幸福感，需要组织在两件事情上要花功夫。

（1）组织支持资源。如果员工感受到组织愿意为他们提供多方面的支持，那么员工就会为组织的利益付出更多的努力。企业管理实践已经表明，组织为员工提供的资源并不仅限于工作相关的资源，还包括为员工个人及家庭提供相关的资源。

（2）让员工拥有主人翁的感受。当一个人发现自己在组织里能够真正是一个主人的时候，才会感到快乐和有幸福感，而幸福感和快乐又使得员工充分发挥主人翁作用，带给企业极大的创造力和活力，并让企业在同业中脱颖而出。

二、顾客关系管理中数字化应用[①]

航空公司的
精准营销

航空公司是最早开始使用大数据来分析消费者、提高收益的行业之一，多舱位歧视性定价、收益管理系统、常旅客计划、航班超售等举措都是基于对消费者消费行为和消费习惯的统计分析。在"流量为王"的时代，任何企业都必须将消费者牢牢地抓在自己手上，航空公司也需要

---

① 主要内容参考自 https://mp.weixin.qq.com/s/ZzflwtGC0PDhVYwCwpE-Hg。

更加直接地面对和服务消费者。如何通过数字化手段来吸引消费者、分析消费者行为、维护消费者利益、挖掘消费者价值，是所有航空公司面临的共同问题。

数据是数字化世界中进行营销和客户管理最重要的资源。更好地理解目标消费者，准确预测消费者的行为偏好，制定有效的营销策略，精准传递产品和服务信息，利用消费者反馈来优化营销策略，都需要将数据作为基础性资源，在以下八个层面构建应用场景。

（1）识别。消费者画像是数字化世界的通行证，在数字化环境下，企业和消费者之间的营销接触方式发生了巨大变化——消费者掌握了主动权，因此企业需要更准确的消费者画像以识别消费者并持续优化营销互动策略。

（2）洞察。分析洞察消费者需求，预测消费者的价值和行为。即使在数字化时代，基于消费者数据分析进行一对一营销仍是不切实际的想法，管理消费者组合或分群则是更可行的选择。基于消费者分群可进行营销策略和互动策略的优化。

（3）互动。数字化时代让企业与消费者之间的互动更加容易，互联网式客户运营是互动的手段，帮助企业在每个渠道上都能创建卓越的互动效果。互动的策略包括促进消费者生命周期价值的增长，发起互动以改变消费者的状态，不同的营销目标需选择适当的互动形式与适当的消费者，通过互动影响尚未做出决策的人们以及应用搜索、社交、位置服务发起互动。

（4）连接。连接是人类社会性的根本需求之一。随着数字技术的发展，企业与消费者的全渠道接触成为可能。全渠道连接运用多种可能的渠道与消费者建立连接并传递内容，包括产品的研究、购买、交付和服务的全过程。全渠道连接从思维上是以消费者为中心的整合，促进了多渠道间的协同和整合进程，也让企业开始从整体上思考如何向消费者提供更具个性化的无缝体验。

（5）转化。从企业角度，转化促成了某种期望的消费者行为发生，或者促使消费者的状态发生了改变，与消费者完成了一次有意义的交易，与消费者发生了一次有价值的互动等。常见的数字化营销转化工具有漏斗转化、搜索引擎转化、关键词广告转化、移动应用转化、社交媒体转化等。

（6）体验。Tom Knighton 说"客户体验是下一个竞争激烈的战场，这里决定了商业的输赢。"数字化放大了客户对体验的期望，数字环境中的体验可以随时进行分享，而数据的应用给体验创造了更多可能。

（7）忠诚。消费者忠诚是消费者以实际行动表示对企业的产品和服务的喜爱或拥护，这些行动可以是再次购买产品或服务、购买其他的产品或服务、向他人推荐企业的产品或服务、维护企业的产品声誉等。消费者忠诚度是消费者不会离开的可能性，消费者忠诚度并不等于消费者满意，企业也许赢得了95%的消费者满意度，但忠诚度可能相差很远。从消费者角度来看，除了奖励计划外，还应在社会化的荣耀感、个性化的参与感和有担当的责任感三个方面获得与众不同的体验。

从常消费者计划到微博粉丝团

（8）价值。赢得消费者的终身价值并非易事，需要树立长期发展的远见，理解消费者价值，从关注产品和渠道转向关注消费者等，这也是可持续的客户运营的最高目标。

本章小结

航空服务中的人员包括服务人员和消费者。航空服务人员与消费者之间的关系是服务价值传递的基础，是航空公司高水平经营绩效和竞争力的重要来源。顾客关系可以视为航空公司或服务人员在服务互动过程中与目标消费者建立的互惠关联或纽带，它是服务价值传递的网络基础，是航空公司高水平经营绩效和竞争优势的重要来源。顾客关系管理可以通过消费者获取、消费者识别、消费者维护、消费者恢复等方面来发现有价值客户，挖掘消费者潜在价值，赢得消费者忠诚。

数字时代赋予了组织全新的平台属性、开放属性、协同属性和幸福属性，释放人员的价值创造。航空公司应积极通过数字化手段来吸引消费者、分析消费者行为、维护消费者利益、挖掘消费者价值。

综合实训

尝试为航空公司的服务人员设计一整套激励方案，包括目标激励、薪酬奖励、福利制度工作设计、职业生涯规划等。（这个任务执行起来可能比较困难，其目的是让同学们重视人的地位。）

复习思考题

1. 你认为服务营销人员可以分为几类，说说你的分类依据。
2. 为什么员工满意在航空服务中十分重要？试着画出服务利润链。
3. 为什么要进行顾客关系管理？
4. 航空公司需要与消费者建立何种联系，请简要说明。
5. 航空公司的顾客关系管理需要经历哪些步骤？

复习思考题答案

【航空报国 创新篇1】
飞机性能工程师邹珩：
减推力起飞，节能降本

第十一章
航空服务营销管理与传播

航空服务营销管理是航空公司规划和实施营销理念、制定营销组合,为满足目标消费者需求和企业利益而创造的一系列活动。航空服务营销传播是指信息通过媒介传递给第三方,在航空服务营销中起到传递价值的作用。服务营销管理的价值转换离不开营销传播,服务营销传播是航空服务营销的重要功能之一。因此,本章重点从航空服务营销计划、协调以及航空服务营销传播等方面展开。

学习目标

1. 理解航空服务计划内容、类型和注意事项。
2. 理解内部冲突的内涵和管理方式。
3. 理解整合航空服务营销的内涵和原则。
4. 理解航空货运服务营销策略。
5. 认识数字时代航空服务营销传播的挑战和解决路径。

本章引例

国内各大航空公司疫情下的营销"自救"

东方航空——"周末随心飞"

中国东方航空推出一款"周末随心飞"产品,活动期间,在任意周末,不限次乘坐东航和上海航空的航班,飞往除港澳台以外的国内各大城市。东航"周末随心飞"产品上线的首个周末,兑换机票数量超 6.5 万张。东航客座数据显示,端午期间,拥有"周末随心飞"权益的消费者已兑换超 10 万张机票。

海南航空——"海航随心飞,欢聚自贸港"

海航"随心飞"产品由于搭售免税店代金券,在海南离岛免税新政的加持下,热度不断攀升。乘客在有效期内不限次数搭乘海航集团旗下12家航空公司进出海南国内航班,搭配海南航空和大新华航空海南出港航班额外10公斤免费行李额。产品一经上线便引发火爆,蹲守购买的用户在登录时纷纷出现问题,接着等来的是官方App崩溃的公告,短暂恢复后,官方便告知第一批产品已经售罄。由于第一批产品(2699元)销售时抢购人数较多,App访问量激增,为了营造更加稳定的抢购环境,将调整产品为线上直播模式。

华夏航空——"2999任意飞"

华夏航空推出一款全国不限次数飞行套餐,活动期间,2999元百余条航线,无限次飞行权益。需要注意的是9月28日—10月10日除外。

吉祥航空——"一人多座"

活动期间,吉祥航空上海始发国内直飞航班的消费者将有机会在既有预订的基础上,付费选购邻近座位空间,一人独享多座、拥有更多的舒适体验和私人空间。消费者可在成功出票后致电吉祥航空客户服务热线95520,按需购买1或2个经济舱空余座位即可,"一人多座"单个空余座位价格为人民币200元/席,无任何额外附加费用。

除了推出不同套餐,刺激消费外,一些航空公司还开启了打折促销模式,往乘客账号中发放优惠券。不仅如此,航空公司还在飞机无法起飞的时间里,努力拓展副业,开始花式自救之路。

春秋航空——"直播带货"

疫情期间,直播大火。此前春秋航空就进军电商,董事长王煜亲自开通直播,直播间带货卖机票。"成都飞石家庄159元,成都飞宁波199元,成都飞上海只要320元!走过路过机会不要错过!"短短1个半小时,就累计838.7万人观看,最高同时在线人数达66.66万人。

深圳航空——"文创IP"

深圳航空也加入直播带货行列,做起了文创产品,把枕头眼罩带进直播间,立志打造自己的独有品牌。限量机模、飞机香皂礼盒、小飞行家制服等产品推出,让观看直播的粉丝反响热烈。据悉,未来深航还将重点打造先行者、云上机械师、深航优选、深韵国风、小飞行家等文创五大系列产品,借势新媒体营销率先打造自有文创产品品牌。

四川航空——"火锅套餐,了解一下"

四川航空摇身一变,成了疫情期间最"麻辣"的飞机,川航物流电商推出家用火锅套餐,有锅有菜有桌布,最低200多元包邮到家。

厦门航空——"企业团餐定制"

厦门航空还为返工之后没有食堂的企业开通了企业团餐定制服务。推出 7 种正餐套餐,打出来的口号是"航空品质,安全无忧"。

(资料来源:https://mp.weixin.qq.com/s/7fr9XDbyucSLE7M8QiPqaw。)

课堂讨论:
1. 你生活中有没有接触过航空公司的"自救方式"?
2. 你认为以上哪种方式最吸引你?给出你的理由。

第一节 航空服务营销计划

航空公司营销计划(airline marketing plan)是指在对航空公司市场营销环境进行调研分析的基础上,制定航空公司及各业务单位的营销目标以及实现这一目标所应采取的策略、措施和步骤的明确规定和详细说明。营销计划充分发挥作用的基础是正确的战略,一个完美的战略可以不必依靠完美的战术,而从另一个角度看,航空公司营销计划的正确执行可以创造完美的战术,而完美的战术则可以弥补战略的欠缺,还能在一定程度上转化为战略。

 一、航空服务营销计划类型

(一) 按计划时期的长短划分

按计划时期的长短,航空服务营销计划可分为长期计划、中期计划和短期计划。
(1) 长期计划的期限一般在 5 年以上,主要是确定未来发展方向和奋斗目标的纲领性计划。
(2) 中期计划的期限为 1~5 年。
(3) 短期计划的期限通常为 1 年,如年度计划。

(二) 按计划涉及的范围划分

按计划涉及的范围,航空服务营销计划可分为总体航空营销计划和专项航空营销计划。
(1) 总体航空营销计划是企业营销活动的全面、综合性计划。

(2) 专项航空营销计划是针对某一服务或特殊问题而制定的计划，如品牌计划、渠道计划、促销计划、定价计划等。

(三) 按计划的程度划分

按计划的程度，航空服务营销计划可分为战略计划、策略计划和作业计划。
(1) 战略计划是对企业将在未来市场占有的地位及采取的措施所做的策划。
(2) 策略计划是对营销活动某一方面所做的策划。
(3) 作业计划是各项营销活动的具体执行性计划，如一项促销活动，需要对活动的目的、时间、地点、活动方式、费用预算等做策划。

 ## 二、航空服务营销计划的内容

(一) 计划概要

计划概要是对主要营销目标和措施的简短摘要，目的是使高层主管迅速了解该计划的主要内容，抓住计划的要点。例如某航空企业营销计划的内容概要是："本年度计划销售额为5000万元，利润目标为500万元，比上年增加10%。这个目标经过改进服务、灵活定价、加强广告和促销努力，是能够实现的。为达到这个目标，今年的营销预算要达到100万元，占计划销售额的2%，比上年提高12%。"

(二) 营销状况分析

营销状况分析主要提供与市场、服务、竞争、分销以及宏观环境因素有关的背景资料。
(1) 市场状况。列举目标市场的规模及其成长性的有关数据、消费者的需求状况等。如目标市场近年来的年销售量及其增长情况、在整个市场中所占的比例等。
(2) 服务状况。列出企业服务组合中每一个品种近年来的销售价格、市场占有率、成本、费用、利润率等方面的数据。
(3) 竞争状况。识别出企业的主要竞争者，并列举竞争者的规模、目标、市场份额、服务质量、价格、营销战略及其他有关特征，以了解竞争者的意图、行为，判断竞争者的变化趋势。
(4) 分销状况。描述公司服务所选择的分销渠道的类型及其在各种分销渠道上的销售数量。
(5) 宏观环境状况。主要对宏观环境的状况及其主要发展趋势做出简要的介绍，包括人口环境、经济环境、技术环境、政治法律环境、社会文化环境，从中判断某种服务的市场前景。

(三) 机会与风险分析

首先，对计划期内企业营销所面临的主要机会和风险进行分析。其次，对企业营销资

源的优势和劣势进行系统分析。在机会与风险、优劣势分析基础上,企业可以确定在该计划中所必须注意的主要问题。

(四) 拟定营销目标

拟定营销目标是航空公司营销计划的核心内容,在市场分析基础上对营销目标做出决策。计划应建立财务目标和营销目标,目标要用数量化指标表达出来,要注意目标的实际性、合理性,并应有一定的开拓性。

(1) 财务目标。财务目标即确定每一个战略业务单位的财务报酬目标,包括投资报酬率、利润率、利润额等指标。

(2) 营销目标。财务目标必须转化为营销目标。营销目标可以由销售收入、销售增长率、销售量、市场份额、品牌知名度、分销范围等指标构成。

(五) 营销策略

拟定企业将采用的营销策略,包括目标市场选择和市场定位策略、营销组合策略等。明确企业营销的目标市场,如何进行市场定位,确定何种市场形象;企业拟采用什么样的服务、渠道、定价和促销策略。

(六) 行动方案

对各种营销策略的实施制定详细的行动方案,即阐述以下问题:将做什么?何时开始?何时完成?谁来做?成本是多少?整个行动方案可以列表加以说明,表中具体说明每一时期应执行和完成的活动时间安排、任务要求和费用开支等,使整个营销战略落实于行动,并能循序渐进地贯彻执行。

(七) 营销预算

营销预算即开列一张实质性的预计损益表。在收益的一方要说明预计的销售量及平均实现价格,预计销售收入总额;在支出的一方说明生产成本、实体分销成本和营销费用,以及再细分的明细支出,预计支出总额。最后得出预计利润,即收入和支出的差额。航空公司的业务单位编制出营销预算后,送上层主管审批。经批准后,该预算就是材料采购、生产调度、劳动人事以及各项营销活动的依据。

(八) 营销控制

营销控制是指对航空营销计划执行进行检查和控制,用以监督计划的进程。为便于监督检查,具体做法是将计划规定的营销目标和预算按月或季分别制定,营销主管每期都要审查营销各部门的业务实绩,检查是否实现了预期的营销目标。凡未完成计划的部门,应分析问题原因,并提出改进措施,以争取实现预期目标,使航空公司营销计划的目标任务都能落实。

经典案例11-1

四川航空：中国机长表情包，借助热点事件巧妙营销

各种营销手段盛行的今天，借势营销是企业营销中的重要环节。热点爆发时，企业总是用最快的速度制作出海报、文案等一切能吸引用户关注的东西，借助热度传播企业的文化、精神或者产品与活动，去吸引目标用户的关注。

随着电影《中国机长》的热播，2018年引起世界范围轰动的川航迫降事件又被带到了大众的视线里。作为事件的主角，四川航空也希望结合热点，顺势推出川航机长表情包。

现在我们所使用的表情包大多都是以动物的形象出现的，就算是人物，也几乎都是有圆圆的脑袋、分不出性别的形象，因为这种形象相对比较容易达到简单又有趣味性的效果。但明显，之前的两种形象并不符合这次推出机长表情包的背景以及川航的品牌定位，需要解决的是如何让机长表情包在表现人物形象特征的同时又不失表情包的特征。

最终呈现的机长形象，头身比例进行调整，圆眼睛和英气的眉形帅气又不失亲切，搭配机长制服、飞机、熊猫"三优"等元素与独具四川特色的文案，川航机长的形象立马鲜活起来，这也是对2018年迫降成功事件的纪念。

品牌表情包在设计中有一点不能忽视，不能完全脱离品牌去迎合用户喜好，表情内容虽然可爱但却和品牌毫无关联。反之也不能完全无视用户只关注品牌，强硬加入过多品牌元素让用户反感。将川航元素巧妙植入表情包里，拿着川航飞机模型、一脸委屈模样的"三优"、在飞机座椅上捧着碗吃饭的"三优"、机舱里暗中观察的"三优"……航空元素就这样不知不觉和憨态可掬的熊猫融合在一起。

（资料来源：https：//mp.weixin.qq.com/s/9ziJGOrhRwh_Bj2_6Twhhg。）

三、航空营销计划无法落实的原因

（一）缺乏制度保障

航空营销计划在实际实施过程中缺乏具体的要求。航空营销计划不仅是一种方法体系，同时也应该是一种制度体系，也就是说航空营销计划一旦执行，就必须按照相应的要求来加以保障。现实之中很多航空公司在实施营销计划时，并没有落实到具体的制度上，一方面营销人员找不到开展工作的规范，无法衡量自身业绩的好坏，另一方面部分人员只满足于现状，不能按照要求开展工作。

（二）缺乏绩效考核约束

在企业的实际运作过程中，绩效考核制度是企业的基本管理制度，其他职能性的管理制度都要在此基础上发挥作用。在航空营销计划执行过程中，都是营销管理职能在起作用，而要充分发挥这些职能，使航空营销计划有效执行，就必须将绩效考核制度与航空营销计划的完成效果结合起来，这样才能使营销人员可以对自己的绩效进行评估，否则航空营销计划的执行将缺乏规范性。在实际运作中，往往发生绩效考核制度与航空营销计划目标有差异的情况，使航空营销计划形同虚设。

（三）缺乏过程管理

航空营销计划执行时只重视结果，而不重视达成结果的过程。在航空营销计划的执行过程中，最受关注的往往是一些硬指标，比如销售额、铺货率、知名度等，但是还有其他的一些软指标，比如市场价格体系、市场秩序、与竞争对手的对比等，往往会受到忽视，也就是说在航空营销计划执行时，缺乏对执行过程进行系统的管理，就算达到了硬指标，但软指标中存在的问题将会对企业造成根本性的伤害。

（四）缺乏整合和协调

航空营销计划在具体实施过程中无法落实还可能是因为缺乏整合和协调。具体表现在以下几个方面。第一，航空营销计划执行的各部门各自为战。各个职能部门之间，如市场部门和销售部门、销售一线和销售后勤部门等，在很大程度上依赖于营销组织架构的合理，也就是如果组织架构落后于企业发展的要求，就会限制航空营销计划的有效执行。第二，不同部门对航空营销计划的理解不同。造成这个问题的原因主要在于企业内部的沟通渠道不通畅，对于航空营销计划实施效果的衡量标准不统一。第三，执行过程中缺乏统一的协调。这主要表现在航空营销计划执行过程中，缺乏一个领导部门来推动整个计划的进行，各部门的本位主义比较严重，职能性的部门结构影响到了企业整体业绩的实现，比如对于多服务结构的企业而言，对于不同种类的服务总是缺乏管理的，各个部门只是注重各自一块职能工作的完成，而对于一种服务的发展过程却缺乏综合的管理，从而造成各个部门的专业优势并没有转化为企业的整体优势，有可能还会造成企业资源的损耗和业绩的衰退。

（五）业务流程不合理

业务流程不合理主要表现在三个方面。第一，航空营销计划执行过程中的业务流程过于复杂。这造成企业的反应速度降低，整个业务运作过程效率低下，航空营销计划的时效性不能体现。第二，执行过程中的审批环节过多。这一方面造成对市场机会的丢失，另一方面影响了营销人员积极性的发挥，不利于发挥主动性和灵活性，对航空营销计划执行的有效性也不能充分保证。第三，执行过程中各部门的业务分配不合理。这主要是指部门之间的职能分配模糊，没有贯彻最大化提高效率的原则，在航空营销计划执行过程中出现专业技能不够或者承揽了过多的职能，无法使航空营销计划得以有效执行。

(六)企业分支机构计划缺乏系统性

(1)区域营销人员的专业技能有欠缺。对总部下达的航空营销计划无法进行进一步规划,对整个区域市场缺乏整体性的计划,对各个小区域之间也缺乏系统的拓展计划,造成整体航空营销计划一到下面就开始变形,无法真正落实。

马来西亚航空公司"岁末精选"促销活动

(2)区域人员注重结果而不注重过程。由于部分企业的销售政策导向是以销量为核心,因此区域人员也会只注重结果而不关心过程,他们采取的措施都是短期内提高销量的,但能否满足航空营销计划的战略要求则不在考虑之中。

第二节 协调职能间的冲突

服务人员在服务工作中经常遇到各种各样的冲突,如若不能协调职能间的各种冲突,会造成服务人员精神疲惫、工作不满意、对航空公司的认同感和归属感下降,甚至向消费者提供劣质服务,从而影响航空公司的声誉,削弱航空公司的市场竞争力。

一、冲突的概念

冲突(conflict)是指人们由于某种抵触或对立状况而感知到的不一致的差异。对组织中存在的冲突形成了三种不同的观点。

第一种为传统的冲突观点,认为冲突是有害的,会给组织造成不利影响。冲突成为组织机能失调、非理性、暴力和破坏的同义词。因此,传统观点强调管理者应该尽可能避免和清除冲突。

第二种为冲突的人际关系观点,认为冲突是任何组织无法避免的自然现象,不一定给组织带来不利的影响,而且有可能成为有利于组织工作的积极动力。既然冲突是不可避免的,管理者就应该接纳冲突,承认冲突在组织中存在的必然性和合理性。

第三种是新近产生的冲突的互动作用观点。与人际关系观点只是被动地接纳冲突不同,互动作用观点强调管理者要鼓励有益的冲突,认为融洽、和平、安宁、合作的组织容易对变革和革新的需要表现为静止、冷漠和迟钝,一定水平的有益的冲突会使组织保持旺盛的生命力,善于自我批评和不断革新。

二、冲突的主要类型

（一）按功能分类

冲突按功能分类可以分为积极冲突和消极冲突。对管理冲突性质的认定，是我们确实对其态度和策略的前提。因此，从性质上区分管理冲突是属于积极类型的还是消极类型的，就不仅具有重要的理论价值，而且具有重要的现实意义。只有对管理冲突的性质判定准确、真正把握，才能端正态度，采取行之有效的相应措施和政策，给消极性质的管理冲突以有效的抑制、消除和排解，对积极性质的管理冲突给以充分展开和有效利用，从而达到调适冲突、推动事业的目的。

（二）按隶属分类

冲突按隶属分类可以分为与上级冲突、与下级冲突和与同级冲突。管理冲突，在一定意义上我们可以把它归结为一种系统内部的结构要素冲突。这里需要指出的是，我们所说的系统，是指一个较大的系统，包括管理主体、管理客体和管理过程，而不是仅指这个系统中的某个子系统或者小系统。由于与上级冲突、与下级冲突和与同级冲突，它们各自存在的前提和依据不同，因而其冲突的表现形式和解决方式也可能有所不同。一是关于与上级冲突。由于上级处于主导地位，是管理的主体，所以作为下级，在一般情况下，有意见可以提，有要求可以说。但只能通过用说理和动情的方式，去实现目的，使冲突和分歧朝着有利于自己的方向发展。一旦不能达到目的，应该善于放弃，服从上级。这是由组织原则决定的。二是关于与下级冲突。这应该区分是工作性冲突还是非工作性冲突。对于工作性冲突，尤其是上级对下属实施的批评、教育、矫正以及其他规范，这是领导职能在管理上的体现。上级必须坚持原则，坚持到底，不可中途妥协，不可无原则退让，否则就可能养成不好惯例，为以后工作埋下祸患。对于非工作性冲突，则恰恰相反。上级应该有妥协、有退让和有风格。这样方显领导情操、水平和身份。三是关于同级冲突。同级管理者之间的冲突，由于其前提是同级，其解决方式往往多是调和，其最终结果往往是各方退让，需要领导参与解决，形成居高临下的裁判态势。

（三）按要素构成分类

冲突按要素构成分类可以分为管理主体内部冲突、管理客体内部冲突和交叉冲突。事物的性质和效能决定于事物的构成要素。管理主体和客体的状况如何，直接决定着管理的效能和效率。一般来说，管理的高效能和高效率，来源于其主体状况适应于客体状况，来源于客体状况易于被主体教化。二者各自内部冲突及其交叉冲突是否属于良性互动，又起着很重要的作用。冲突若属于良性互动，组织界限就会越来越清晰，组织目标就会越来越明确，管理就会发挥强势作用，就会取得理想绩效。相反，冲突若属于内耗性互动，甚至恶性互动，组织界限就会越来越模糊，组织目标就会越来越丧失，管理就会难以发挥应有作用，就会出现低效甚至负效。对此，我们必须给以清醒认识。我们要力倡良性冲突互动，力戒内耗性冲突互动，确保冲突的性质和质量，使之为巩固组织边界、实现组织目标服务。

三、航空公司冲突管理的方法

1. 缓解冲突的方法

（1）审慎地选择要处理的冲突问题。

（2）评估冲突当事人。

（3）分析冲突原因和根源。其主要可以分为三类。一是沟通差异。沟通不良容易造成双方的误解，从而引发冲突。人们往往倾向于认为冲突大多数是由于缺乏沟通造成的。二是角色要求、决策目标、绩效标准和资源分配等不同而产生的立场和观点的差异。三是人格差异。其使得有些人表现出尖刻、隔离、不可信任、不易合作，导致冲突。

（4）采取切实有效的解决冲突的策略：① 回避、冷处理；② 强制、支配；③ 迁就、忍让；④ 折中、妥协；⑤ 合作、协同。

2. 提升冲突的方法

航空公司冲突管理的另一层含义是在必要的时候激发一定水平的冲突。管理者激发冲突可以采用的策略主要有以下几种。

（1）改变组织文化。

（2）运用沟通。

（3）引进外人或重用吹毛求疵者。

（4）重新构建组织。

四、航空公司冲突管理的技巧

识别冲突，调解争执，是管理最需要的能力之一。在人们的共同生活中，冲突是一种司空见惯的现象，长期没有冲突的关系根本不存在。冲突双方一定要共同回过头去重温一下，才能共同走上一条新路，而没有旧病复发的危险。通过双方的坦诚沟通，建立共同遵守的游戏规则。

（一）建立直接的交流

总的来说，冲突必须由直接与冲突有关的双方亲自去解决。然而，在发生冲突的初期双方直接沟通的可能性已被打断，这时，恢复直接对话的首要条件，即将对立的双方拉到同一张谈判桌上，则成为第一要点。

（二）监督对话

冲突双方最初不太可能真正地沟通。没有外力的帮助，他们在原有的片面观察问题的基础上极可能在很短的时间内再度彼此误解，重新争吵。所以解决冲突的第一个阶段有必要安排一个中立的第三方密切监视冲突双方的行为。

(三) 袒露感情

若双方不能坦白地说出主观的感受，例如失望、受冤屈和伤害的感觉，则没有希望解决冲突。只有袒露感情，才能减缓积蓄已久的压力，使冲突回复到本来的根源上，即具体的需求和利益上去。

(四) 正视过去

仅仅说出感觉还不够，双方都必须让对方明白，引起自己失意、失望和愤怒的具体情景、情况或事情，以及具体原因。做到这一点，对方才能明白自己在冲突中所占的分量，不论是有意的还是无意的，并且学会去承认这个事实。反过来，这也成为他不再将对方视为冲突中的唯一"责任者"的基本前提。

(五) 取得双方可承受的解决办法

障碍清除以后，即应共同制定一个长远的解决办法，关键是不允许出现"输方"。双方在这时最好的举措是，跳出自己的阴影去协商解决办法，照顾双方的利益。日常工作中总会出现差错，即便在双方都抱有良好愿望的情形下仍然会出现故障，于是双方开始挖空心思地去考察对方是否在坦率地合作。只有严格地遵守制定好的游戏规则才有助于克服新的危机，不至于重新陷入争吵之中。新的协作系统需要呵护，不过随着时间的推移，双方将逐渐学会与对方打交道，相互关系会正常起来，谁也不会再想着过去的冲突。直到这时，冲突才算真正地消除了。

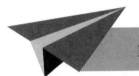

第三节 整合航空服务营销传播

整合服务营销传播是企业根据经营目标设计的，需要达到预期效果的传播计划。随着服务市场竞争日益激烈，航空公司需要采用多种媒介和多种传播形式进行营销传播才能获得最大的传播效果，因此，整合服务营销传播应运而生。

 一、整合航空服务营销传播的内涵

整合服务营销传播（integrated service marketing communication）是指企业为有效传递服务价值，综合运用多种传播手段，向目标消费者群体传达清晰且一致服务信息的营销传播活动。整合航空服务营销传播就是整合服务营销传播在航空服务市场中的具体应用，其具有以下四个特征。

1. 多部门协作

整合航空服务营销传播是一项综合性的营销传播计划,是由航空公司而非营销部门推动的服务营销传播计划,它是企业根据经营目标设计的,需要达到预期效果的传播计划。一方面,整合服务营销传播要求包括营销部门在内的企业其他职能部门的积极参与和广泛协作,确保传播活动的全局性与一致性;另一方面,航空公司需要在计划的刚性和整合服务营销传播的实时性之间寻找平衡,确保在准确执行传播计划的同时,快速有效地对服务市场的变化进行响应。

2. 多渠道传播

整合航空服务营销传播是一项效应倍增的传播过程。当航空公司综合采用多种媒介和渠道来传播同样的服务及营销信息时,往往能够产生比单一媒介或渠道传播的倍增效应。倍增效应的产生是因为目标消费者群体多次的信息接触和多视角的信息认知比单一的信息接触和单一的信息认知具有更好的传播效果。因此,在整合服务营销传播过程中,航空公司协调不同的媒介,如社会化媒介和传统媒介、线上媒体和线下媒体时,能够产生营销信息传播的交互作用,从而提升整体的传播效果。

3. 传递信息的一致性

信息传播的一致性是在整合服务营销传播过程中必须遵循的原则。特别是在当前资讯爆炸、信息过载,消费者的注意力资源、认知资源和记忆资源都非常稀缺的环境下,服务型企业要坚决避免不统一甚至相互矛盾的营销信息传播。因此,航空公司在整合服务营销传播过程中需要做到信息来源的统一性,信息内容的一致性,传播方式的协调性,以确保获得最佳的营销传播效果。

4. 传播手段的综合性评价

整合航空服务营销传播需要综合评价各种传播手段的作用,因为不同的媒介渠道有着不同的传播效果,最佳接近的受众也存在差异。航空公司在制定整合服务营销传播计划时就需要考虑将不同的媒介传播投放到不同的情境下,充分考虑时间、地理、人群、认知等各方面的互补性和协同性。

二、整合航空服务营销传播的原则

虽然整合服务营销传播通过协调不同媒介,传播一致信息,能够极大地提升航空公司营销传播的有效性,面向目标消费者群体确保服务价值全面、系统的传递。但是,航空公司在实施整合服务营销传播过程中,仍然面临诸多管理及市场方面的挑战。因而,成功的整合服务营销传播需要遵循以下原则。

(一)战略匹配原则

整合服务营销传播必须与企业发展战略以及服务营销战略相匹配。一方面,整合服务营销传播是在既定的企业发展战略框架下的跨部门营销传播活动,是企业发展战略在营销职能领域的具体体现。因此,必须与企业发展战略的基本思路、框架和内容保持一致。例

如，服务促销活动能够带来短期的服务销售收入的增加，但可能有悖于航空公司塑造"高品质服务提供商"形象的战略规划。另一方面，整合服务营销传播是服务营销管理的重要环节，因此需要与企业的服务营销战略保持一致性，如服务市场定位、服务品牌定位等。如果航空公司致力于满足高端服务市场需求，就不应该为了短期收益向中低端消费者开展服务信息传递和销售促进活动。

因此，航空公司的整合服务营销传播活动需要具备由上而下的思维，需要首先考虑企业发展战略及营销战略层面的问题，然后才是服务区品牌的传播设计及实施问题，坚持由企业战略和职能战略引领和指导整合服务营销传播活动的基本思路。

（二）消费者导向原则

消费者是服务营销管理活动的起点和落脚点，因而整合服务营销传播也必须坚持消费者导向的原则。在消费者导向原则指引下，整合服务营销传播的定位、媒介选择及组合、内容制作和整合计划等均需要从消费者的视角进行思考和行动。例如，在选择传播定位时，需要考虑如何表达服务产品能为消费者带来利益增加或解决消费者"痛点"，而不是仅仅描述航空公司有什么、做什么。对媒介的选择及组合也需要首先考虑目标消费者群体的媒介习惯和偏好，而不是航空公司更倾向于或更易于使用的媒介。因此，在整合服务营销传播过程中，需要航空公司从以往的销售导向或服务产品导向转向消费者导向，强调对消费者需求及"痛点"的准确理解和积极响应。

（三）认知资源获取原则

当前服务营销传播环境存在非常严重的资讯紊乱和信息过载，集中体现在新兴传播媒介或平台不断推陈出新，传播内容及信息规模巨大，传播热点不断地转换；同时，传统媒介（如电视、报纸、杂志等）的关注度不断下降，分众化传播趋势不断增强，使信息难以产生有效的聚合效应。由于资讯紊乱和信息过载，大众对广告的厌烦程度不断上升，进而导致消费者的关注度、注意力等认知资源变得越发稀缺。因此，整合服务营销传播需要着力关注的问题便是，如何让消费者在海量的信息中快速识别并选择记忆航空公司所想传达的信息。信息的新颖性、凸显性和传播强度在获取认知资源过程中变得非常重要。

（四）触点传播原则

整合服务营销传播要确保把关键信息准确传达给目标消费者群体，就必须对目标消费者的行动轨迹进行细致分析，并解析系列行动轨迹的消费者信息触点。理解并掌握目标消费者群体的信息触点是服务营销信息传播的基础。航空公司只有充分了解目标消费者的信息触点，才能够在整合服务营销传播过程中选择正确的时间、空间、媒体和内容进行传播，从而达到整合服务营销传播的目标。例如，针对消费者的高介入信息加工情景，在电梯广告中可以采用说理性广告进行服务营销传播；针对消费者的低介入信息加工情景，在户外广告中可采用形象代言人广告进行服务营销传播。

（五）推拉结合原则

在传统的整合营销传播过程中，推式广告媒体占据主导地位，包括传统的电视、报刊、户外广告等，这些营销传播手段主要采用触点到达的传播模式，在营销传播中通过主动推送向目标消费者呈现传播信息。但是，随着新兴传播技术的兴起和发展，以微博、微信等社交媒体为代表的拉式媒体，逐渐成为一种重要的传播方式。因此，在整合服务营销传播过程中，仅仅依靠单一类型的媒体很难达到预期传播效果，必须考虑将推式和拉式传播相结合，将两类媒体的优势有机结合，体现服务营销传播的"整合"特性。

（六）互动体验原则

随着新兴信息技术不断地融合社会经济生活，深度的信息交互成为营销传播的重要方式之一。在深度的信息交互环境下，通过全面系统的信息呈现以及消费者参与传播过程的信息互动，消费者更容易被说理型信息所影响，产生高介入的信息加工，从而有效地改变对服务及品牌的态度。同时，具有深度交互的服务营销传播活动，如社群营销活动，不仅能够提升目标消费者群体对服务营销传播过程的体验，成功达成整合服务营销传播的任务，还能够成为航空公司开展关系营销和顾客关系管理的重要手段。因此，注重传播活动的互动性和体验性是整合服务营销传播的行动原则和重要特色。

第四节　航空货运服务营销管理

航空货运服务营销管理是货运企业为了实现目标，根据市场需求的现状与趋势，制定计划，配置资源，通过满足市场需求来赢得竞争优势，求得生存和发展。

一、航空货运服务营销管理过程

航空货运市场营销管理过程是航空货运企业为实现其任务和目标而发现和分析、选择和利用市场机会的管理过程。具体包括以下几个步骤：发现和分析市场机会、选择目标市场、设计营销组合、管理营销活动。

（一）发现和分析市场机会

市场机会就是未满足的需要。为了发现市场机会，货运营销人员必须广泛收集市场信息，进行专门的调查研究，除了充分了解当前情况外，还应该按照经济发展的规律，预测未来发展的趋势，利用一切调研手段发现和识别市场机会，这是企业实现营销管理的第一步。在此基础上，营销人员还要善于分析评价哪些才是适合本企业的营销机会。市场上一切未满足的需要都是市场机会，但能否成为企业的营销机会，要看它是否适合于企业的目标和资源，是否能使企业扬长避短，发挥优势，比竞争者或潜在竞争者获得更大的超额利润。

（二）选择目标市场

航空货运企业选定符合自身目标和资源的营销机会以后，还要对市场容量和市场结构进行进一步分析，企业不可能为具有某种需求的全体顾客服务，而只能满足部分顾客的需求。这是由顾客需求的多样变动性及企业拥有资源的有限性所决定的。因此，企业必须明确在力所能及的范围内要满足哪些顾客的要求，这就要求企业进行市场细分，然后选择目标市场，最后进行市场定位。

（三）设计营销组合

设计营销组合是企业根据目标市场的需要，全面考虑企业的任务、目标、资源以及外部环境，对企业可控制因素加以最佳组合和应用，以满足目标市场的需要，实现企业的任务和目标。服务营销组合中包含的可控变量很多，主要可以归为七类，分别是产品、价格、渠道、促销、人员、过程以及有形展示，即服务营销的7P组合。

（四）管理营销活动

管理营销活动是营销管理过程的一个关键性的、极其重要的步骤。管理市场营销活动即制订营销计划，并组织执行和控制。近年来，航空货运的不断升温使不少专家将目光转向航空货运市场的调查与研究中来，从航空货运与客运的密切关系来看，客运市场的一些营销手段其实可以被货运市场所借鉴，如网络营销的应用，针对需求合理调配航线与航班，提升服务质量以吸引更多消费者等。但也必须区分二者之间的不同之处，如客运的市场要针对旅客的消费心理、年龄以及收入进行细分，而货运则只需要对货主的运输需求进行研究；航空客运要重视服务的有形展示，而航空货运则更重视服务质量和服务品牌。在制订及实施营销方案的过程中，一定要重视这些联系和区别。

 ## 二、航空货运协调

航空货运业务的开展，离不开航空公司各个部门的协调。

1. 货运部市场处与商务部航班管理处

货运部市场处根据商务部航班管理处制订的航班计划，及时组织货源，控制、调整各航段的货运量。同时货运部市场处随航空货运市场特点，根据市场需求，综合分析货运销售情况，做出盈利分析后，及时通报商务部航班管理处和销售控制中心，以便其及时合理地安排、调控航班计划，从而提高公司收益。

2. 货运部市场处与商务部调度室

货运部市场处接收商务部调度室发布的航班计划，做好具体航班的货运载量安排与控制。

3. 配载室与商务部调度室

配载室和商务部调度室进行进、出港航班信息和货邮、行李运量的信息沟通。例如，在遇到以下突发情况时，配载室与商务部调度室将互相沟通信息。

（1）航班延误。配载室在接到商务部调度室的航班延误通知后，及时做好该航班货物的处理工作；同时及时做好各项应急准备，组织人员力量，缩短此航班货运方面的装机或卸机时间，使延误航班尽早起飞，到港货物尽快交至货主手中。

（2）航班备降。配载室在接到商务部调度室的航班备降通知后，及时做好备降航班货物的处理情况，确保货主利益。

（3）航班取消。配载室在接到商务部调度室的航班取消通知后，及时做好该航班货物、邮件的转运、退运，特别是做好急件、鲜活货物的处理，避免客户投诉。同时货运部市场处及时调整后续航班的舱位情况，将因航班取消对货运的负面影响降到最低。

（4）突发事件。在遭遇突发事件时，商务部调度室可与货运操作值班经理及时联系并采取措施。必要时，由值班经理将具体情况上报货运部处理。

4. 配载室与商务部客运处

配载室需在航班起飞前 1 小时将出港航班的货邮、行李装载信息交客运处平衡室。尤其是航班临时变更载量时，配载部门应及时将发生的货物、邮件、行李载运变更情况通知平衡部门，并对货运业务袋中的随机文件做相应的变更，同时做好记录。

5. 配载室与运行控制中心总调

配载室首先将航班的货、邮总重量输入运行管理系统做预报，在航班起飞前 1 小时，总调与配载室再次确认该航班货、邮运输总重量信息，用以进行油量控制。

6. 配载室与机务工程部生产管理处

当发现货舱内设备不能正常使用或发生损坏时，配载室应立即与机务工程部生产管理处联系，使货舱设备及时得到维修，保证航班正常、正点飞行。

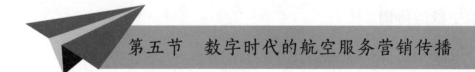

第五节　数字时代的航空服务营销传播

相比于传统营销，数字时代新媒体开放性、互动性的特征消解了传统媒体对信息的控制权，使得营销变得碎片化、便捷化。对于航空公司来说，这既是提升自己竞争水平的机遇，又会受到竞争对手带来的挑战。因此，只有不断适应环境才能为企业带来源源不断的活力。

一、数字时代的新媒体传播

在过去很长一段时间里，报刊、电视、广播等是人们获得信息的主要方式，通过传媒体丰富的表现形式，人们得以了解新闻时势、舆情舆论、商业信息，并进行娱乐消遣。定期接收媒体信息，已经是人类生活方式的重要组成部分。互联网投入使用以来，媒体传播信息的渠道和方式发生了重大改变，信息传递的速度和覆盖范围得到了大幅提升。而移动通信技术和智能手机的投入使用，使得人们不再依赖于传统媒体的传播介质，可以通过笔记本电脑、平板电脑、手机等移动端设备随时随地获取各类媒体信息，接受资讯受到内容和边界的限制越来越少。

（一）新媒体的发展演进

以1994年中国接入互联网为时间起点，我国数字媒体经历了互联网发展的三次浪潮。通过梳理互联网的发展演进，如图11-1所示，中国的数字媒体经历了以下四个发展阶段。

图11-1 中国的数字媒体发展演进时间

（1）门户网站时代（1994—2001年）。1997年开始，以人民网为代表的门户网站开始逐步创立并发展，新浪、网易、新华通讯社网站（后更名新华网）等中央级新闻门户与上海热线、武汉热线等地方门户逐步建立起来，开启了中国互联网的门户网站时代。

（2）自媒体时代（2001—2009年）。博客网的成功融资带动Web2.0时代的到来。在这一时期，MSN、BBS、博客等多种网络媒体形式得到发展，网络媒体的影响力迅速提升，网民主导网络文化发展的格局开始形成。

（3）社交媒体时代（2009—2016年）。社交网络服务网站逐渐兴起，微博、微信等社交媒体的崛起将中国互联网带入即时传播时代。智能手机的普及、移动互联网的发展促使大量网民从PC端转向移动终端，手机网民快速增长，迫使门户网站将业务重心转移到移动终端，新闻推送成为媒体信息传递的常规机制。

（4）智能媒体时代（2016年至今）。网络社交媒体使得每个人不但变成信息的接收者，同时也成为继续传播者。网络社群的分化使得信息传递和传播成为人们连接、沟通并实现自我价值的方式。同时，云计算和人工智能进入数字媒体领域，使得受众可以有选择性地对媒体内容进行接收和发送。

（二）新媒体的传播特征

传统媒体时代，只有权威组织机构才具有媒体资质，它们通过传统媒介（电视、广播、报纸、杂志等渠道）传播信息，接收对象极少质疑传播的信息。进入数字时代，社会更趋向多元化，新媒体的诞生则进一步加深了它的多元性。相对于传统媒体而言，新媒体有两个最核心的改变：一是传播媒介由传统媒介变成了基于互联网的新媒介，二是传播者由权威媒介组织变成了所有人。新媒体开放性互动性的特征消解了对信息的控制权,打破了传统媒介设置一体的垄断地位。自媒体迅速发展,普通个人作为传播者可以自由通畅地表达意见,用户不同的声音在新媒体平台上竞相涌现。新媒体在提供海量信息的背后,碎片化信息传播特征极为明显。

(1)信息碎片化。新媒体的便捷性、便利性,为信息传播者以多元的观察角度、简单的叙事方式传播碎片化信息提供了方便,在社会多元化、媒体多元化的今天,受众对信息的评论更加随意、自由,评论内容亦出现异质性的特征;与受众的碎片化相连,社会背景地位、收入生活状况、受教育程度等因素影响着受众群体的形成及其对问题的看法,不同的声音形成多方的民意,打破传统媒体的"中心"格局,传统权威受到一定的挑战。

(2)传播方式碎片化。在新媒体出现之前,报刊、电视、广播是信息传播的主要媒介,具有极高的受众吸引力和市场占有率。新媒体的出现,打破了这些媒介的市场格局,使媒体市场占有率与受众接触率日趋分散化,媒体的传播方式日趋丰富化。随着媒介"碎片化"时代的到来,新媒体技术的日渐成熟,受众所能接触到的新媒体数量的不断增加,媒体市场被分割,媒体市场的分散化程度在逐渐加大。

(3)受众碎片化。随着经济的发展,人们的生活水平不断提高,消费选择增多,生活方式发生重大变化,人们的意识形态与价值观念日趋多元化,社会和阶层等受年龄、教育背景、职业等影响,呈现出逐步分化的状态。同时,受众对于媒体的选择越来越丰富,其个性特征、兴趣爱好与价值追求逐渐凸显,信息需求随之变得更加细致化,"小众"媒体应运而生。小众媒体的覆盖范围比传统媒体要小,聚焦目标受众更精准,进一步强化了受众的分化趋势。同时,新媒体的交互性特征,使得受众的社群属性、小众属性更加明显。

二、数字时代航空服务营销传播的新挑战

信息泛滥让现代人的持续专注力普遍下降。那些喜欢用社交媒体的人,可以在短时间内快速筛选信息,但这种专注力是断断续续的。这也解释了为什么短视频等新媒体形式在开头的5秒内就要抓住用户的注意力,用户才可能有兴趣往下看。数字时代下,航空服务营销传播也面临品牌和宣传部门因循守旧、营销手段依然单一、对新媒体传播偏于保守等新的挑战。

(一)品牌和宣传部门因循守旧

作为公共航空运输企业,一直以来航空公司因受到公共安全的影响,以及树立正面形象的需要,在产品营销策略上略显保守,对新媒体发展持审慎的态度。虽然大部分航空公司均已开设了网站、微博、微信公众号等自媒体账号,但这只是新媒体时代企业的必选项目。在如何吸引更多的潜在消费者、加强线上线下与消费者互动、诱发消费者的消费冲动、

阿联酋航空
——迪拜高楼
楼顶广告

持续被消费者关注等方面,航空公司仍需进一步加强。传统航空公司一直以稳健发展为基调,因此在品牌建设和新闻宣传方面恪守传统。无论是新航线产品发布会还是重大品牌宣传活动,纸媒、电视媒体仍然是航空公司品牌部门首选的传播渠道。而面对重大舆情或

者新闻事件，航空公司党群部门也偏向于选取报纸、杂志作为首选的发声通道，其次才会使用自身的网站和微博等网络新媒体。从形式上看，这样单行道式的信息推送，互动性不强，受众面不广，影响力不大。在竞争日趋激烈的航空运输市场里，品牌与口碑正在成为消费者选取航空公司的重要评价依据，航空公司的发展离不开有效的宣传途径。在航空公司的品牌宣传过程中，如何让新媒体在自身的宣传过程中发挥更大的效用，是航空公司应该着力解决的重要问题。

（二）营销手段依然单一

在过去很长一段时间里，面对大量的航空运输市场需求，消费者购买机票一票难求，航空公司掌握了市场买卖的主动权，只需制定价格并将航空运输产品推向代理人和全球分销系统。进入 21 世纪以来，政策和市场的开放，使得国内国际市场格局发生重大改变，航空公司之间在机票价格上的较量导致竞争加剧。借助新媒体，一些传统航空公司采用了许多在线促销措施，包括搞活动、送礼品、搞特价、赠送服务等方式，试图吸引在线消费者到自己直销网络平台，然而结果却反应平平。究其原因，一方面传统航空公司对新媒体运营仍然缺乏基本的认识，没有通过新媒体工具去真正了解自己的消费者，导致在线营销难以获得成效，未能很好地发挥在线营销"精准、快速"等优势；另一方面，各个航空公司的营销活动大同小异，并没有特别吸引消费者的特质，因此很难实现将粉丝流量向机票购买消费者进行实时转化。

（三）对新媒体传播偏于保守

查阅航空公司的网站、微博、微信公众号，可以发现大部分航空公司在新媒体平台推送的信息内容吸引力不强，也没有能够瞬间抓住眼球的内容；在版面设计上，航空公司的新媒体平台与其他行业的企业相比，也并不突出。与在线旅游代理（online travel agent，OTA）和差旅管理公司（travel management company，TMC）的新媒体平台相比，航空公司的新媒体在访问量（page view）、日活跃用户数量（daily active user）、日新增用户（daily new user）、转化率（conversions rates）等指标方面差异明显。新媒体是传播的重要手段，新媒体营销是体验式营销、互动式营销、参与式营销。在新形势下，如何整合新媒体资源，实现多渠道同步传播，增强产品营销影响力，已经越来越成为航空公司需要思考的问题。

 ## 三、数字时代服务营销传播的新路径

在数字化时代，迎合客户的消费习惯，适时拓宽产品传播渠道，才能赢得更广大客户的认知。在新媒体营销的带动下，航空公司正变得富有创意并勇敢尝试。而对于航空业那些新媒体营销的先行者来说，他们已经从中获益。新媒体营销表面上看是一种市场运作模式，实则反映出以客户需求为导向的经营理念。

（一）建立新媒体传播统一战线

对于传统航空公司来说，品牌推广、新闻宣传、营销活动、新媒体平台维护往往是由

品牌、党群、市场、IT信息等不同部门负责，因此每次新媒体营销活动的发起往往都意味着需要多个方面人员的参与与配合。为打通新媒体的运营壁垒，航空公司有必要整合相关业务人员，建立诸如新媒体中心之类的机构，形成新媒体传播的统一战线。新媒体中心需要在以下三个方面的工作展开协作。

（1）制订年度品牌推广计划。成功的品牌推广往往能够在消费者的内心深处形成一种潜在的文化认同和情感眷念。而基于品牌的外在表现而形成的市场印象、树立品牌人格化的模式是品牌个性的表现形式。好的品牌推广年度计划会涵盖全年的目标人群、品牌口号、品牌传播曝光点、品牌传播渠道等要素。

（2）年度新闻舆情管理计划。随着数字媒体的不断发展，互联网媒介的形式越来越多样化，新闻信息也多以网络途径进行传播，对传统意义上的新闻传播造成了极大冲击。对新媒体带来的舆情言论，传统航空公司往往产生恐惧，因为其完全不可控。航空公司年度新闻舆情管理计划一方面需要在新闻策划与宣传上制订计划，另外一方面需要加大舆情管理能力，对消费者和社会人群在新媒体上提出的问题、非正常事件以及负面言论建立沟通机制，进行及时反馈。

（3）年度市场营销方案。传统的市场营销方案往往是线下活动，而且更多的是在市场淡季时才会开展。新媒体的运营让营销模式发生了翻天覆地的变化。依托于新媒体平台，航空公司可以全天候展开多样性和全方位的市场营销活动，实现与客户零距离的沟通和互动。新媒体的合理运用不仅能帮航空公司寻找客户，还可以通过数据呈现出客户的需求，来指导航空公司的营销手段及内容。

（二）建设"两微一抖"营销阵地

从文字传播到图文表情，从"图片+文字"到短视频，再从短视频到影音直播，社交载体的发展变迁让新媒体的传播方式越来越丰富多彩。对于大的航空品牌而言，对全网多个平台同步进行品牌价值传递，腾讯、百度、网易、搜狐、知乎等互联网平台是不能放弃的流量大池。但是对于绝大部分中小航空公司而言，微博、微信和抖音（简称"两微一抖"）是为数不多的免费新媒体，而且是消费者接触品牌内容的关键媒介。在当前五花八门的新媒体平台中，"两微一抖"正逐渐成为各航空公司品牌营销的渠道热点。

（1）通过微博广而告之。自新浪推出"新浪微博"以来，微博以其便捷、原创和广泛传播的特性征服了一半以上的中国网民，成为中国领先的社交媒体。据2022年发布的《中国互联网络发展统计报告》，截至2022年12月，中国网民规模为10.51亿人。抖音、微博较其他新媒体平台更为开放，互动更加直接，推送不受数量和时间的限制，形式多样，并且因其开放性而容易造成爆炸式的传播效果。

（2）微信是航空公司发布信息的平台。微信是覆盖人数最多、人均使用时间最长的社交软件，也是中文互联网最重要的内容平台之一。2022年，微信公众号全年累计产出了至少3.98亿篇文章，也就是说，每天至少有超过109.27万篇新文章推送给读者。头条自媒体所占市场份额最小，仅3.8%。微信包括订阅号和服务号，针对已关注的粉丝形成一对多的推送，推送的形式多样，包括文字、语言、图片、视频等，并且基于微信本身庞大的用户基础，传播效果遥遥领先于其他渠道。

（3）抖音是展示公司形象的舞台。短视频平台抖音于2016年9月上线。根据抖音发布的数据，截至2022年8月，抖音日活跃用户数已经突破8亿。抖音的迅速蹿红超出了所有人的预期，它所代表的不仅是短视频为内容的新媒体的兴起，更是企业在新媒体时代中的品牌策略、交互策略及营销策略的改变。相比文字、图片等方式，以短视频移动社交为主体的抖音则凸显出更大的营销优势，航空公司可以建立抖音企业账号，通过视频与年轻用户沟通，传递品牌趣味化、实用化、娱乐化的一面，加速品牌年轻化进程。

（三）开发直播带货新渠道

突如其来的新冠肺炎疫情让各行各业受到不同程度的影响，加上5G时代带来的商业与通信科技结合，产生了线上经济新的消费模式。低延迟、高清画质的特点，让直播离我们每个人的生活越来越近。随着直播带货的热潮袭来，淘宝、京东、抖音、拼多多、快手、微博等都纷纷开启了直播带货业务。移动端的电商购物平台横向扩展到了所有商业领域。当私域流量与商业媒体相结合，巨大的化学作用使得新媒体传播产生了裂变反应。裂变营销整合了关系营销、数据库营销和会务营销等新型营销方式的方法和理念。通过礼品诱导用户在自己的社交圈进行传播，以一传二、二传四的模式，传播效果呈现指数级增长，企业可以在短期内获取大量的用户。直播带货背后的商业逻辑，就是网红主播通过线上与客户建立信任关系，把自己做成在线的明星产品货架，在帮助品牌进行推广的同时把自身变成了一个品牌渠道。直播带货是线上经济的产物，是企业直接面对消费者端的重要工具，对于航空公司这样经营B2C业务的企业来说蕴含了极大商业价值。因为没有任何一种线上方式，能够比直播更加接近线下实体展示，企业可以在直播间里做各种各样的产品展示、产品介绍和产品对比。这是渠道工具的革新，同时也带来营销的变革。

新媒体改变了信息交互的模式，如果航空公司仍然一味只是强调品牌高大上、产品专业、服务值得信赖，航空公司的品牌有可能和数字化一代消费者产生代沟。新媒体让企业离客户更近，同时也需要企业更懂客户。新媒体的时尚和实用是需要有专业的知识积淀来支撑的，这需要航空公司对目标群体有精准的定位、专业的水准和无限的创意。

本章小结

航空公司营销计划是指，在对航空企业市场营销环境进行调研分析的基础上，制定航空公司及各业务单位的营销目标以及实现这一目标所应采取的策略、措施和步骤的明确规定和详细说明。切实有效的解决冲突的策略包括：回避、冷处理；强制、支配；迁就、忍让；折中、妥协；合作、协同。

整合服务营销传播是指企业为有效传递服务价值，综合运用多种传播手段，向目标消费者群体传达清晰且一致服务信息的营销传播活动。成功的整合服务营销传播需要遵循战略匹配原则、消费者导向原则、认知资源获取原则、触点传播原则、推拉结合原则和互动体验原则。

服务营销管理的价值转换离不开营销传播，服务营销传播是航空服务营销的重要功能之一。数字时代下，航空服务营销传播面临品牌和宣传部门因循守旧、营销手段依然单一、对新媒体传播偏于保守等新的挑战。航空公司要善于利用丰富的新媒体传播平台和渠道，建立分类分层的新媒体营销模式，以达到发现客户、捕获客户、转化客户、粘住客户的目的。

综合实训

尝试为某航空公司设计营销方案，设计口碑素材（创作产品故事、品牌故事等），设计传播的路径与步骤，编制传播预算，预测传播效果，启动口碑传播的策略等。主要考察创意与思路。

复习思考题

1. 简述航空服务计划主要包含哪些内容。
2. 航空营销计划无法落实的原因可能有哪些？
3. 冲突的主要类型有哪些？如何化解这些冲突？
4. 简述整合服务营销传播的内涵和原则。

复习思考题答案

【航空报国　创新篇2】
机务田建忠：
基层管理者的典范

第十二章
航空服务消费者满意与消费者忠诚

消费者对产品的需求已经从单一的物质需求扩展到精神领域,而且对满足精神需求所占的比例越来越大。人们对产品需要的变化在航空产品中表现得更为突出,现在消费者对航空服务的追求已经不再满足于简单的位置移动,而是追求整个过程的服务,服务能否满足他们的需求成为服务营销成败的决定因素。因此,本章从消费者满意、消费者忠诚以及服务补救等服务营销的核心理念进行阐述。

学习目标

1. 理解消费者满意、消费者忠诚和服务失误。
2. 掌握消费者忠诚与消费者满意之间的关系。
3. 理解服务失误与消费者满意之间的关系。
4. 理解航空货运服务质量与消费者满意。
5. 认识数字时代消费者满意的提升路径。

本章引例

南航:以客为尊,以人为本

2019年3月10日,集团一级客户选乘南航CZ8535航班乘机时出现突发情况,在距离登机口关闭仅剩20分钟时发现将证件遗忘在酒店,而酒店距离机场有10分钟路程,地服部客户经理立即启动应急补救方案。首先查询该航班信息为远机位,并且航班已开始登机,时间非常紧迫,消费者在值机柜台异常焦虑,客户经理立即联系好安检通道,指定一对一专属人员将客户的随身行李送至安检优先检查,安排电瓶车在安检口等候,确定最晚登机时间后衔接远机位贵宾车在

登机口等候，在此期间，客户经理亲自在出发层车道对接送证件的车，以确保万无一失证件交接，最终拿到证件并带领客人通过绿色安检通道，无缝链接乘坐电瓶车，用最快的速度保障客人顺利登机。客人从值机开始到登机结束仅用了16分钟，客户经理尽可能环环相扣衔接任何一个可能耽误时间的环节，始终持有管家式耐心、细心的工作态度，最终成功补救消费者准点登机。集团一级客人之后对客户经理的服务表示赞扬，对其职业素养高度认可，同时对南航的个性化品牌服务做出了极度肯定，坚信南航一定是他们出行的首选。

（资料来源：https：//mp.weixin.qq.com/s/MZPxzWLP07gzcaLqJ2qqlw，节选。）

课堂讨论：
1. 你在乘坐航班时有没有遇到过让你满意的航空服务？请举例说明。
2. 你认为什么是消费者满意？航空公司应该如何实现消费者满意？

第一节 航空服务消费者满意概述

获取、维持和强化消费者满意是航空公司开展服务营销活动的基本目标，是赢得激烈服务市场竞争的关键基础，是企业确保生存和持续发展的重要保障。对于航空公司来说，准确理解消费者满意的含义是其努力实现消费者满意的前提条件。

一、消费者满意的含义

美国消费者行为学专家理查德·奥利弗曾认为，消费者满意是消费者的满足反应，是对产品或服务特性的判断，抑或对产品或服务本身的判断，它反映与消费满足相关的一种愉悦水平。事实上，目前市场营销学界对消费者满意仍缺乏比较一致的观点。消费者满意既被视为一种满足，即产品或服务的效用或利益基本实现或达到消费预期；又被视为一种情感，即消费者因享受到满意的产品或服务而产生的愉悦感或快乐的感觉；此外，当消费者接触到那些令人惊喜的服务或产品时，消费者满意又意味着高兴。

在服务营销中，消费者满意是一种心理活动，更重要的是一种感受，是消费者的需求得到满足以后产生的愉悦感。消费者满意不仅是服务营销中的一个重要的概念，而且在服务营销活动中处于非常重要的地位，没有消费者满意就没有服务营销的存在。

对于消费者满意的内涵可以从两个方面来理解。从公司管理层面上讲，消费者满意是企业用于评价和增强企业业绩的一整套指标。它代表消费者对所有购买和消费经验总体水平的认可程度，是企业检验"质量"的一种方式，也是衡量企业在客户心目中的地位与市场份额的标准。

从个人层面上讲，消费者满意是对产品或服务的消费经验的情感反映状态。这种满意不仅仅体现在某一种产品、某一项服务上，还体现在对公司的整体服务上。更重要的是，在整个消费过程中，消费者不仅追求服务过程中的满意，而且追求社会性与精神性的满足，比如在旅途过程中得到尊重等。消费者的精神需求会随着物质生活水平的不断提高而越来越高。

二、常用的消费者满意度的调查方法

消费者满意是对服务过程中的各个要素进行评价以后得出的结果。一般来说，消费者满意的评价取决于两个因素，一个是消费者在服务过程中实际感受的服务质量的因素，另一个取决于消费者对服务质量的预期。如果消费者在实际服务过程中感受到的服务达到或超出了自己的预期，消费者就会满意，超出得越多消费者就越满意。反之，如果消费者在实际服务过程中自己的需求没有得到满足，或者没有达到预期的服务质量，消费者就会表现出对服务质量不满意的态度。

消费者的满意度取决于消费者所得到的实际感受与消费者预期的服务质量之间的差距，这一差距的大小决定了消费者对产品质量或服务质量的评价，它与旅客的满意度有直接的相关性。这一感受差异越大，消费者就会越不满意，有可能引起消费者的抱怨与投诉，甚至引起冲突。当然，航空公司也可以组合运用间接测量法和直接测量法，以获得更为准确的消费者满意评价。

（一）投诉调查

这是航空公司最常用的方法。企业用投诉收集和记录消费者的不满，以便用这些投诉信息识别不满的来源，改正服务过程中存在的问题和研究经常失误的环节。投诉调查具有时效性，调查的结果可以立即用于服务的改进，它是许多企业经常使用的消费者满意调查方法之一。这种调查的缺点是，在不满的消费者中，只有少数会向企业直接投诉，大多数选择默不作声。因此，仅仅靠投诉调查获取的信息是很少的。

（二）关键事件调查

请求消费者对那些发生于服务体验过程中的直接导致满意或不满意结果的重点事件进行描述，如对航空公司与消费者发生的争吵进行调查，此时，被调查的消费者会生动地描述他们的"不幸遭遇"，他们反映的问题，除了个别不现实之外，多数都能很好地反映服务环节存在的问题，特别是服务人员的态度和意识。

（三）未来期望调查

单纯衡量消费者满意是无意义的，一定要与消费者期望结合起来。消费者期望是动态的，在激烈竞争和变化莫测的环境中迅速改变，竞争对手的服务在不断创新、社会消费心理和消费者自身因素在不断变化，航空公司必须随时关注这些变化。

（四）焦点小组

在组织者的协调下，一组消费者或员工就服务的有关事宜发表见解，焦点小组的报告可对新的服务概念和服务改善建议进行检验，并可就特定的服务从消费者或员工那里取得反馈信息。一般说来，这种信息的质量较高，对改进服务表现、服务设计的帮助很大。焦点小组往往请10名左右消费者，由一名组织者引导着来对服务的某些环节进行深入探讨。

北京首都机场的消费者满意度调查

（五）神秘购买

神秘购买是一种特殊的外部人员咨询，是指企业聘请的专职人员，就员工的举止行为、服务提供和服务的有形证据来观察其服务表现，它被用来评价发生于服务表现之中的过程和行为，既可令服务研究人员获得服务表现的全景，也可令其获得服务提供的细节。请航空公司之外的人员来观察，要求在自始至终的全过程里都使服务企业的人员被"蒙在鼓里"，对服务所有的环节进行实际考察体验，判断他们对所提供服务的真正感受，最后向公司领导汇报。这一方法可获得服务实际表现的第一手资料，这与用数据来对服务表现的结果进行事后测量不同。

神秘购买方法

神秘购买是广为采用的人员直接观察的一种方法，麦当劳的QSC标准（质量、服务、清洁）就频繁地由神秘的消费者来评估。问题清单是他们常使用的工具，凭此，"神秘的消费者"（测评人员）标出是或非、有效或无效等。清单并不包括全部的个人印象、感觉等内容，因此，它一般用于不太复杂的服务系统。

神秘购买者的调查报告，提供了与消费者接触的员工表现有关的有用信息，其可用于对员工的培训和评价，知悉在今后培训中应关注哪些方面。报告的内容，可用来指导服务改善、吸取服务失败的教训和提供服务补救的建议。

三、航空服务中消费者满意的影响因素

正是由于消费者满意度具有主观性、过程性和相对性等特点，因而其受到消费者和航空公司层面的内外部因素综合影响。事实上，有关消费者满意度的影响因素已经引起市场营销实践及理论界的广泛探讨，并取得比较丰富的成果。

通过对消费者满意度影响因素的梳理可以发现，影响消费者满意度的因素来自服务价值管理活动的方方面面，不同理论视角或实践情境的探讨结果也存在一些差异。总体而言，在服务市场及服务消费过程中，影响消费者满意度的因素一般包括以下五个方面。

（一）服务或产品特性

消费者对服务或产品特性的评价对其满意水平具有重大影响。例如，对一家航空公司

而言，服务所具备的特性包括机票价格、座位、候机室等相关服务设施的舒适性，服务人员的服务技能、态度与举止等。上述因素均会影响消费者对航空公司服务品质的判断，进而影响消费者满意度水平。因此，航空公司需要借助一些调查手段，如焦点小组访谈、实地观察等方式，明确服务及附属产品的重要程度及属性要求，进而衡量消费者对这些属性的感知及对服务的整体满意程度。

（二）消费者情感

由于消费者满意度具有高度的主观性和相对性，情感成为影响消费者对服务感知的重要因素。影响消费者满意度的情感因素大都是稳定的、事先存在的，如情绪状态、积极的思考方式、对生活的愉悦享受程度等。当消费者以一种积极和正面的情感状态进行服务消费、参与消费者互动时，会对服务价值有更加积极的感知，进而可能对服务传递过程及结果给予更多的正面评价；反之，一旦消费者将消极甚至恶劣的情感状态带入服务接受过程，必然会对极小的服务失误或意外事件产生强烈的失望之情，进而可能对服务价值形成负面的感知。

此外，服务消费过程中的一些特定情感也会影响消费者对服务的满意程度。例如，在飞行过程中，热情的氛围、高兴的心情、良好的互动、愉悦的享受等积极情感状态，会增强消费者对服务及体验的满意水平。事实上，研究已经表明，服务过程中服务人员的情感状态和工作态度会对消费者的情感产生直接影响，并最终影响消费者满意度。

（三）服务成功或失误的归因

归因是指个体对事件或行为原因的推论，即事件感觉上的原因，会对消费者满意度的感知产生影响。当消费者遇到一种意料之外的服务消费过程或结果，即服务比预期好太多或差太多，消费者总是会试图寻找原因，而这种因果推论及阐释会影响消费者对服务满意的评价水平。事

航空公司客舱
偷拍惹非议

实上，无论是惊喜的服务还是失误的服务，都可能存在主客观、内外部等方面的综合原因，消费者对服务成功或失误原因的推论及阐释，将影响消费者的服务满意程度。

（四）对平等或公平的感知

在服务消费过程中，消费者时常会自我审视：与其他消费者相比，我是否被平等对待；其他消费者是否获得更好、更优质的服务；我为此所花的金钱和时间是否合理；等等。公平的感觉是消费者对服务满意感知的中心。如果消费者认为服务过程及结果是平等或公平的，即使服务过程或结果略低于服务期望，消费者也可能给予积极的评价；相反，如果消费者感到服务过程或结果缺乏平等性，即使对服务本身非常满意，也可能产生一些负面评价。因此，从对公平或平等感知角度讲，消费者所感受到的服务过程及结果公平是影响消费者服务满意程度的重要因素。

（五）其他消费者、家庭成员和合作者

除了服务和产品特性，以及消费者个人情感或心理因素之外，他人因素也会影响消费者满意度感知。例如，在一次家庭出行中，每个家庭成员都会形成自己的满意度感知，但同时也受到其他家庭成员行为、表达和观点的影响，而且服务消费结束后，家庭成员对服务过程及互动的讨论重述及选择性记忆也会影响消费者满意度。

 ## 四、航空服务中消费者满意的提升策略

由于消费者满意度受到多重因素的影响，航空公司在提升消费者满意度时需要进行全方位、多层次的努力。航空公司必须制定比较完善的策略，并确保有效实施才能有效提升消费者满意水平。一般而言，提升消费者满意度需要从以下四个方面进行努力。

（一）塑造以消费者为中心的服务理念

以消费者为中心的服务理念是确保将消费者视为服务营销管理活动中心的基础，又是引导航空公司管理者和一线服务人员将创造服务价值、提升消费者满意度作为奋斗目标的动力。以消费者为中心构建服务营销管理系统，从价值识别到维护的整个环节聚焦消费者服务需求或现实问题，急消费者之所急、想消费者之所想，让消费者服务需求成为驱动企业及员工行为的核心动力。例如，麦当劳成功的关键就在于紧密围绕"质量、服务、卫生和价值"的服务理念，始终重视消费者需求，努力让消费者满意。

（二）科学洞察消费者的服务需求及意见

航空公司要有效提升消费者满意水平，必须建立一套深度理解和洞察消费者需求及响应消费者意见的系统。用科学的方法和系统的手段准确识别消费者的服务需求，及时检测消费者对服务价值的满意程度，并实时反馈给航空公司的管理层和服务人员，确保航空公司能够准确地响应消费者服务需求，并给予消费者意见以及时反馈，以持续不断地改进服务及服务传递过程，提升消费者满意度。

（三）开发具有独特服务价值的服务产品

提升消费者满意水平，要求航空公司的经营活动以满足消费者服务需求为出发点，将消费者服务需求作为企业创新服务的源头，针对消费者"痛点"或现实需求，充分融入前沿科技和人文关怀，做到"人无我有、人有我优、人优我新"，通过独特的服务市场定位和服务价值主张，针对目标消费者群体设计并开发具有独特价值的服务产品。以高价值的服务产品满足目标消费者需求，通过构建持续的顾客关系驱动消费者满意度。

（四）建立长期而有价值的顾客关系

消费者满意度具有动态演变的特征，是一种衡量服务价值水平的移动指标。因此，航空公司很难通过单次的或间断的服务传递形成持续的消费者满意水平。因而，航空公司需

要致力于与目标消费者建立长期而有价值的顾客关系，在持续的消费者互动与消费者参与中，提供高品质的服务，构建结构化顾客关系，并在持续变化的顾客关系中维持消费者满意水平。

经典案例12-1

东方航空：借助大数据，提升消费者满意度

遭遇航班延误等不正常现象时，消费者大闹机场甚至航班的事件屡见不鲜。这让诸多航空公司感觉非常头疼，希望能够找到彻底解决的办法。汇聚了航班信息和消费者信息的大数据系统，或许可以帮上这个忙。

作为中国的三大航空公司之一，东方航空的机队规模排名全球第九，消费者运输量排名第七。但对于以"世界一流"为发展愿景的东方航空来说，仅有规模还不足够。为此，东方航空提出了"精准、精致、精细、精彩"的服务理念，要实现从卖座位到卖服务的转型，从规范化服务到个性化服务的转型。

东方航空采用 IBM 的 InfoSphere Streams 的流数据处理技术构建了一个实时数据平台，从而为下一步的营销决策和消费者服务奠定了基础。东方航空从中国航信获得消费者的购票订座、值机离港等实时数据。其中，离港数据为每秒1200条，订座数据为每秒9000条。这样，每天的数据量可以达到1800多万条。从中国航信获取的数据，通过 InfoSphere Streams 的处理，变成了结构化数据，随时发送给业务部门，为业务部门的营销方式、定价策略、客户服务等提供数据参考。

航班不正常引起的群体事件，大多是因为消费者没有及早得到消息，最后迁怒于现场的客服人员，使服务人员和航空公司面临着巨大的压力。有了这个大数据系统，当航班信息发生异动时，东方航空就可以在第一时间把相关信息传递给消费者，让消费者提前做好准备，从而大幅度降低不满意度。同样，这些信息也可以及时传递给航空公司的运行保障部门，提早准备预案。

此外，获得了实时的客票销售数据后，东方航空就可以知道销售了多少座位，还剩多少座位，从而动态地调整定价策略。与此同时，东方航空还能够及时获得 VIP 消费者的出行信息，由地面服务人员为他们提供个性化的服务，提高消费者满意度。

（资料来源：https://www.sohu.com/a/45225548_119674，有删减。）

第二节 航空服务消费者满意和消费者忠诚

消费者满意是消费者忠诚的必要条件，消费者忠诚是消费者满意的升华。对于消费者忠诚的定义通常包括两个方面：行为忠诚和态度忠诚。一般来讲，行为忠诚表现为重复购买，态度忠诚表现为对于某种服务或产品有着更高的依恋。对于航空公司来说，消费者忠诚是其在激烈市场中极力追求的目标，是获得持续竞争优势的重要来源。

一、消费者忠诚的概念

随着消费市场竞争的日趋加剧与消费者争夺成本的提高，培育和维护忠诚的消费者群体已经成为企业市场制胜的重要策略。如何建立和保持消费者忠诚已经成为顾客关系管理理论界和企业界关注的一个焦点。服务管理学者布朗认为，消费者忠诚是一种行为模式，是消费者购买某品牌服务的一致性；学者雅各比和凯纳认为，消费者忠诚度是一种偏好态度，会使消费者在某一时间内产生持续性重复购买行为；学者恩格尔和布莱克威尔则将消费者忠诚定义为消费者在某一时间内对一个或几个品牌的偏好、态度和行为上的反应；学者奥利弗认为，忠诚的消费者即使在情境影响或促销手段的诱惑下，仍承诺未来会持续购买其偏好的服务或服务组合。

从以上学者的研究中可以看出，对于消费者忠诚的早期观点都集中在重复购买行为方面，而后期的一些观点则更强调内心的态度、偏好的作用，强调在情感忠诚基础上的重复购买行为。本书认为，对于航空公司而言，消费者忠诚就是消费者愿意长期、重复购买航空公司服务，并形成了对其企业与品牌的信任、承诺、情感维系和情感依赖。

二、消费者忠诚与消费者满意的关系

消费者忠诚包含了消费者对企业的产品或服务的依恋或爱慕的感情，它主要通过消费者的情感忠诚、行为忠诚和意识忠诚表现出来。其中，情感忠诚表现为消费者对企业的理念、行为和视觉形象的高度认同和满意；行为忠诚表现为消费者再次消费时对企业的产品和服务的重复购买行为；意识忠诚则表现为消费者做出的对企业的产品和服务的未来消费意向。

消费者的忠诚建立在消费者满意基础之上，消费者满意是消费者的一种心理感受，是消费者的需求被满足后形成的一种愉悦感或状态。消费者忠诚和满意之间的关系既复杂，又微妙，如图 12-1 所示。消费者忠诚和满意水平之间的关系具体表现为：满意才可能忠诚、满意也可能不忠诚、不满意一般不忠诚、不满意也有可能忠诚。只有在完全满意的情况下，消费者忠诚的可能性才会比较大。

哈佛商学院的厄尔·萨塞及其学生弗雷德里克·莱希赫尔德的研究表明，消费者满意与消费者忠诚之间有高度的正相关关系，这种关系的取向会因行业的不同而不同，如

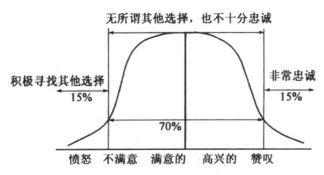

图 12-1　消费者满意水平与消费者忠诚之间的关系

图 12-2 所示。航空行业属于低度竞争区，在低度竞争的行业中，消费者满意程度对消费者忠诚度的影响较小。因为在低度竞争情况下，消费者的选择空间有限，即使不满意，他们往往也会出于无奈继续使用本企业的产品和服务，表现为一种虚假忠诚。随着专有知识的扩散、规模效应的缩小、分销渠道的分享、常消费者奖励的普及等，消费者的不忠诚就会通过消费者大量流失表现出来。因此，处于低度竞争情况下的企业应居安思危，努力提高消费者满意程度，否则一旦竞争加剧，消费者大量流失，企业就会陷入困境。

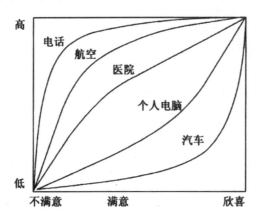

图 12-2　不同行业消费者满意水平与消费者忠诚之间的关系

三、消费者忠诚产生的基本诱因

分析消费者忠诚的基本诱因，总括起来主要有以下几点。

（一）消费者满意

消费者满意是理论界较早提出来用于解释消费者忠诚的一种理论，认为满意是消费者忠诚的重要因素。国外许多理论和实证研究都证实了消费者满意与消费者忠诚有强正相关关系，其中最具有代表性的是期望理论，但同时研究也发现许多消费者满意度高而忠诚度却很低的现象，表现为忠诚度到一定水平后，无论满意度如何提高但忠诚水平基本不变。

（二）服务质量

从行为角度讲，消费者忠诚的第一表现就是重复购买，对航空公司进行再购买的前提必须是基于消费者对上一次服务的认可，因此服务质量是建立消费者忠诚的基础。

（三）消费者价值

消费者价值理论评价消费者满意仅仅是消费者的一种购买后的感受，是一种心理状态。消费者价值理论认为，消费者忠诚是由价值驱动的，而非满意驱动，消费者满意只能使该品牌服务进入消费者下次购买集合而已，但不能保证消费者的重购。因此企业要使消费者忠诚，必须深入了解消费者的价值观，然后向消费者提供最符合其价值观的服务。

（四）转换成本

转换成本是指消费者重新选择一种新的服务或一家新的服务供应商时的代价，不仅包括货币成本，还包括由不确定性引发的心理和时间成本。转换成本的高低对于维系消费者忠诚有着直接影响，特色服务或服务的不可替代性能够大大增强消费者忠诚度。

此外，消费者信任、社会规范和多种情景因素也会影响消费者忠诚。

四、构建消费者忠诚

忠诚的根源是消费者对自己与服务生产者、服务提供者之间关系的良好感受。真正的忠诚来自消费者感受到的通过双向沟通所传递的价值和相互关系。构建消费者忠诚可以称为忠诚营销，忠诚营销法是一种销售策略，旨在通过能够给双方增值的长期沟通，发现、维持并赢得由最主要的消费者带来的增量收益。目前，航空公司可以通过以下几种方式构建消费者忠诚。

（一）常客计划

常客计划是航空公司奖励老旅客、留住核心客人、培育消费者忠诚的常用项目。根据消费者消费的点数，如累计里程等，以某种"抽象货币"形式作为反馈。积累这些"货币"，可以交换一些低价值的附属商品。当"货币"累积到一定数额时，即可换取机票等价值高的东西。众多航空公司热衷于此，纷纷推出常客奖励计划。例如，中国国际航空公司与新西兰航空公司开始常客计划的合作，搭乘国航与新西兰航空公司实际承运航班的双方常客会员，将可全程累积里程，加速换取奖励机票与奖励升舱的机会。

（二）建立消费者数据库

构建消费者忠诚还可以通过建立消费者数据库来实现，为提高消费者忠诚而建立的数据库应具备以下特征。

（1）建立一个核心消费者识别系统。识别核心消费者最实用的方法是回答三个互相交叠的问题：第一，哪一部分消费者最能创造价值、最忠诚；第二，哪些消费者将最大购买份额放在本企业所提供的服务上;第三,哪些消费者对本企业比竞争对手更有价值。通过对这三个问题的回答可以得到一个清晰的核心消费者名单,而这些核心消费者就是企业实行消费者忠诚营销的重点管理对象。

(2) 建立一个消费者购买行为参考系统。航空公司运用消费者数据库,可以使每一个服务人员在为消费者提供服务的时候,明白消费者的偏好和习惯购买行为,从而提供更具针对性的个性化服务。

(3) 建立一个消费者退出管理系统。研究分析消费者的退出原因,总结经验教训,利用这些信息改进服务,最终与这些消费者重新建立起正常的业务关系。而且,这样也有助于树立航空公司的优质形象,使消费者在情感上倾向于该航空公司的服务。

(三) 提高内部服务质量,重视员工忠诚的培养

消费者保持率与员工保持率是相互促进的。这是因为航空公司为消费者提供的服务都是由内部员工完成的,他们的行为及行为结果是消费者评价服务质量的直接来源。一个忠诚的服务人员会主动关心消费者,热心为消费者提供服务,并为消费者问题得到解决感到高兴。因此,企业在培养消费者忠诚的过程中,除了做好外部市场营销工作外,还要重视内部员工的管理,努力提高员工的满意度和忠诚度。

(四) 制定合理的服务价格

在当前居民消费水平状况下,价格仍是消费者选择消费的主要决定因素之一。所以航空公司要努力实现服务价值的最优化,满足消费者的消费需求。服务价格的制定,不但要使终端消费者满意,还要使各级代理商有其满意的利润空间。二者有其一对服务价格不满意,都会造成销售渠道的阻塞。

(五) 提升消费者转换成本

消费者转换品牌或转换卖主会面临一系列有形或无形的转换成本。转换购买对象需要花费时间和精力重新寻找、了解和接触新服务,放弃原服务所能享受的折扣优惠,改变使用习惯,同时还可能面临一些经济、社会或精神上的风险。

提升消费者转换成本,可以削弱竞争对手的吸引力,减少消费者的退出。最常用的策略是对忠诚消费者进行财务奖励。如对重复购买的消费者根据购买数量的多少、购买频率的高低实行价格优惠、打折销售或者赠送礼品等。也可通过有效沟通,与消费者建立长期的伙伴关系,尤其是高端消费者。沟通方式灵活多样,比如召开消费者座谈会、成立消费者俱乐部、开通回访专线等。

总之,一个忠诚的、与企业保持长期关系的消费者可以为企业带来更多的利润,这种利润不仅来自这些消费者本身,还在于由他们为企业带来更多的新消费者。消费者忠诚应是企业追求的重要目标,维持消费者忠诚是企业战胜竞争对手的一个好手段,是企业取得可持续发展的必要条件。

第三节 航空客运服务补救和消费者满意

服务补救是当消费者因为企业所提供的产品或服务发生问题而感到困扰时，企业为使消费者达到其期望的满意度而做出的努力过程。航空服务补救是指在出现服务质量问题时，企业对问题事件进行解决和进行服务弥补的过程。服务补救是航空公司提高消费者感知服务质量的第二次机会。虽然服务上的失误不可避免，但企业在出现问题后处理投诉和解决问题的能力如何，会在很大程度上影响到企业对投诉消费者的保留或丧失。

一、航空服务补救含义及意义

（一）服务补救的含义

服务补救（service recovery）是当消费者因为企业所提供的产品或服务发生问题而感到困扰时，企业为使消费者达到其期望的满意度而做出的努力过程。服务补救是一种管理过程，它首先要发现服务失误，分析失误原因，然后在定量分析的基础上，对服务失误进行评估并采取恰当的管理措施予以解决。

（二）服务补救的意义

1. 提高消费者满意度和忠诚度

航空公司通过实施有效的服务补救可以提高消费者满意度和消费者忠诚度，是消费者保留策略的有力工具。研究表明，相对于那些遭遇服务失误但问题没有被及时解决的消费者，那些经历服务失误但经过努力补救最终感到满意的消费者拥有更高的满意度和忠诚度，而那些对服务不满且不提出任何抱怨的消费者就会悄无声息地转向竞争对手，不给企业任何补救的机会。

2. 降低总体营销成本

有效的服务补救虽然有时需要航空公司付出一定的成本，但其更大的作用在于可以改善航空公司的服务提供系统以让更多的消费者满意。与此同时，随之而来的服务提供系统的改善也会相应地降低航空公司的成本，提升企业收益水平。

3. 提升企业的正面形象

良好的企业形象能降低消费者的购买风险，增强消费者的购买信心和欲望，是消费者价值驱动中的一个重要因素，也是培养忠诚消费者的动力。有效的服务补救策略可以为企业带来积极正面的效应。在航空公司的服务补救过程中，尽管事先经历了服务失误，但是成功补救无疑让消费者感受到更全面的服务质量和企业责任心，使消费者与企业之间的关系进一步牢固，并不断通过口头宣传效应为企业带来良好的声誉和口碑；反之，则会使航空公司形象受损，动摇消费者对企业的信心。

二、服务补救对消费者满意的影响

(一) 服务补救程度对消费者满意的影响

企业在进行服务补救的过程中，采用的服务补救类型主要包括两大类：心理层面和实质层面。处理方式可以分为解释与补偿两种。一般而言，消费者对实质性补偿的偏好和满意度会明显大于非实质性补偿，这主要是因为消费者比较重视服务补救的实用性和公平性。有时实质性补偿甚至可以导致一个更有利的结果：一个在服务失败后得到成功补救的消费者甚至能比一个在第一次就获得成功服务的消费者更满意。这就是营销中称为"服务补救悖论"的现象。服务补救的程度会对消费者的服务质量感知和满意度产生正面的影响。研究表明，补偿的程度和消费者的满意程度呈正相关关系，且适当的过度补偿可以导致高水平的满意程度。一般情况下，航空公司经常采用退款、免费、折扣、优惠券等方式来弥补服务失误给消费者带来的损失或者不便，如果消费者感觉到得到的补偿可以弥补服务失误所带来的损失则会产生公平的认知，从而产生满意的感觉；反之，消费者则会对服务补救的感应力减弱，满意度下降。

(二) 服务失误的原因归因对消费者满意的影响

归因理论认为，消费者的满意程度是一些归因的函数，且归因会影响到消费者对补救行为的满意与否、正面评价和未来的重购意向等；消费者对归因的判断会影响他们随后的情绪、态度和行为。其判断标准主要有内部归因、可控性归因和稳定性归因。其中，内部归因是基于消费者对服务失误责任的划分而规定的，分为消费者自身原因和服务提供企业的原因；可控性归因则是基于导致服务失误的原因是否为服务提供企业所控制而划分的，分为可控性归因和不可控性归因；稳定性归因则是指在外部环境相同的情况下服务失误是否仍然会发生，失误的原因是否可以确定。服务失误的原因归因影响着服务补救后的消费者满意度。在服务失误的归因中，与来自航空公司的服务失误相比，来自消费者自身的服务失误会产生相对较高的消费者满意度（内部归因）；与可控制的服务失误相比，不可控的服务失误会产生相对较高的消费者满意度（可控性归因）；与逃避责任，得过且过相比，航空公司找到真正的失误原因并确保同样的情况以后不会再发生（稳定性归因）的措施会产生相对较高的消费者满意度。

(三) 服务补救速度对消费者满意的影响

在服务补救效果的评价中，补救速度是其中一个关键性的影响因素。服务补救的程序越复杂，时间越长，补救的效果就越不明显。服务失误发生后，企业补救的行动越快，补救努力获得成功的可能性就越大。研究发现，航空公司如果能迅速地处理失误，将能挽回95%的不满意消费者。相反，如果失误解决得不够及时，企业只能挽回64%的不满意消费者。由于不同水平行业的消费者对服务时间的容忍度不同，因此，航空公司对服务失误反应速度的快慢影响着消费者对服务补救的评价。航空公司回应问题的速度越快，传递给消费者的价值信号就越能取悦于消费者，就越能提高消费者的满意度。反之，如果企业的回应时间过长，消费者就会认为企业对解决问题并不重视，产生被忽视的感觉，就会降低其对服务补救的整体满意度。

（四）失误回应者对消费者满意的影响

服务补救的回应者是指对补救承担责任的人，很多实证研究结果表明，在处理消费者抱怨的过程中，派遣专业的人员会起到正面的效果。在众多的服务补救方式中，大多数航空公司均采用"管理者或员工解决"的方式来实施服务补救行为。虽然不论是管理者还是服务人员的回应处理，都会令消费者有受到重视的满足感，但是二者在程度上存在着差别。因为管理者对于服务事件的了解程度通常是较深入的，其服务补救的权限也较大，而一线的服务人员则大多仅仅熟悉其负责的工作内容，对于服务补救的权限有限。当服务失误发生后，作为补救的执行者，航空公司的管理者的补救方式不仅可以高效率地回应失误事件，而且还能在一定程度上让消费者产生被重视的感觉，在一定程度上能使消费者产生相对较高的满意度。

三、消费者满意对服务补救管理的启示

（一）积极鼓励和接受消费者抱怨

消费者真诚地表达出他们的抱怨的情况较少，大部分消费者是闭口不言的。但这并不意味着消费者不抱怨，他们只是向朋友和家庭成员抱怨。研究表明，一个不满的消费者平均向其他 11 个人表达自己的不满意，如果这 11 个人再向其他 5 个人传播，这家公司就潜在地流失了 67 个消费者。因此，航空公司应采取多种措施来鼓励抱怨以维护企业自身的形象，减少企业的无形损失。

英国航空公司的服务补救

（二）及时客观地解释服务失误发生的原因

当某次航空服务失误发生后，消费者会对服务失误的原因进行主观的判断，一般来说，消费者不会将自身原因考虑在内，而是将责任完全归咎于航空公司。因此，航空公司应及时针对服务失误的原因进行客观真诚的解释，使消费者考虑到失误原因是否存在消费者个人因素，避免消费者主观地将失误原因归咎为企业整体，这样将有利于维护企业形象并降低服务补救成本。

（三）培训并授权给一线员工以及时有效地进行补救

当某次航服务失误发生后，无论消费者对服务失误的归因如何，鉴于服务补救的及时性将影响消费者的情绪性公平感知，航空公司应在第一时间里来解决失误问题，否则就会延误回应并且增加消费者和员工的挫折感。因此，航空公司应该注重培训并授权一线员工以使得他们具备进行服务补救的能力并及时解决服务失误问题。

（四）实施消费者参与的恰当的补偿方式

航空公司的补偿方式有很多种，包括道歉、移情、折扣、免费赠送优惠券等，对于不同的服务失误采取何种补偿方式并没有通用的标准。航空公司应让消费者参与补救过程，与消费者沟通，真正了解消费者的期望并及时给予恰当的补偿方式，使得补偿与消费者期望水平相匹配，以有效消除消费者的不满情绪，提高消费者的忠诚度。

（五）实施服务承诺管理

服务承诺是一种特殊的服务补救工具，好的服务承诺能促使航空公司关注其消费者，为员工提供以服务为导向的目标，使员工产生自豪感，提高员工的士气和忠诚度。对于消费者来说，航空公司的服务承诺使消费者了解到他们有权利抱怨进而激发消费者的抱怨。服务承诺的实施能够有效地降低消费者在受到服务失误后的风险感知，缓解消费者的紧张和不满情绪，建立消费者对航空公司的信任，从而达到良好的服务补救效果。

（六）追踪并反馈补救结果

服务失误发生后，航空公司应及时追踪已经实施过的服务补救的结果，以确定服务补救结果是否得到了消费者的认可，是否消除了消费者的不满意及其他不良影响。除此之外，航空公司还应将追踪的信息反馈给员工，为其在以后的服务补救中提供参考意见。最后，航空公司还应该对服务失误的根本原因进行分析，找出服务系统中存在的问题和不足，进而改进服务以防范类似失误的再次发生。服务补救不是万能的，其结果不一定能达到期望的满意水平，因为服务补救的有效性不仅取决于企业自身的努力，同时也受到消费者自身的因素及外部环境变化的影响。因此，与其寄希望于服务补救赢得消费者的满意，倒不如在第一次提供服务时就为消费者提供满意的体验。

（七）避免服务失误，争取在第一次就做对

争取第一次就做对是整个服务补救环节的第一步。不是所有的不满意消费者都会投诉，也并不是所有的服务补救都能确保成功恢复消费者满意进而挽留住消费者。著名的服务动作专家迪克·切斯建议服务企业采取防故障程序的全面质量管理（TQM）概念来改善服务的可靠性。防故障程序通过现场自动报警和控制来确保不发生错误，本质上这是质量控制手段，典型应用于组装生产线。切斯建议将防故障程序方法用于服务装置，对服务进行"错误防护"，也用来确保遵循必需的程序，还确保按恰当的顺序和适时的方式进行服务。

此外，航空公司还可以通过形成一种零缺陷文化来确保第一次就把事情做好。这种文化能够让每一个员工理解服务质量的重要性，时时刻刻去关注如何让消费者满意，并积极寻找改善服务的方法。

经典案例12-2

迟来的服务补救:"美联航弄坏吉他"

戴夫·卡罗尔乘坐美国联合航空公司飞机出行时,吉他被行李搬运人员弄坏了。他向航空公司寻求补偿,美联航15个月都没有解决方案。卡罗尔在YouTube上发了一个名叫"美联航弄坏吉他"的音乐视频。这个视频快速传播,并且吸引了大量的新闻媒体,包括洛杉矶时报、美国有线电视新闻网络和哥伦比亚广播公司早间节目。不到一个月,这个视频被点击460万次,导致美联航的股票下跌并且股东损失超过了1.8亿美元。

事故起因是卡罗尔在芝加哥奥黑尔机场等待他的航班起飞时目睹了行李搬运人员将他的吉他扔到柏油路上。经反复沟通后,卡罗尔和美联航陷入僵局,卡罗尔也告诉美联航他将会把他的经历写成带有视频的3首歌。他的目标是一年内最少有100万次观看。视频在2009年7月6日上传到YouTube,同时他的朋友们也转发链接到掘客和一些其他新闻网站。他们也推广链接给一些其他对美联航不满的消费者,还有一些电视名人,比如杰·雷诺、吉米·法隆和佩雷斯·希尔顿。用户至上主义者和一些新闻媒体随后也注意到了视频,传播速度非常快。7月10日,仅仅4天,视频的点击量就超过了160万。

美联航开始关注网上的视频并回复"这事件引起我们共鸣,我们也直接联系了卡罗尔近日来解决"。美联航继续频繁地发公告来反复强调这一点。美联航联系到卡罗,他们支付给他1200美元的吉他维修费,额外给他200美元的航空券。但是对卡罗尔来说,这些微不足道,而且太迟了。卡罗尔建议他们把补偿给有相似经历的消费者服务培训,来确保类似的事故不会再发生。

尽管美联航做了(迟来的)补救措施,但是,损失已经产生了。卡罗尔的视频上传后,美联航的股票跌了10%。这导致1.8亿美元的损失。并且,那个视频被超过1600万人观看。这些结果相当讽刺,因为本来可以在最初花费1200美元解决的。

这次的事件强调了在消费者仅仅是向一些要好的朋友和家人抱怨的那些日子,及时谨慎处理消费者问题的重要性。如今,感谢互联网,让投诉者们在很短的时间内就有了接触数百万有同感的人的可能。

(资料来源:J. Deighton and L. Kornfeld,United Breaks Guitars(Case Study),Boston:Harvard Business Publishing.2010,有删减。)

第四节 航空货运服务质量和消费者满意

航空货运服务质量是货运中客户的预期服务质量同感知服务质量的比较。感知服务质量是消费者对航空企业提供的货物运输服务实际感知的水平，预期服务质量则是消费者对航空企业所提供货运服务预期的水平。消费者会把实际的货运服务与所期望的服务进行比较，从而得出服务质量水平如何的结论。如果感知的服务质量比期望的服务质量好，则消费者会满意，否则可能不满意。航空货运服务质量的内涵包括货运服务的安全性、时效性和经济性等要求。

一、航空货运服务质量差距模型

美国营销学家 Berry 等 3 人于 1988 年提出了服务质量差距模型来评估企业的服务质量。模型分析了造成各类服务失败的五大差距，并提出了消除这些差距的策略。航空公司可以借鉴该模型，找出本公司提供的服务与货主期望服务之间的差距，进行改进提高。

根据服务质量五大差距模型（见图 12-3），服务质量差距来自服务营销各个环节的质量差距，是各个环节质量差距的总和，即服务质量差距 5＝服务质量差距 1＋服务质量差距 2＋服务质量差距 3＋服务质量差距 4。

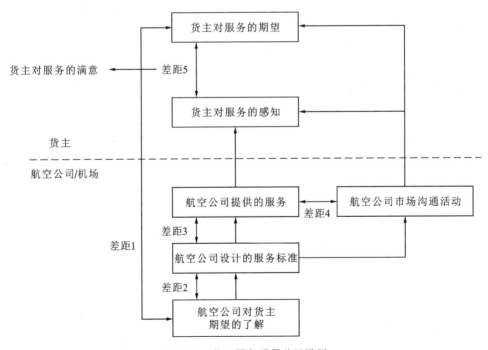

图 12-3 货运服务质量差距模型

服务质量差距1，是指航空公司所了解的货主期望与实际的货主期望之间的差距。造成差距的主要原因是航空公司对货主期望的市场调研做得不够全面、不够深入，由此得出的结果缺乏代表性，难以代表大多数货主的期望。

最致命的是航空公司的一线工作人员不重视货主关于货运服务质量的反馈信息，没有将货主的意见及时向管理层反映，缺少沟通。而管理层是航空公司整个服务理念、服务标准的设计者，是服务质量的控制者，他们对货主期望的不了解是货运服务质量与货主期望之间差距的致命因素。

服务质量差距2，是指航空公司设计的服务标准和其对货主服务期望的了解之间的差距。航空公司在正确了解了货主对货运服务的期望后，往往不能设计出准确反映货主期望的服务标准。这是因为有些航空公司在制定货运服务标准时，不是从货主的需求出发，而是以货运服务生产或者运营的需要为导向。以此为导向设计的服务标准可能有助于提高货运服务的生产率，降低货运服务成本，但却有损了货主的利益。

服务质量差距3，是指航空公司在执行服务时与服务标准之间的差距。这种差距主要体现在服务人员在服务时未严格按照正确的服务标准。一方面与服务人员的挑选和培训有关，另一方面是由于服务人员在服务过程中受到自我角色的干扰，按照自己的主观判断及经验提供服务，难以很好地扮演服务标准规定的角色。当然，由于货主直接参与服务的缘故，服务标准得不到有效的执行有时也与货主有关。当遇到缺乏责任感的货主时，货主在服务过程中的不予配合，或不愿意履行某些货主的义务，也会影响服务标准的执行。

服务质量差距4，是指航空公司对货主的承诺与提供的货运服务之间的差距。差距的形成是由于航空公司与货主之间的沟通出现了问题。货主的期望常常会受到航空公司的广告和营销人员的影响。例如，航空公司在宣传资料上把特色货运服务说得很好，如有上门收货送货和免费货物打包服务，但当货主提出要求提供这些服务时，却由于货物尺寸、重量等的限制，航空公司拒绝提供这些服务，这时货主就会感到非常失望，从而产生了这一服务差距。

上述四种服务质量差距最终形成了服务质量差距5，即货主对货运服务的期望与货主对货运服务的感知之间的差距。根据这个模型，航空公司要使货主满意，就要缩小差距，要致力于缩小差距1、差距2、差距3和差距4。

二、航空货运评价指标

航空货物运输的评价指标有很多，最基本的评价指标有以下几个方面。

（一）安全

安全性是航空运输生产的基本要求之一，也是货物运输服务质量的首要特性。货物在运输过程中，在发生位置变化的同时，除了由于不可抗拒的天灾及由于货物本身的机能无法防止的灾害以外，不能出现其他各种形式的不安全因素。航空公司可以用货物损失赔偿率作为其评价指标。

货物损失赔偿率＝周期内货物赔偿总金额/周期内货物总收入×100%

（二）准时

准时性是指航班按照航班时刻表正点始发与到达。正点率是衡量准时性的一个重要指标。正点率不仅涉及航空承运人的公众形象，而且影响到设备周转和正常的生产秩序。货主之所以选择空运无非是看中空运的速度，能在较短的时间里把货物送达目的地。如果空运做不到准时，货主就不会支付很高的价格来选择空运、购买空运的服务。在航空货物运输过程中衡量航班正点情况的生产指标有：

单位时间航班正点率＝单位时间正常始发航班数/单位时间始发航班总数×100%
单位时间运达超期率＝单位时间超期货物吨数/单位时间运输货物总吨数×100%

（三）舒适

消费者在舒适性上的表现为一种感觉，而货物本身是没有感觉的，完好无损即为货物舒适性的表现。

航空公司可以用货损率和货差率来作为舒适性的评价指标。

货损率＝货物损坏的吨数/货物总吨数×100%
货差率＝货物差错的吨数/货物总吨数×100%

（四）经济

就航空货物运输来说，在完成同样的运输任务的条件下，应尽量节约运输过程中的物化劳动和活劳动，以减少货主的费用开支。在其他质量特性大致相同的条件下，货主对不同货运方式的选择主要考虑的就是经济性问题。对航空公司而言，经济性主要体现在以下两方面：① 降低生产成本；② 减少消耗，少浪费。

航空公司对经济性的评价指标为：

航线运载率＝实际周转量/最大周转量×100%
吨公里收入＝运输收入/运输周转量
职工平均生产量＝总运力吨公里/职工总数

三、我国航空公司货运服务质量的提高策略

目前，很多国外航空巨头和航空货运强手都已登陆中国，有些还开通了至中国境内的全货运航班，并不断增加航班密度，加大运力投入。事实上，它们已抢占了我国航空货运企业很大的市场份额。航空货运企业竞争日趋激烈。中国的航空货运由于长期处于需求大于供给的状态，国内航空企业一直处于"自我感觉良好"的状态，服务意识相对淡薄。只要货物能运到就可以了，在如何加快承运速度、保证货物运输安全、为客户定制产品等服务质量方面考虑得很少。我国航空公司货运服务质量亟须从以下几个方面进行提高。

(一) 加强货运部门的基础设施建设

我国各类空运公司由于运输方式的单一，网络的整合能力有欠缺，如果不考虑实际情况，在现阶段去做综合物流，实力达不到，反而容易导致服务不到位。面对现实，应该从客户阶段性和区域性出发，根据公司的实际情况，从提高物流企业服务的专业化水平和服务附加值入手，实现物流某环节的系统化和标准化，为客户提供功能性的物流服务。物流服务，包括运输、仓储、搬运、包装、装卸、配送等环节。原来那种在家里等客户上门送货的方式是行不通的。航空公司应该与一些地面运输公司合作，使客户只需拨打一个联系电话，就能享受到上门收货、到港送货上门的服务，让客户充分感受到航空公司货运快捷、便利的超值服务，并使他们成为本公司的"回头客"。此外，要充分利用现有的资源，在有条件的情况下创造条件，主动为客户提供满意的服务。例如，国外机场的普遍做法是利用机场闲置的货运仓库或空地，建立仓储中心。现在很多大型制造企业追求零库存，那么就可以利用闲置的货运仓库，将企业生产出的产品直接储存在仓库，提供货运包装，代为办理有关的手续、运输、目的地派送等业务，以规范的操作、优质的服务、快捷的速度、先进的管理与客户建立稳定忠诚的伙伴关系。

(二) 实行航空物流服务质量评价

一是统计与评价同步变革。当前航空物流统计体系尚不健全，难以真实反映航空物流发展现状，可围绕服务质量提升关键要素完善指标体系，以实现统计同口径、可量化、可比较。二是建立分级分类评价体系。针对不同类型、不同规模的航空公司/机场/货代企业设置相应奖项。同时，针对不同服务对象与运输货品进行评价，如跨境电商、冷链等，以及锂电池、危险品、文物等，在鼓励市场主体提升综合性能力的同时，支持各领域专业化水平提高。三是要针对航空物流全流程进行评价。根据货物从发货到收货全流程，对各环节划分主体责任，既有整体效果评价，也有细分环节引导，通过全链条发力，推动质量提升。四是评价方式多元化。可参考 Air Cargo World、铁路货运等评价方式，通过调查问卷、大数据监测、第三方评估等方式，逐步完善动态评价机制。五是措施注重循序渐进。评价措施实现由奖励到奖惩结合过渡，逐步扩大主体评价范围，推动评价结果与考核相挂钩。

(三) 鼓励市场主体公开服务标准

一是提升市场主体服务意识。借鉴香港机场做法，鼓励枢纽机场、航空公司、货代企业等主动公开航空物流产品和服务标准，制定服务标准与规范，在时间、质量等方面做出服务承诺，以消费者需求为核心，提高服务事项透明度，推动创新服务产品，建立服务品牌。二是加强质量诚信体系建设。逐步完善消费者、科研院所评价等社会监督机制，推动政府监督和社会监督协同，督促企业践行承诺，倒逼服务质量提升。

(四) 建立有效的培训机制

航空货运作为航空物流运输的主体，航空快递、航空货运代理人的业务都是围绕航空货运进行的。一是树立全面质量管理的观念,即外部相关部门、内部部门、上下游部门是互为客户的关系,如果某个环节因为窝工或者其他原因导致快件延误或者出现破损、丢失等现象,就不能使整个快递件顺利地到达客户手中,每个人、每个环节都对货物服务负有完全的责任,形成全面质量管理的企业文化非常重要。二是注重服务人员的培训。作为航空公司的服务性窗口,服务人员的仪表就是给货主对此航空公司的第一印象。几乎每个人都喜欢并向往美的事物,货主在购买服务时当然也希望见到美的事物。每个服务人员的气质却是可以培养的,货主们更愿意热情大方、善解人意的服务人员为他们服务。穿上统一的制服的服务人员自是给人以整齐划一的感觉。清新自然、整齐划一、大方得体,这才是服务人员所应具有的仪表。一个优秀的企业,离不开一支高素质的员工队伍,而一支高素质的员工队伍,并不是企业创办之初就有的。它是随着企业阶段性的发展,不断地面向市场对员工进行培训的结果。

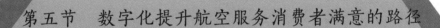

第五节 数字化提升航空服务消费者满意的路径

一、数字时代客户忠诚营销的新趋势

在变化的经济环境背景下,越来越多的企业投资于基于积分奖励计划的忠诚营销。以航空公司为例,不仅针对现有客户着力构建忠诚,也在加强客户互动参与性上增加投资。数字时代的忠诚营销正在迎来新的发展趋势。

(一)全新的忠诚营销工具

如基于忠诚卡模式、无卡忠诚、移动忠诚平台、近场接触技术的积分计划、增值利益和客户互动,都已经成为现实中的成功应用。星巴克在2014年推出整合移动支付和会员忠诚计划的全新应用,客户每周使用智能手机购买超过七百万次,移动支付占总交易的16%。

(二)社会媒体作用日益强大

消费者把社会化媒体当成贯穿生活方式的信息获取平台,微信、微博等社交媒体对于人们的服务期望产生了深远的影响,缺乏社交媒体监听团队的品牌会更难与其他品牌展开竞争,社会化媒体对于忠诚计划的影响正在变得越来越重要。

(三)目标消费者信息更易获取

打通移动互联对于忠诚营销至关重要。大多智能手机都内建了强大的社交互动应用,使企业更容易搜寻到目标消费者信息,只要了解目标消费者的信息,营销人就能运用强大的移动互联工具实现营销参与。会员忠诚计划与移动智能设备的整合，不仅让企业能够实时发起会员促销，更可通过基于位置服务的应用与会员保持更紧密的互动。

（四）客户体验作用更加明显

体验在决定客户购物选择和愿意支付多少钱上起着至关重要的作用。客户忠诚计划对企业贯穿自上而下的运作产生着重要影响。在展厅现象对传统零售影响越来越大的趋势下，只有传递超常规的体验才能创造更多忠诚的客户，建立更强大的客户基础。

（五）重新聚焦线上行为细分

移动应用极大地改变了年轻一代的生活方式和交易习惯，他们对于交易的方式、空间、时间和速度有着不同的需求。新一代的忠诚计划需要应用大数据技术更好地深入研究和适应移动智能客户的需求，并且引入游戏化的机制来适应和刺激不同客户群的行为忠诚。

南航：数字化服务覆盖乘客出行全流程，实现乘客无缝体验

航空公司作为经营忠诚计划多年的行业，在面对数字技术环境和客户行为变化的发展趋势下，要想更好地黏住客户，企业必须应用新的数字技术和忠诚营销工具来实现忠诚计划的转型升级。

二、服务流程再造的消费者满意提升路径

数字时代背景下，越来越多原本免费的公共服务开始产品化、商业化，因此需要改变原来的服务流程，为产品化的部分构建全新的业务流程，与公共服务部分有机结合，从而提升消费者满意。

（一）采用分段式值机模式

实施分段式值机模式，充分发挥自助值机区的作用。以值机区域为例，目前安检前的值机区域（含自助值机）实际上承担了值机、选座、行李托运、超重行李收费、手提行李核验与卡控等多项服务。自助值机区和柜台值机区形成了两条独立的消费者动线，不存在前后顺序关系，自助值机区没有与人工柜台有机联动，最大限度发挥作用。实施分段式值机，可把消费者现场值机行走动线设计为几个步骤：扫码线上办理，自助设备办理，人工柜台办理，特殊柜台。在消费者动线设计上，将线上扫码物料、自助设备设计在消费者前往柜台必经的路线之前，安排专人引导，先鼓励消费者通过航空公司或机场的小程序、客户端线上办理值机选座，其次鼓励消费者通过自助设备值机，尽量仅让需要行李托运的消费者前往人工柜台，分段分流，层层过滤，最大限度减少人工柜台的消费者数量。

（二）候机楼进行数字化流程再造

过去航班起飞前两个小时内，消费者线上购买行李额，机场值机柜台就无法识别。究其原因在于消费者现场行李缴费，机场和航空公司可五五分成，消费者提前线上购买行李额，机场将无法获得这个分成，机场更希望消费者现场购买行李额，而消费者线上购买将

有效提升现场运行效率。因此，机场必须取消原有的线上办理服务的时间限制，鼓励消费者现场线上购买，即买即用。机场（外委单位）可在值机区，大量部署人员及二维码，引导鼓励消费者扫码线上完成服务，大大减少现场缴费人数，提升运行效率。同理，获取电子登机牌、付费选座等其他原本需要线下办理的服务，也需要最大限度在候机楼现场线上化。机场从过去行李托运、收费，值机选座等服务职责，改变为基本服务职责＋销售行李额、选座职责，而销售职责则可委托第三方。此外，航空公司应将服务提前至销售场景，引导消费者在机票购买环节、购票后，到达机场前的所有接触点，提前完成值机、选座、行李额购买。上述改变还需要航空公司与机场结算模式的变革。从以往机场以人工值机的消费者人数为标准的收费，变为鼓励机场服务、营销线上化的新的分成模式。

（三）自助设备流程再造

将自助值机设备区设计在消费者前往人工柜台前的必经之路，所有不在线上办理服务的消费者，先通过自助设备办理，自助设备办理不了的托运环节，再前往人工柜台处理。增加自助值机设备支持的业务范围。目前的主流自助值机设备仅支持打印登机牌，不支持行李条打印、行李额购买、付费选座、积分选座。因此，需增加自助值机设备功能，最大限度满足自助化服务。

（四）人工柜台流程再造

人工柜台功能定位为行李托运柜台，主要承接行李托运服务，辅助办理值机服务或其他自助流程无法解决的特殊消费者问题。改造逾重行李收费流程，值机柜台增加扫码缴费功能，一次性完成称重、托运、缴费，避免消费者多跑腿、多排队。原有的逾重行李缴费柜台，改为特殊保障柜台，仅在遇特殊情况下安排消费者前往。

（五）后端保障流程优化

一是财务结算流程优化。值机区主要涉及行李收费的财务结算，目前较多采用纸质行李票填开、纸质对账单。机场与航空公司间结算流程烦琐、人工手续多、时间长、错误率高。建议引入技术化手段，部署行李收费与结算报表系统，取消纸质票填开、纸质对账单，采用电子缴费、电子订单、电子数据库实时对账。二是配载流程优化。当前的配载平衡工作，是在航班初始化开放值机之后，配载员根据实时值机情况调整座位控制。由于值机数据（消费者、行李重量）进配载保障系统的时间晚，且不固定，载重数据的不确定性高，控制岗在航班初始化之后、截载前需要持续开展控座调整工作，留给邮、货平衡调整的时间短。在航空公司大量开展差异化选座业务之后，需要放开预值机，鼓励消费者在销售环节完成选座，航空公司系统在航班初始化时，将大部分值机选座数据导入配载保障系统，提高载重数据的提前性，帮助控制岗预判载重平衡，提前做出调整预案。

随着行业差异化改革的推进，航空公司营销服务端将发生较大变化，机场服务保障端也需要相应的调整改变。机场保障端除了全盘思考服务流程再造和优化以外，还应注重引进系统手段，改变业务模式。

本章小结

对于航空公司而言,消费者满意是一种心理活动,更重要的是一种感受,是消费者的需求得到满足以后产生的愉悦感。消费者忠诚是消费者愿意长期、重复购买航空公司服务,并形成了对其企业与品牌的信任、承诺、情感维系和情感依赖。消费者满意是消费者忠诚的必要条件,消费者忠诚是消费者满意的升华。

航空服务补救是指在出现服务质量问题时,企业对问题事件进行解决和进行服务弥补的过程。服务补救是航空公司提高消费者感知服务质量的第二次机会。

数字经济背景下,航空公司不仅针对现有客户着力构建忠诚,也在加强客户互动参与性上增加投资,此外,需要改变原来的服务流程,为产品化的部分构建全新的业务流程,从而提升消费者满意。

综合实训

请模拟一个服务失误与服务补救的情景,或者一个消费者投诉处理的情景,由学生参与表演,可以互换角色表演,观察学生对待服务失误或消费者投诉时的态度与处理策略,老师做点评,可以发现一些不足,纠正错误的做法,使学生能够亲身体验服务补救与服务改进之后的成就感,以此更深入地领会消费者满意的核心价值。

复习思考题

1. 简述消费者满意的内涵以及常用的调查方法。
2. 航空公司可以运用哪些策略提升消费者满意?
3. 消费者忠诚的基本诱因有哪些?消费者忠诚与消费者满意之间有什么关系?
4. 什么是服务补救?服务补救对航空公司有什么重要意义?
5. 服务补救对消费者满意有哪几个方面的影响?请展开说明。

复习思考题答案

【航空报国 逐梦篇】
排故工程师毛佳:
不断追逐民航安全梦

主要参考文献

[1] 李巍.服务营销管理：聚焦服务价值[M].北京：机械工业出版社，2019.

[2] 张易轩.消费者行为心理学[M].北京：中国商业出版社，2014.

[3] 菲利普·科特勒，凯文·莱恩·凯勒.营销管理[M].上海：格致出版社，2012.

[4] 菲利普·科特勒.营销管理[M].13版.北京：中国人民大学出版社，2009.

[5] 加里·阿姆斯特朗，菲利普·科特勒.市场营销学[M].11版.北京：机械工业出版社，2013.

[6] 白杨，李卫红.航空运输市场营销学[M].北京：科学出版社，2010.

[7] 黄蕾，宋颖.航空服务营销[M].2版.武汉：武汉理工大学出版社，2016.

[8] 林彦，朱卫平.航空货运市场营销[M].北京：旅游教育出版社，2019.

[9] 邹建新.民航企业服务管理与竞争[M].北京：中国民航出版社，2005.

[10] 孔祥凤.Q航空公司市场营销策略研究[D].哈尔滨：哈尔滨工业大学，2020.

[11] 孔令宇，朱沛.运输经济（民航）专业知识与实务（中级）[M].北京：中国人事出版社，2009.

[12] 汤瑞.DF航空客运服务营销策略研究[D].成都：西南民族大学，2020.

[13] 荣晓华.服务市场中的消费者行为特征与营销策略[J].商业研究，2002（23）：154-156.

[14] 王双武.基于消费者行为分析对客户关系的维护和开发[J].空运商务，2010（17）：9-13.

与本书配套的二维码资源使用说明

本书部分课程及与纸质教材配套数字资源以二维码链接的形式呈现。利用手机微信扫码成功后提示微信登录，授权后进入注册页面，填写注册信息。按照提示输入手机号码，点击获取手机验证码，稍等片刻收到4位数的验证码短信，在提示位置输入验证码成功，再设置密码，选择相应专业，点击"立即注册"，注册成功。（若手机已经注册，则在"注册"页面底部选择"已有账号？立即注册"，进入"账号绑定"页面，直接输入手机号和密码登录。）接着提示输入学习码，需刮开教材封面防伪涂层，输入13位学习码（正版图书拥有的一次性使用学习码），输入正确后提示绑定成功，即可查看二维码数字资源。手机第一次登录查看资源成功以后，再次使用二维码资源时，只需在微信端扫码即可登录进入查看。